COLOMBA

PROSPER MÉRIMÉE

Colomba

INTRODUCTION ET NOTES
PAR JEAN BALSAMO

LE LIVRE DE POCHE
classique

Cet ouvrage a été publié
sous la direction de Michel Simonin

Ancien élève de l'École normale supérieure, Jean Balsamo est professeur de littérature française à l'Université de Reims.

Il a publié dans Le Livre de Poche classique une édition des *Chroniques* de Maupassant : *Choses et Autres. Chroniques littéraires et mondaines* (1992).

ISBN : 2-253-06722-9 - 1ʳᵉ publication - LGF
ISBN : 978-2-253-06722-1 - 1ʳᵉ publication - LGF

Introduction

*Un Inspecteur des Monuments historiques
en mission*

Mérimée fut nommé, en 1834, inspecteur des Monuments historiques. La fonction était récente, créée par Guizot, historien et ministre, qui entendait redonner à la France, après les bouleversements de la Révolution et de l'Empire et les innombrables destructions qui les accompagnèrent, sa mémoire monumentale et la conscience de son identité séculaire, en recensant et en sauvant ce qui pouvait l'être encore. Mérimée acceptait une lourde charge, à laquelle il était préparé par quatre années d'expérience de la haute administration, et dont le rendaient capable sa culture et ses connaissances artistiques. L'amateur et le dandy insensible désormais étaient loin.

Dans le cadre de sa mission, le jeune inspecteur accomplit une série de longues tournées d'inspection dans les provinces françaises, qui lui firent découvrir, et qui firent découvrir à l'administration et au public cultivé les richesses architecturales du pays. De 1834 à 1853, sans interruption, il leur consacra son été. En 1835, il avait visité l'Ouest et la Bretagne, en 1836 l'Alsace, en 1837, l'Auvergne, au cours d'un voyage qu'il fit en compagnie de Stendhal, en 1838, le Sud-Ouest.

Au début de l'année suivante, Mérimée prit

connaissance d'une communication du préfet de la Corse sur l'état des monuments du département, accompagnée d'une étude pour l'Académie des Inscriptions ainsi qu'une réponse à la demande du Comité historique des Arts et des Monuments, rédigées par le conseiller Pierangeli qui signalait à Bastia des cas de vandalisme dus à l'armée. Le 8 mai 1839, le ministre de l'Intérieur, le comte de Gasparin, signa un arrêté définissant la mission de Mérimée. Il était chargé de vérifier les informations qui avaient été transmises, et de rédiger à son tour un rapport sur l'état des monuments, sur leur mérite, et sur les sommes à affecter à leur éventuelle restauration. Mérimée n'avait jamais visité la Corse, que peu de ses contemporains connaissaient autrement que par les relations de quelques rares voyageurs. Mais ses supérieurs du ministère de l'Intérieur, dont dépendait alors l'Inspection des Monuments historiques, manifestaient quelque intérêt pour ce qui se passait dans l'île. Lui-même, dix ans plus tôt, nourri de ses seules lectures, avait composé une courte nouvelle qui décrivait une scène de la vie du maquis. *Mateo Falcone* avait connu un certain succès. Le voyage pouvait aussi être l'occasion pour Mérimée de vérifier *in situ* ce qu'il avait si bien imaginé.

L'inspecteur quitta Paris le 29 juin pour Marseille, où il arriva le 11 août. Il avait, entre-temps, comme l'imposait son ordre de route, étudié les principaux monuments de la Bourgogne, du Jura, des départements du Rhône, de l'Isère, de la Drôme et du Vaucluse. De Marseille, il s'embarqua pour Toulon, et le 16 août, par le bateau-poste, toucha terre à Bastia, où sa mission fut immédiatement annoncée par le journal local qui prophétisait : « elle ne laissera pas d'avoir une grande influence sur l'avenir de ce département ». Mérimée, haut fonctionnaire en déplacement, fut accueilli par tout ce que la cité, capitale sociale de l'île, ouverte à l'Italie, comptait de notabilités et de personnages importants. Il rencontra les principaux représentants de l'autorité judiciaire, l'avocat général Sigaudy, les conseillers à la Cour Capelle et Pierangeli, le substitut Stefanini, l'avocat Casabianca. Pourvu de recommandations de Gasparin, qu'il avait retrouvé à Orange, il fut hébergé par le sous-préfet de Bastia, Tiburce Morati, qui favorisa ses tournées, aidé par l'ingénieur Vogin, et l'introduisit, dès les premiers jours, dans les cercles savants. Il retrouva également l'érudit C.G. Gregori, conseiller à la Cour de Lyon, qui avait fait paraître, quelques années plus tôt, une édition de la fameuse *Historia di Corsica* de Filippini. Ses hôtes, des lettrés, amateurs d'antiquités et bon connaisseurs des réalités de l'île, lui fournirent à leur tour toutes les recommandations pour faciliter un voyage difficile dans une région sans auberges et aux routes encore rares. Ils l'initièrent surtout aux mœurs de la Corse et l'aidèrent à nourrir sa documentation.

Mérimée séjourna dans l'île pendant près de deux mois. Il ne laissa pas de journal de route, mais grâce aux *Notes d'un voyage en Corse*, l'on connaît les lieux qu'il a visités, et, par la *Correspondance* et ses états de frais, il a été possible de reconstituer, non sans débats ni difficultés, son itinéraire probable.

Durant la première semaine de son séjour, Mérimée commença par rayonner autour de Bastia, dans l'est de l'île, où il espérait trouver les principaux monuments de l'époque romaine. Il visita la Canonica, avant de pousser jusqu'à Aléria, dans une région encore insalubre, où il ne trouva que des « vestiges horriblement douteux », retournant par San Pancrazio et Cervione, où il fut hébergé par la famille Grassi.

Au cours d'un second voyage, il traversa l'île à cheval, par Corte et la forêt de Vizzavona, et rejoignit Ajaccio le 28 août, ayant mis deux jours pour faire 36 lieues. A Ajaccio, Mérimée fut accueilli par le préfet, Jourdan du Var, et il rencontra l'érudit Charles-Étienne Conti. Celui-ci lui communiqua de nombreux documents et accepta de se charger d'étudier pour le voyageur la question des urnes funéraires trouvées dans les vignes de Saint-Jean. Mérimée laissa les impressions de ces premiers jours de découvertes dans une lettre à Charles Lenormant : « Il faut voyager à cheval ici et sur des espèces de chèvres pour la taille. Elles ne font que dix lieues par jour. Point d'auberges. Pour vivre, il faut faire provision de lettres de recommandation, au moyen desquelles on est traité homériquement par les gens à qui elles sont adressées. Quand on arrive éreinté dans une maison inconnue, il faut faire l'aimable jusqu'à dix heures au lieu d'écrire ou de dormir. Le matin, impossible de partir avant d'avoir fait honneur au déjeuner[1]. »

D'Ajaccio, où il séjourna jusqu'au 2 septembre, il se rendit, par Sollacaro et Propriano à Sartène. En chemin, il dessina la *Stazzona* du Taravo et reçut l'hospitalité du maire Antoine Colonna d'Istria. Il passa aussi par Olmeto, où, rendu curieux par la conversation du préfet et les lectures d'avant voyage, il chercha à rencontrer une certaine Colomba veuve Bartoli, célèbre pour la part qu'elle avait prise dans une sanglante affaire de vendetta, qui vivait retirée avec sa fille Catherine : « J'ai fait la conquête de cette illustre dame qui n'a que 65 ans et en nous quittant, nous nous sommes embrassés à la corse, *id est* sur la bouche. Pareille fortune m'est arrivée avec sa fille, héroïne aussi, mais de 20 ans, belle comme les amours, avec les cheveux qui tombent à terre, trente-deux perles dans la bouche, des lèvres du tonnerre de Dieu, cinq pieds trois pouces et qui, à l'âge de seize ans, a donné une raclée des plus soignées à un ouvrier de la faction opposée. On la nomme la Morgana et elle est vraiment fée, car j'en suis ensorcelé : pourtant il y a quinze jours que cela m'est arrivé[2]. »

Avant l'homme de lettres, c'était l'homme à femmes qui trouvait quelque modeste satisfaction. L'exaltation de Mérimée pour une jolie femme, que du reste il

1. Lettre à Charles Lenormant du 28 août 1839, *Correspondance générale*, éd. M. Parturier, Paris, 1941, II, p. 282-284.
2. Lettre à Requien du 30 septembre 1839, *Correspondance générale*, II, p. 288.

rajeunissait de quinze ans, pouvait se comprendre ; en Corse, on est « horriblement moral », et dans le Niolo « il y a beaucoup de punaises, les femmes y ont toutes 60 ou 80 ans et sont hideuses[1] ».

A Sartène, une ville farouche et fermée, véritable conservatoire des mœurs vieilles-corses, où il demeura du 6 au 15 septembre, Mérimée fut l'hôte de Jérôme Roccaserra, célèbre lui aussi pour avoir été le héros chanceux d'une vendetta récente. « J'ai passé plusieurs jours dans la ville classique de la *schioppettata*, Sartène, chez un homme illustre, M. Jérôme R., qui le jour même fit coup double sur deux de ses ennemis. Depuis il en a tué un troisième, toujours acquitté à l'unanimité par le jury[2]. »

De Sartène, Mérimée fit une première excursion à Fozzano ; l'intérêt archéologique pour l'église de Santa Maria Figgianella se doublait d'une curiosité plus romanesque liée à ses précédentes rencontres. C'était à Fozzano en effet qu'avaient eu lieu les derniers épisodes de la vendetta à laquelle était mêlée Colomba Bartoli. Rien n'assure en revanche qu'il y fut l'hôte des Carabelli, la famille de Colomba.

Mérimée fit d'autres randonnées, à Cauria, dans le sud de l'île, à Bonifacio, recherchant les monuments mégalithiques à défaut d'une architecture romane digne d'être notée, visitant Porto Vecchio et Sainte-Lucie, découvrant les différences et les particularités d'une île et de ses habitants, trop uniformément décrits jusqu'alors. Il traversa la forêt de l'Ospedale qu'il avait déjà traversée, par ses lectures, dans *Mateo Falcone*.

De retour à Ajaccio, peut-être directement depuis Sainte-Lucie, il se rendit par Sagone dans la ville grecque de Cargèse, allant jusqu'à Paomia et Apricciani, où il se fit montrer une étrange statue de divinité locale. Le 30 septembre, enfin, il rejoignit Bastia.

1. *Correspondance générale*, II, p. 289 et lettre à Étienne Conti du 29 septembre 1839, *ibid.*, II, p. 286.
2. *Correspondance générale*, II, p. 288-289.

Au début du mois d'octobre, après avoir été immobilisé par les pluies, Mérimée fit une nouvelle série d'excursions, à Murato et Saint-Florent afin de visiter les ruines de la cathédrale du Nebbio, puis vers le Cap Corse, par Pietranera.

Après avoir pris soin d'envoyer à ses amis stylets et jambons, et s'être procuré pour lui-même une authentique veste de berger, l'inspecteur s'octroya quelques semaines de vacances. Il s'embarqua de Bastia pour Livourne, le 7 octobre, en retard d'une semaine sur le calendrier qu'il s'était fixé. En Italie, il retrouva Stendhal, et découvrit en sa compagnie Rome et Naples.

Dès son retour à Paris, au début du mois de décembre, Mérimée mit en ordre les notes qu'il avait prises étape après étape, classa ses dessins, et entreprit la rédaction de son rapport. Le 5 avril de l'année suivante, les *Notes d'un voyage en Corse* parurent en librairie, après avoir été soumises au ministre. Le 9 avril, Mérimée en adressa un exemplaire au sous-préfet Morati. Les *Notes* faisaient suite aux trois volumes consacrés aux voyages dans le Midi de la France, dans l'Ouest et en Auvergne, publiés entre 1835 et 1838. Le mince ouvrage, à la mesure de la pauvreté de l'île en monuments, était illustré de onze planches lithographiées, faites sur les dessins de l'auteur. Travaillant d'après ses notes et une documentation qu'il pouvait désormais confronter à sa propre expérience, Mérimée recomposa son propre voyage. Le plan de son ouvrage n'était pas celui de l'itinéraire, mais il suivait une chronologie savante et une taxinomie des monuments selon l'époque de leur édification et leur genre. Le recueil s'ouvrait par une longue épître au ministre, dans laquelle Mérimée présentait l'histoire de la Corse, afin d'expliquer l'origine et la situation de ses monuments, et justifier l'extrême indigence en édifices de qualité, souvent d'une exécution « barbare », dans un pays aux ressources trop médiocres, constamment menacé, par les razzias des pirates, en proie à une violence endémique :

« Pauvres, nullement enthousiastes de dévotion, exploités par les gouverneurs avides, les Corses n'ont jamais pu cultiver les arts. Chez eux, point de grands édifices. *"Latissimum receptaculum casa est."* Ce mot de Sénèque est encore vrai de nos jours ; car pour produire des monuments, il eût fallu et le zèle religieux des peuples, et la richesse du clergé, et le faste des seigneurs. On ne doit chercher en Corse que des imitations ou des importations de leurs voisins plus heureux[1]. »

Ce jugement sur les monuments que l'inspecteur n'avait pu admirer n'était pas l'expression de mépris d'un connaisseur déçu. Il rappelait, plus subtilement, que la réalité la plus intime du pays, que l'« âme » corse ne se dévoilait pas dans les pierres, mais dans les mœurs et les actions des hommes, et en particulier dans cette coutume si monstrueuse aux yeux des continentaux, la *vendetta*, à laquelle il allait consacrer de longs développements.

La première partie des *Notes* traitait des monuments antérieurs aux Romains, des *stazzone* et *stantare*, ces mégalithes et ces alignements de pierres levées que Mérimée rapprochait de ceux qu'il avait vus en Bretagne et qui témoignaient de l'ancien peuplement, celtique, de l'île. La deuxième partie s'attachait aux monuments romains et aux inscriptions, la troisième, aux monuments du moyen âge et aux rares édifices modernes. L'ouvrage se poursuivait par une série de courtes notices, communiquées pour la plupart à Mérimée par l'érudit Gregori. Elles concernaient des monuments, mais elles permettaient aussi d'élargir le mince propos archéologique à des considérations ethnologiques, plusieurs fois esquissées dans le corps du livre. La note B évoquait certaines superstitions populaires, parmi lesquelles l'*annochiatura*, le pouvoir de nuire par les yeux, semblait à Mérimée digne d'intérêt. L'ouvrage s'achevait par une

1. *Notes d'un voyage en Corse*, éd. P.M. Auzas, Paris, 1989, p. 17.

13

anthologie de poésies populaires corses, proposant le texte original recueilli par Mérimée et une traduction juxtalinéaire. Mérimée citait un exemple de poésie amoureuse, la *serenata* d'un berger de Zicavo ; mais ce long poème était déjà connu des lecteurs français qui avaient pu le découvrir dans *Le Globe* en 1826. Les formes de la poésie funéraire avaient, en revanche, plus d'originalité, le *voceru* du Niolo, le *buceratu di Beatrice di Piedicroce*, communiqués par le conseiller Capelle, et la *ballata* de Marie R***. Mérimée rattachait en effet ces chants à la coutume dans laquelle il lisait le fond le plus irréductible de l'âme corse : « Le thème ordinaire de ces chants est la vengeance ; et il n'est pas rare qu'une célèbre *buceratrice* fasse prendre les armes à tout un village par la verve sauvage de ses improvisations[1]. »

Telles quelles, les *Notes d'un voyage en Corse* étaient remarquables par leur méthode de leur esprit. Elles faisaient, à la suite d'observations directes et de découvertes sur le terrain, la synthèse de tout ce que l'on pouvait connaître, en 1840, de l'art et de l'archéologie corses, et proposaient même des intuitions pertinentes sur les apports celtes et arabes. Elles servaient d'encouragement aux travaux à venir. Elles répondaient avec précision aux buts fixés à la mission, proposant une liste, restreinte, de monuments à préserver ou à entretenir, tels la statue d'Apricciani « qui mérite d'être conservée », le clocher de Carbini ou la Canonica, suggérant des recherches à faire, en particulier l'étude des *stantare* et *stazzone*, dont Mérimée n'avait pu connaître qu'un échantillonnage.

Les *Notes d'un voyage en Corse* touchèrent un public plus large que celui des seuls bureaux de l'administration, et connurent un certain succès ; dès 1848, l'édition était totalement épuisée[2]. Leurs premiers lecteurs, attentifs à la redécouverte des « anti-

1. *Notes d'un voyage en Corse*, p. 81.
2. Lettre à George Grotte du 26 octobre 1848, *Correspondance générale*, XVI, p. 278.

quités » nationales et sensibles à toutes les formes de curiosité exotique, purent en goûter toute l'importance scientifique et l'originalité. Ils étaient en effet préparés à les examiner avec intérêt par un ensemble de textes consacrés à la Corse. En un peu plus d'un demi-siècle, une véritable tradition s'était constituée, qui avait fermement établi ses lieux communs. Cette tradition, plus érudite que littéraire, connut son épanouissement au cours de la première décennie du règne de Louis-Philippe.

Pour le lecteur de 1840, la Corse restait une terre lointaine, quand elle n'était pas simplement une abstraction géographique et politique. Pour lui, qui n'était ni un fonctionnaire ni un militaire, et qui n'était pas encore un touriste, elle se résumait en un discours qui créait des « images » pittoresques mais réductrices, d'une réalité qui ne le touchait que par son étrangeté. La Corse était française depuis moins d'un siècle, mais elle avait renouvelé volontairement cet acte d'appartenance en 1814. Vingt ans plus tard, mal reliée au continent, elle appartenait toujours à un horizon maritime et colonial, au même titre que l'Algérie, dont elle ne partageait pas pourtant les prestiges militaires. A bien des égards, et de façon souvent injuste, la Corse semblait encore être en marge de la civilisation. « On le voit, la Corse est encore loin de ressembler au continent[1]. »

Mieux que tout autre, Mérimée sut dire sans préjugés le contraste entre les élites corses, formées dans les meilleures universités d'Italie et dans les salons parisiens, et les forces archaïques, chtoniennes, qui parcouraient l'île. De surcroît, à la même époque, la légende napoléonienne commençait à se diffuser, et elle prit les formes d'un culte lors du retour des cendres en 1840, l'année même de la publication des *Notes* et de *Colomba*. L'île, pourtant bien négligée durant l'Empire, devenait le cadre d'un nouvel imaginaire lié à l'Empereur, qui faisait oublier les

1. *Notes d'un voyage en Corse*, p. 81.

anciennes rivalités claniques. Mérimée joua avec adresse de toutes les contradictions du registre « impérial » : un développement des *Notes* consacré à la vengeance mettait en évidence une « excessive vanité qui, même chez les plus grands hommes, dégénère en une ostentation ridicule. Qu'on se rappelle la robe de satin et la couronne de lauriers de Napoléon[1] ». Cette matière allait constituer un des éléments d'actualité de *Colomba* : le conflit entre les Barricini et les Della Robbia recouvrait une opposition politique farouche dont Mérimée dévoilait les ressorts : l'opportunisme des ultras et une nostalgie militaire qui s'exprimait, faute de mieux, par une fidélité bonapartiste. Tout en étant issu d'une famille jadis « en inimitié » avec celle de Napoléon, le héros de la nouvelle admirait l'Empereur ; il illustrait à l'échelle d'un simple lieutenant le jugement plus général que la Corse portait sur Napoléon « qui ne lui a fait que du mal, mais lui a fait honneur ».

Répondant aux préoccupations des élites pour une terre française si peu soumise au modèle commun, les *Notes d'un voyage en Corse* trouvaient leur origine dans les trois modes de la littérature consacrée à la Corse : l'histoire, la relation de voyage, le rapport administratif.

Par leur objet, les *Notes* étaient un ouvrage d'histoire, et elles se rattachaient aux travaux historiographiques modernes, de l'*Histoire des Révolutions de Corse* de l'abbé Germanès, publiée entre 1771 et 1776, aux leçons prononcées à l'École normale supérieure par Volney, qui avait passé une année en Corse, publiées en 1793 dans le *Moniteur*. Ces ouvrages, souvent autorisés par une expérience directe des réalités économiques et administratives, marqués par l'esprit de l'*Encyclopédie*, renouvelèrent l'ancien corpus anecdotique des historiens antiques et des chroniqueurs. Ils étudiaient les structures politiques de l'île et ses traditions dans une perspective réformiste,

1. *Notes d'un voyage en Corse*, p. 26.

afin de réorganiser son administration et sa police pour en faire une nation moderne. L'abbé Gaudin écrivit un *Voyage en Corse*, augmenté de considérations politiques pour l'amélioration de la situation dans l'île, qu'il publia en 1787, Feydel fit paraître en 1799 ses *Mœurs et coutumes des Corses*, qui rendaient le gouvernement de l'ancien régime responsable de l'arriération des habitants de l'île ; ils rapportaient une foule de détails pittoresques. L'ouvrage de Germanès proposait lui aussi un certain nombre de tableaux des mœurs corses, de fortes évocations qui devinrent topiques. Mérimée sut se souvenir du berger fusillé par ses propres parents pour avoir dénoncé deux déserteurs, ou de la mère montrant à ses enfants la chemise ensanglantée du père tué dans une vendetta.

Par leur méthode, les *Notes* appartenaient à une autre tradition savante, la relation du voyage érudit, dont l'Italie était depuis le XVIᵉ siècle, l'objet privilégié. Comme ses prédécesseurs, Audebert ou Mabillon, Mérimée, relevait les inscriptions antiques et recherchait les monuments romains, comme eux, en rendant hommage à ses hôtes, à Conti ou au conseiller Cappelle, qui lui avaient fait voir les curiosités du pays et communiqué les textes, il ranimait l'esprit d'une défunte République des Lettres, métamorphosée plus modestement en réseau de correspondants de la Commission des Monuments historiques. Or le voyage d'Italie connaissait une évolution « touristique », et depuis la fin du XVIIIᵉ siècle, la Corse était devenue elle-même un prolongement du voyage d'Italie.

Plus que le R.P. Singlande, qui avait accompagné le corps expéditionnaire français et qui laissa un récit de ses observations dans ses *Mémoires et voyages* (1765), où il rendait hommage à la dignité du peuple corse, tout en portant déjà un jugement sévère sur la vendetta, ce fut un Anglais qui fonda ce genre littéraire. En 1768, à la suite d'une mission officieuse auprès de Corses révoltés, James Boswell fit paraître un petit livre intitulé *An Account of Corsica, the Journal of a*

Tour to that Island, and a Memoir of Pascal Paoli.
L'ouvrage fut célébré avec enthousiasme par Samuel
Johnson, et aussitôt traduit en français. L'île et son
patriarche, Paoli, illustraient pour Boswell, tout
nourri d'un imaginaire néo-classique, une réminis-
cence de l'âge d'Or et des vertus de la Rome républi-
caine tout à la fois, un pays « où l'on peut vivre en
tendant la main pour se nourrir de châtaignes ou se
pencher pour boire l'eau des torrents ». Le voyage de
l'Italie cultivée, celle des peintres et des musiciens,
trouvait déjà, avant Miss Lydia, un excursus, une
sorte de remontée hors de l'histoire, vers une antiquité plus anthentique, dans des paysages où
l'héroïsme était vécu. Le genre connut un dernier
complément. En 1823, le capitaine Benson, un ami de
Byron, fit paraître un récit de son voyage fait sur le
yacht *Mazzeppa*, les *Sketches of Corsica*. Se servant
d'une importante documentation, Benson offrait la
première étude folklorique consacrée à la Corse, en
recueillant des exemples notables de chants et de poésie populaires. En 1837, deux ans avant le voyage de
Mérimée, parut un livre essentiel pour la découverte
touristique de l'île. Un bibliothécaire du roi, Valéry,
qui était déjà l'auteur d'un récit de voyage en Italie,
publia ses *Voyages en Corse, à l'île d'Elbe et en Sardaigne*. Le voyage de Corse était présenté comme la
suite, riche de surprises, du voyage traditionnel de
l'amateur d'art, et permettait un essai comparatif sur
les mœurs des différentes îles tyrrhéniennes. Valéry
témoignait d'emblée une préférence marquée pour la
Corse orientale, la plus italienne. A défaut d'y trouver
des tableaux et des statues, il découvrait dans l'île,
dans leur nudité parfois brutale, « des actions et des
hommes ». L'ouvrage, enrichi d'une très sérieuse
documentation statistique et administrative, était
ordonné selon l'ordre géographique de l'itinéraire, de
Bastia à Bonifacio. Valéry notait sa découverte des
paysages, occasion pour lui de nombreuses descriptions, des coutumes et des types. Il avait rencontré
des bandits ; il avait écouté leur histoire ; le premier, il

traçait une géographie de la vendetta, définie comme « un point d'honneur mal entendu », inconnue dans la Corse du Nord, fréquente au-delà des Monts, exacerbée dans la région de Sartène. A Fozzano, il rendit une visite à Colomba Bartoli, qui « tirait fort joliment des coups de fusil ». Le récit de voyage, enfin, était complété, comme les *Sketches* de Benson, par une anthologie de la poésie corse, populaire et lettrée. L'ouvrage de Valéry eut un écho immédiat; l'année même où Mérimée le lisait pour préparer son propre voyage, il fut imité par Montherot dans ses *Promenades en Corse*.

De façon plus austère, les *Notes*, riches de nombreuses digressions, étaient aussi le résultat d'un travail administratif. Telles quelles, elles entraient dans un ensemble de contributions importantes, surtout d'ordre juridique et économique, dues à de hauts fonctionnaires en poste dans l'île, et suscitées par l'intérêt pour la Corse que montraient des gouvernements qui, depuis la Restauration, éprouvaient les difficultés d'une solution juste entre l'uniformisation administrative et le respect des pratiques locales. En 1822, le baron de Beaumont, un ancien sous-préfet de Bastia, publia ses *Observations sur la Corse*. Elles complétaient le *Mémoire sur la Corse*, publié en 1819 par Réalier-Dumas, un conseiller à la Cour de Bastia, futur procureur général du même tribunal. Réalier-Dumas proposait l'abolition légale du jury d'assise, afin de lutter contre l'habituelle indulgence à l'égard des crimes de vendetta, qu'il analysait comme un anachronisme, comme une conséquence funeste de l'absence d'équité des anciennes institutions judiciaires. Dans la dernière partie de son rapport, moins technique, il donnait des exemples des mœurs corses les plus étranges aux yeux d'un continental, et il relatait de nombreuses anecdotes, examinées d'un point de vue juridique. Cet ouvrage suscita de longs débats à la Chambre et dans les bureaux des ministères, et fut l'objet de nombreux comptes rendus dans les revues, telles cette *Revue trimestrielle*, dont Mérimée fut, brièvement, le collaborateur. L'opinion publique ainsi édifiée, fixait son attention sur les questions d'ordre public, liant vendetta et banditisme.

Ces travaux n'étaient pas seulement destinés à une diffusion confidentielle. Les *Recherches historiques et statistiques sur la Corse* de Robiquet, un ancien ingénieur des Ponts et Chaussées, parurent en 1835. Elles furent pendant de longues années une source d'information d'une exceptionnelle richesse, où ne manquèrent pas de puiser Valéry comme Mérimée. Celui-ci lut l'ouvrage lors de son voyage, et après son retour, chargea son ami Lenormant de lui en procurer un exemplaire. Les *Recherches* se présentaient comme un diptyque, composé d'une description de l'île et d'un atlas, abondant en cartes précises et en tableaux de chiffres. L'un de ces tableaux était particulièrement suggestif ; il donnait la statistique des crimes de sang, et recensait, pour la seule période comprise entre 1826 et 1831, 688 assassinats. La sécheresse des chiffres était équilibrée par des notations concrètes et des éléments vécus : Robiquet évoquait les principaux bandits de l'île, et il donnait, le premier, des détails curieux concernant les affaires de Sartène et de Fozzano, sans toutefois faire mention de Colomba Bartoli.

En 1840, le rapport que Mérimée avait à rédiger était d'actualité. C'était le pendant archéologique et savant, mais également attentif à l'état des mœurs et de l'opinion, du rapport économique et moral dont l'économiste Blanqui avait été chargé, peu auparavant. Blanqui ne fit paraître son travail qu'en 1841, mais Mérimée en avait eu connaissance dès 1838, lorsque Blanqui le lut au cours de six séances de l'Académie des Sciences morales. Il avait l'ambition de faire de la Corse un « département d'élite » ; déplorant qu'elle fût longtemps considérée comme une colonie, il proposait une série de mesures économiques capables de remédier à l'état de déshérence dans lequel était laissée l'île, et aux atteintes à l'ordre public marquées par une criminalité exacerbée.

Tous ces ouvrages, dans leur diversité, avaient contribué à diffuser auprès du public cultivé de l'époque les lieux communs d'un discours sur la Corse, qui n'était pas encore « littéraire ». Une série d'articles anonymes de la revue *Le Globe*, dont Mérimée était un collaborateur, en fit le répertoire. Le 26 mai 1826, parut une analyse des *Sketches* de Benson ; le 4 juillet, une étude du caractère corse et de la vie des bandits, en août, la description d'un voyage d'Ajaccio à Bastia, le 6 mars 1827, un récit des aventures du bandit Théodore Poli, le 10 avril, une présentation des relations maritimes entre la Corse et le continent, à l'occasion de l'ouverture de la ligne à vapeur, le 5 juillet, une étude sur les réformes économiques à entreprendre, les 13 et 27 septembre enfin, deux chapitres d'histoire. Objet d'un discours savant vulgarisé à travers les revues, la Corse offrait désormais de riches suggestions pour la littérature de fiction, dramatique et romanesque. Elle offrait des lieux, à la fois géographiques et littéraires, ses sites et ses paysages, ses forêts et son maquis peuplé de bergers, elle offrait un type appelé à une longue fortune, le bandit, paradoxal et tardif avatar du bon sauvage : farouche et rebelle aux lois, il vivait dans l'honneur, misérable, il était hospitalier et détaché de tout l'esprit de lucre d'une France qui s'enrichissait. Terre préservée d'une culture véritablement populaire, tout entière vouée à une coutume héroïque et scandaleuse, la vendetta, la Corse offrait en somme, toutes les ressources, à l'état brut, de la « couleur locale ».

Mérimée sut mettre à profit toutes ces suggestions. Dix ans avant les *Notes* et avant *Colomba*, il publia dans la *Revue de Paris* une courte nouvelle tirée de Feydel et peut-être directement de Germanès. *Mateo Falcone*, que le sous-titre présentait comme un tableau des mœurs de la Corse, était certes une petite chose, comme on en lisait beaucoup à l'époque. Mais cette nouvelle eut un rôle initiatique ; dès janvier 1830, Balzac fit paraître son roman, *La Vendetta*, et en 1831, Rosseeuw Saint-Hilaire publia une nouvelle historique, *Sampiero et Vanina*. *Mateo Falcone* était la première œuvre littéraire, de pure fiction, fondée sur un sujet corse, qui ne se contentait pas de tracer la figure du proscrit, mais qui avait l'intuition de la conception « barbare » ou archaïque de l'honneur qui guidait son action. Toute grêle et limitée qu'elle était, la nouvelle de Mérimée, parce qu'elle venait à un moment opportun et dans un terreau fertilisé par le goût de l'exotisme et le discours savant, eut une portée véritablement séminale, pour d'autres écrivains qui trouvèrent en elle un stimulant à leur propre travail, mais surtout pour Mérimée qui, avec *Colomba*, allait en cueillir les fruits.

L'imagination fleurit sur la méthode : de la relation de voyage à la nouvelle

Le 14 août 1840, rendant compte des *Notes*, le *Moniteur universel* écrivait : « M. Mérimée décrit les monuments de l'île au point de vue archéologique. Félicitons la science pure d'avoir absorbé M. Mérimée pendant ce voyage. Rien, assurément, ne prêtait plus que la Corse au développement des ressources dont peut disposer l'imagination de M. Mérimée. Il a dû entendre raconter cent fois cent histoires pleines de merveilles et qui, arrangées par l'auteur de *Clara Gazul*, de *Mateo Falcone* et de tant d'autres productions remplies de force et d'originalité, auraient ému et attendri. »

Le chroniqueur était mal informé, et il se trompait doublement. Le 1er juillet en effet, *Colomba* avait paru dans la *Revue des Deux Mondes*. Mérimée avait bien rapporté de Corse la matière d'une fiction. De surcroît, la fiction, telle qu'il la concevait, et dans l'exemple de *Colomba* en particulier, entretenait des rapports tout autres qu'antithétiques avec le travail savant, dont elle était issue et qu'à sa manière elle complétait.

A la fin du mois de septembre précédent, retenu

par la pluie qui l'empêchait de visiter Murato et de pousser jusqu'à Algajola, Mérimée cherchait à s'occuper. Il écrivit à son ami Requien : « Je fouille dans les dossiers de la Cour Royale et me repais d'assassinats[1] ».

Déçu par la pauvreté des monuments et des œuvres d'art, Mérimée avait trouvé un autre terrain d'observation ; il avait été fasciné par le spectacle de la « pure nature » que la Corse offrait encore. Cette « pure nature » n'était pas celle de ses paysages, mais celle de l'homme qui y habitait : « Ce mammifère est vraiment fort curieux ici et je ne me lasse pas de me faire conter des histoires de vendettas. »

La vendetta, cette particularité des mœurs locales, fut dans les *Notes* l'objet d'une digression en bas de page. A sa manière, la nouvelle *Colomba*, naquit comme de l'amplification de cette note qui méritait un développement autonome.

La vendetta était un lieu commun des relations de voyages, mais elle gardait encore sa pertinence et son actualité. L'affaire de Fozzano étonnait les voyageurs qui avaient visité l'île, elle les frappait par sa brutalité, et elle revenait comme un motif obligé de leur discours. Lue au niveau sublime des grandes affaires d'État, l'histoire européenne du début du siècle s'expliquait elle-même, à travers l'affrontement des clans Bonaparte et Pozzo di Borgo comme les péripéties d'une vendetta corse représentée sur le théâtre de l'Europe.

Durant les années qui précédaient *Colomba*, les affaires de sang restaient nombreuses en Corse, mais la vendetta dans sa forme authentique était en régression. Blanqui notait en effet dans son rapport que « les crimes de vendetta, désormais réduits aux proportions de l'homicide simple ou compliqué de circonstances aggravantes, disparaissent peu à peu des annales judiciaires[2] ». En qualifiant autrement le

1. *Correspondance générale*, II, p. 287.
2. A. Blanqui, *La Corse. Rapport sur l'état économique et moral*, Paris, 1841, p. 59.

crime, les magistrats entendaient lutter avec sévérité contre ses méfaits. Ils montraient surtout qu'ils n'étaient pas dupes de ce que pouvaient cacher les affaires prétendues d'honneur, où les causes réelles de l'inimitié étaient oubliées depuis longtemps, où de simples prétextes entretenaient une hostilité sans objet. Soumise au droit commun, la vendetta devenait une affaire de bandits.

Mérimée avait l'intuition de ces changements. Mais s'il voulait voir dans ce qui subsistait de la vendetta comme une expression remarquable de l'âme et de la sensibilité corses, l'accepter dans ses virtualités romanesques, il lui était nécessaire, avant de la mettre en scène, d'en rechercher l'explication historique et d'en décrire le mécanisme. Loin de la repousser avec indignation ou de la goûter naïvement comme une manifestation de folklore, Mérimée proposa de la rattacher à des origines communes ; il pouvait ainsi la comprendre sinon la justifier par analogie avec sa forme moderne et acceptable : « Je le répète, l'usage, le préjugé atroce, qui porte un homme à s'embusquer avec un fusil pour tuer son ennemi à coup sûr, est une forme de duel, comme l'épée et le pistolet, et, quelque détestable que soit ce préjugé, il ne faut pas le juger par ses effets, surtout lorsqu'il s'agit d'en faire le trait caractéristique d'un peuple : il faut plutôt remonter à sa cause et examiner si elle n'est pas un des vices de notre nature. On doit regretter que nos formes humaines du duel n'aient pas été introduites en Corse[1]. »

Dans sa note, Mérimée était conduit à distinguer trois plans. La possibilité même de la vengeance privée tout d'abord révélait une défiance profonde à l'égard des institutions, l'archaïsme d'une société incapable d'assurer à ses membres une égale répartition du droit : « J'ajouterais que la vengeance fut autrefois une nécessité en Corse sous l'abominable gouvernement de Gênes, où le pauvre ne pouvait obtenir justice des torts qu'on lui faisait. Aujourd'hui, un procès précède presque toujours l'assassinat. »

1. *Notes d'un voyage en Corse*, p. 26.

24

La vendetta subsistait parce que la Corse n'avait pas connu de réforme judiciaire et parce que les Corses ne reconnaissaient plus la légitimité des tribunaux. Dans son apparente irrationalité, dans sa violence sans nuances, elle était bien une forme du droit, reposant sur l'idée fondamentale d'une compensation par le sang du sang versé.

La vendetta représentait d'autre part une « forme ancienne et sauvage du duel », avec ses règles et ses rites, avec ses mises en garde, sa déclaration de *guardarsi*, qui en font tout autre chose qu'un simple rapport de force. Mais ce duel, lui aussi, était archaïque, et la Corse, durant deux siècles, avait été tenue à l'écart du lent travail de maîtrise et de codification des inimitiés privées auquel, en France et en Italie, s'étaient consacrées la monarchie centralisée et l'Église du concile de Trente. Bien qu'il fût hors la loi, le duel à la française, opposant en champ clos et devant témoins deux adversaires, sans recours et sans suites, devait, selon Mérimée, apparaître comme une solution provisoire mais acceptable qui empêcherait les fusillades collectives ; il alléguait à cet effet l'anecdote rapportée par Robiquet, d'un duel entre Corses rompus à l'usage moderne, interdit par l'autorité civile, qui eut pour conséquences des morts bien plus nombreuses par assassinat.

Mérimée rattachait la vendetta à la structure de la société et de la famille corses. « En Corse, écrivait-il, on ne voit point une nation, mais des familles qui n'agissent que dans leurs intérêts particuliers. » La vendetta était la conséquence de cette hiérarchie des intérêts. Elle parcourait l'ensemble de la société corse comme un élément d'identification. Dans les bourgs de la Corse méridionale, où malgré les différences de rang, riches et pauvres vivaient en étroite familiarité, les comportements étaient plus uniformes ; le peuple avait adopté la susceptibilité, l'« excessive vanité » des élites rendues si attentives à la réputation et au jugement d'autrui ; il adoptait leur manière de régler le point d'honneur. Sur le continent en revanche, le duel n'était plus qu'une affaire de soldats et de gens du monde, les paysans ne se battaient pas, parce que dans leur société, le point d'honneur, qu'il ne fallait pas confondre avec l'honneur, n'existait pas.

La vendetta était l'élément emblématique qui résumait et qui dramatisait à la fois la conception corse de la famille. Elle était l'expression exacerbée des anciennes solidarités, témoignant jusqu'au sacrifice de l'effacement des égoïsmes individuels derrière les intérêts du clan. Affaire d'hommes, elle associait les femmes. Sans participer au combat, celles-ci le préparaient selon le rite (c'était là toute la symbolique de l'ostentation de la chemise sanglante évoquée dans le *Voceru* du Niolo), elles préservaient la mémoire des faits. Rien, dans les textes, n'assure pourtant que l'honneur de la femme fût lié à l'honneur familial, au point de la soumettre, par le *rimbecco*, à l'opprobre qui pesait sur une famille sans vengeur. Il est vrai toutefois que les futurs gendres, avec les filles, épousaient la vendetta. Dans sa nouvelle, Mérimée allait transformer une donnée incertaine en élément dramatique et donner à l'action de son héroïne une nécessité qui n'était pas simplement psychologique : si son frère ne vengeait pas sa famille selon les règles afin de lui rendre son honneur, Colomba ne pouvait pas se marier. La vendetta ordonnait toute l'action de *Colomba*. Mérimée toutefois ne s'était pas fixé pour but de seulement décrire une « belle vendetta » et de donner, lui aussi, dans la couleur locale, il entendait aller plus loin dans l'étude de l'âme corse, et pouvait écrire à Conti : « J'avais l'intention de peindre dans *Colomba* l'amour de la famille, si puissant dans votre île[1]. »

Dans une appréciation générale qu'il portait sur l'art de Mérimée, Sainte-Beuve rappelait cette vérité : « On a tant abusé du mot imagination, on l'a telle-

1. Lettre à Étienne Conti du 12 novembre 1840, *Correspondance générale*, II, p. 463.

ment transportée tout entière dans le détail, dans la tournure du style, dans un éclat redoublé d'images et de métaphores, qu'on pourrait ne pas voir ce qu'il y a d'imitation véritable et d'invention dans cette suite de compositions de moyenne étendue qui n'ont l'air de prétendre la plupart qu'à être d'exactes copies ou des récits fidèles. Se figurer, ou nous représenter si au net les choses comme elles sont, c'est faire oublier qu'on les crée ou qu'on les combine[1]. »

Colomba était une œuvre d'imagination, dont l'invention semblait être la copie de faits bien connus. Elle trouva son origine dans l'amplification, romanesque, d'une note savante consacrée à la vendetta et d'une remarque de Robiquet : « Le duel commence à prévaloir chez eux sur les vengeances corses[2] ». La nouvelle montrait la mise en question de la coutume. Observateur attentif des réalités corses, Mérimée trouva dans une actualité déjà passée en histoire quelques heureuses suggestions pour son propos.

Colomba Bartoli avait été la figure centrale d'une vendetta fameuse, qui, depuis la fin du XVIIIe siècle, à Fozzano, un gros bourg de 700 habitant proche de Propriano, opposait pour des raisons obscures et que les protagonistes ne cherchaient guère à rappeler, les familles Carabelli et Bartoli à la famille Durazzo. Cette querelle dura cinquante ans. En 1793, une première paix fut signée entre les familles rivales. Lorsqu'un membre du clan Paoli se rallia au clan adverse, le conflit reprit en 1830, mais les frères Carabelli refusèrent désormais de poursuivre une inimitié qui n'était attisée que par Colomba et son fils. A la sortie des vêpres, une fusillade fit trois morts, parmi lesquels deux neveux de Colomba. Les auteurs des coups de feu furent inculpés, le fils de Colomba fut, en tant qu'agresseur, condamné à trois mois de pri-

1. Sainte-Beuve, *Portraits contemporains*, Paris, 1841, II, p. 370.
2. M.F. Robiquet, *Recherches historiques et statistiques sur la Corse*, Paris-Rennes, 1835, p. 389.

son ; son rival Durazzo en revanche fut acquitté par la Cour de Bastia. Colomba Carabelli assista au procès et vit dans le jugement ce déni de justice qui justifiait que la vendetta se poursuivît. Après des représailles de part et d'autre, cette histoire trouva son épilogue, le 30 décembre 1833. Dans la vallée du Baracci, au lieu-dit Tonichella, François Bartoli tendit une embuscade à ses adversaires. Au cours de l'affrontement, deux fils de Michel Durazzo furent tués et le troisième blessé, mais de l'autre côté, le fils de Colomba avait reçu une balle en plein front. Imposée par le gouverneur militaire de l'île, une nouvelle paix fut signée solennellement en 1834 entre les deux familles, et l'on célébra dans l'église de la bourgade un *Te Deum* d'actions de grâces. Le 27 août 1839, alors que Mérimée était en Corse, le survivant, auteur des coups de feu mortels de Tonichella fut jugé à Bastia, et le réquisitoire fut prononcé par l'avocat général Sigaudy, par qui Mérimée eut connaissance du dossier.

Une autre affaire, sans rapport avec la première, eut lieu, à la même époque, à Sartène, où s'opposaient de tout temps derrière les Ortoli et les Roccaserra, la ville haute et la ville basse. En 1830, eut lieu une fusillade, au cours de laquelle les Roccaserra tuèrent le commandant Pietri, allié des Ortoli, et trois gardes nationaux. Trois ans plus tard, en février 1833, Jérôme Roccaserra, pris dans une embuscade, tua, de deux coups de feu, les deux frères de Piétri. Il fut lui-même blessé au bras. Après s'être soustrait aux poursuites en se cachant dans le maquis, Roccaserra se constitua prisonnier, et, puisque on ne put prouver qu'il avait tendu à ses adversaires un guet-apens ni qu'il eût prémédité son geste, il fut acquitté. Comme dans l'affaire de Fozzano, un traité de paix fut imposé aux familles, et le calme revint, provisoirement, dans la cité.

Ces deux affaires étaient bien connues. Dès 1835, Robiquet les avait évoquées dans son ouvrage, et en 1837, Valéry en fit un point fort de sa description de la région de Sartène, qui « respire la guerre et la vengeance » ; Fozzano concentrait tout ce que l'île offrait de pathétique et de terrible : « L'aspect du village était affreux, misérable : les paysans marchaient armés, les maisons étaient crénelées, barricadées, et les fenêtres bouchées par de grosses briques rouges. Un quart environ de la population est en inimitié ; les hostilités existent principalement entre les habitants du village *di sotto* et *di sopra* ; ceux des familles en inimitié sont consignés chez eux et les enfants ne peuvent aller à l'école car ils ne seraient point épargnés[1]. »

Plus que Roccaserra, c'était Colomba Bartoli qui suscitait la curiosité des voyageurs. Elle n'avait certes pas participé directement aux différents épisodes de la vendetta, et jamais, assurément, n'avait fait le coup de feu. Mais cette « méchante femme » selon son entourage, violente et haineuse, avait constamment entretenu dans le village un climat de vengeance, et refusa jusqu'au bout d'accepter la paix. Par ses bruyantes démonstrations, elle s'était mêlée à une vendetta, elle paraissait, mieux que les médiocres protagonistes masculins, assumer seule le drame de Fozzano et en être l'héroïne, au point d'attirer les regards et de constituer une sorte de lieu commun personnifié du voyage touristique en Corse. Mérimée, comme les voyageurs qui l'avaient précédé depuis sept ans, et comme Flaubert désira le faire après lui, ne manqua pas de lui rendre visite à Olmeto, où elle s'était retirée devant l'hostilité générale des habitants qui craignaient qu'elle ne rallumât les hostilités entre les deux clans. Il rencontra une vieille femme âgée de soixante et onze ans et sa fille ; la fameuse lettre à Requien dans laquelle il évoquait sa visite, rend compte à la fois de la lucidité du visiteur et de la métamorphose qu'il fit subir, quinze jours plus tard, à la réalité dans sa médiocrité. Mérimée rajeunissait Catherine, il fondait Colomba et Catherine Bartoli en un seul person-

1. A. Valéry, *Voyage en Corse, à l'île d'Elbe et en Sardaigne*, Paris, 1837, I, p. 200-201.

nage, et un personnage idéalisé de fée maléfique. Le jeu de mystification permis par une lettre spirituelle était une étape de l'assimilation romanesque.

Or, dans sa nouvelle, Mérimée ne chercha pas à raconter, sous une forme romanesque, la vie de Colomba Bartoli. En dépit du titre, il ne la consacrait pas même à ce personnage. La vieille femme remplie de ressentiment et de haine qu'il avait rencontrée n'était qu'un des nombreux éléments qui pouvaient concourir à décrire, à travers le récit d'une vendetta recomposée, quelque chose de plus secret et de plus insaisissable. Et la Colomba de la fiction, elle aussi, en dépit de la richesse de son caractère et de son dessin n'était pas le terme ultime à quoi tendait une œuvre savamment construite.

Dans une lettre à Conti, Mérimée précisa la teneur de sa nouvelle : « J'ai tâché de faire une mosaïque avec les récits que j'ai recueillis à droite et à gauche sur votre pays et dans toutes les pièces de rapports embrassés tellement quellement. Vous avez pu en reconnaître plus d'une que je vous devais[1]. »

Colomba, dans l'idée de son auteur, était une « mosaïque ». Mais ce terme, trop modeste, prête à confusion. A l'issue d'une rédaction qui chez lui n'était jamais facile, Mérimée pouvait, mieux que quiconque, avoir la conscience de l'extrême disparité des éléments dont il s'était servi, et qui ne se réduisaient pas à une seule histoire. Le terme, qui nommait aussi son premier recueil de nouvelles publié en 1833, avait un sens plus élevé. Les pièces disparates et parfois si étrangement contrastées, à première vue, ne comptaient plus pour elles-mêmes et perdaient toute identité propre. Les lieux communs du voyage, les renseignements érudits, les anecdotes recueillies des archives judiciaires et des conversations avaient acquis une valeur collective et symbolique. Ils servaient à la construction d'une histoire *idéale*, comme les différentes pierres de couleurs de la mosaïque composent un tableau achevé.

1. *Correspondance générale*, II, p. 462.

Plus que l'anecdote vécue donc, comptait sa métamorphose, et celle-ci, qui n'est pas cryptage de la réalité, ne valait que parce qu'elle était porteuse d'un sens plus élevé. D'un mouvement inverse, les éléments de réel, omniprésents dans *Colomba* (jusqu'aux références autobiographiques à usage privé, dont il ne faudrait pas sous-estimer la portée de *private jokes*) ne visaient pas à payer à la réalité son tribut, et à revenir insidieusement vers une anecdote identifiable ; ils contribuaient à définir pour le lecteur le domaine du *vraisemblable*.

L'action de la nouvelle était volontairement située dans un temps et dans un espace qui la séparaient et la distinguaient du massacre sordide de Fozzano. Orso revient en Corse « dans les premiers jours du mois d'octobre 181. », un temps déterminé, mais un temps imaginaire. Il rejoint la demeure paternelle de Pietranera, dans le centre de l'île, au cœur de la grande forêt de Vizzavona. Pietranera n'est pas le village homonyme situé au nord de Bastia. Ce n'est pas non plus Fozzano ni Sartène, dont elle a pourtant les tours, ni Arbellara dont elle a les *archere*. La description de Pietranera suffit à justifier le nom : « Aux deux extrémités de la place s'élèvent des bâtiments plus hauts que larges, construits en granit et en schiste... » (chap. IX)

Pietranera, la cité de pierres noires, est un nom doté d'un étrange pouvoir d'évocation, d'une *vis admonitionis* comme une malédiction, elle a une vérité poétique et humaine, celle d'un lieu isolé et effrayant, loin de la côte, théâtre attendu d'une action sanglante et lieu où se concentre l'âme de la vieille Corse « gallique », dont Colomba est l'incarnation.

Les deux personnages principaux ont une identité également recomposée, à la fois réelle, vraisemblable et symbolique. Pour choisir le nom de ses héros, Mérimée avait recouru à l'aide de C.G. Gregori ; il désirait trouver « un nom de famille *caporalizia* ancienne mais pas historique », ajoutant : « Je voudrais un nom gentil, car c'est pour mon héros, et vous savez qu'on ne s'intéresse qu'aux noms agréables et doux à prononcer[1]. »

Della Rebbia avait un sens pour le lecteur qu'il devait « intéresser » : il cachait sa violence (la *rebbiata*, le coup de fourche) sous une consonance quasi aristocratique et vaguement illustre qui mettait en évidence, par contraste, la nature plébéienne des Barricini ; c'était aussi un nom authentiquement corse, mais un nom médiéval, cité dans Filippini comme celui d'un ancien « feu », d'un village disparu de la Pieve di Bozio. Orso della Rebbia n'avait pas de liens avec un « Orso Carabelli », ancien militaire, imaginé par les érudits, comme il n'en avait pas avec les frères de Colomba Bartoli, spectateurs impuissants d'une vendetta qu'ils désapprouvaient et qui signèrent le traité de paix de Fozzano. Mérimée gardait certes un prénom pour son héroïne ; ce n'était pas celui de la jeune Catherine Bartoli. Mais comment ne pas voir avec quelle secrète ironie, en inventant deux personnages pour les opposer, il retournait jusqu'à l'oxymoron le contraste de leur nom : la colombe était farouche, et l'ours des montagnes, bien civil ? Les comparses en revanche tiraient leur nom de personnages réels mais qu'ils ne représentaient pas : Piétri, le mort dont Colomba chantait la *ballata* avait le patronyme d'une des victimes de Sartène, les bandits devaient leurs noms aux brigands cités par Robiquet.

Rien dans l'action de *Colomba* ne ressortissait à l'anecdote que le bref exploit sportif du héros. En 1848, Mérimée évoqua une nouvelle fois Roccaserra dont de méchants esprits insinuaient qu'il n'avait pu, seul, faire « coup double ». Il croyait devoir assurer que l'affaire s'était passée « dans des circonstances exactement les mêmes que j'ai décrites dans *Colomba*[2] ».

La fiction venait au secours de la réalité plus que la

1. Lettre à Grégori du 7 juin 1840, *Correspondance générale*, XVI, p. 457-458.
2. *Correspondance générale*, XVI, p. 279.

réalité n'avait informé la fiction. Dans la nouvelle, la formation militaire d'Orso, son entraînement, ses chasses en compagnie du colonel Nevil, le hasard de l'embuscade, son arme surtout, un fusil Manton, tout préparait le coup double, tout le rendait vraisemblable, c'est-à-dire possible, dans la réalité.

Mérimée ne soumettait pas son récit à la réalité d'une anecdote, elle-même fort incertaine. Sa véritable référence était d'ordre savant. C'était, plus que l'ensemble des livres qu'il avait lus, tout la riche matière ethnologique des anciens usages corses qu'il avait recueillie dans les *Notes*. Les exemples sont innombrables de tout ce qui était, dans les *Notes*, l'objet d'une présentation historique et abstraite, et qui se trouvait mis en scène dans la nouvelle. L'érudition prenait chair, les coutumes étaient rapportées à des personnages et à une nécessité dramatique.

La précision des descriptions d'Orso et de Colomba peut sembler étrange de la part d'un auteur qui, dès 1829, affichait son mépris pour les facilités du portrait dont abusaient les romantiques. Ces portraits font apparaître dans les physionomies une opposition entre les personnages, également séduisants, qui n'est pas psychologique ou morale, mais historique; elle provenait d'un autre développement des *Notes*, consacrée aux types physiques, qu'elle illustrait en retour. Orso, aux yeux bruns et à la peau basanée, avait les traits d'un Corse du Nord, d'un Ligure, ouvert aux influences étrangères; Colomba, à la peau claire et aux yeux bleus, se rattachait au fond autochtone d'une corse celtique, celle des *stazzone*, de la magie, elle incarnait la fureur barbare des âges anciens.

A chaque page, les *Notes* nourrissaient la fiction : lors de la veillée funèbre de Charles-Baptiste Piétri, au cours de laquelle Colomba va chanter sa *ballata* et passer de la déploration du mort à celle de son propre mort, un des fils apostrophe le cadavre : « Oh! pourquoi n'es-tu pas mort de la malemort? Nous t'aurions vengé! » Cette formule, fortement pathétique, semble faire de la mort violente la seule issue digne d'un

Corse, pour la vendetta qu'elle susciterait. Mérimée, qui l'aurait entendue à Bocognano, la reprenait, à la lettre, d'une note en bas de page de l'anthologie de poésies populaires qu'il avait réunie. Ces quelques poésies, transcrites d'après une tradition incertaine ne pouvaient avoir qu'un intérêt documentaire, ajoutées en appendice aux *Notes*. Elles prenaient, en revanche une tout autre portée dans *Colomba*. Liée à l'action, la *ballata* était le chant magique d'une pythonisse inspirée et menaçante, qui double la narration. Mérimée les faisait naître de l'improvisation, révélant le moment et l'expérience de leur création, jusqu'à en proposer, sans solution de continuité, un pastiche en français, *La Jeune Fille et la Colombe*. La fiction, enrichie de ce que lui offrait la méthode, contribuait en retour à la reconstitution, vraisemblable, des conditions dans lesquelles ces poèmes avaient été conçus, et partant, leur sens.

Colomba toutefois n'était pas une « étude », elle offrait, comme la crème sur le lait, quelque chose de semblable mais aussi de plus subtil et d'un autre goût que l'étude qui la précédait. Le principe qui ordonnait cette « mosaïque » de faits était poétique. La nouvelle repose sur une organisation dramatique, qui unifie l'action et donne à tous les faits leur cohérence. Cette force dramatique ne doit rien à l'anecdote corse, elle provient des modèles éprouvés de la tragédie ou plutôt de la comédie héroïque, dont elle reprend les personnages « moyens », l'importance accordée à l'amour et surtout le mélange des tons. Orso est le protagoniste de cette action. Il est seul, isolé au centre d'un jeu de forces contraires, exposées à la fois par Colomba et par Lydia et où s'exerce sa liberté. Officier français et aristocrate corse, Orso se débat entre deux formes incompatibles du droit, entre les exigences de l'honneur, — de son avatar corse, la vendetta —, et celles de l'amour, pour triompher enfin, en les assumant ensemble. Mais, de façon analogue à ce que l'on trouve dans *Rodogune* de Corneille, le tragique du choix se complique d'un tragique « monstrueux » de l'excès et de la noirceur. Colomba incarne, telle une autre Cléopâtre ou une autre Médée, le personnage sénéquien, qui pousse jusqu'à son terme une passion mauvaise, qui va jusqu'au mensonge et à la violence, dans l'épisode du cheval ou l'ultime rencontre avec le vieux Barricini. A l'issue du drame, Orso n'est pas redevenu barbare sous prétexte qu'il a tué les fils Barricini, non plus que Colomba n'est devenue civilisée, sous l'effet d'une fausse symétrie, parce qu'elle aurait adopté les manières « *fashionable* » de sa belle-sœur. Orso a concilié sa civilité avec une violence mesurée et reconnue par le droit, la légitime défense, qui répondait loyalement à l'injustice ; Colomba, qui voulait du sang et non pas la justice, reste une furie, dans une dernière scène d'une intense cruauté. Mérimée, soucieux de l'unité de son personnage, transforma une première fin plus bourgeoise, et il justifia ce choix, dans une lettre à Conti ; Colomba ne pouvait pas avoir agi que pour le seul intérêt matrimonial d'Orso : « Une dame à qui je montrais cette fin me dit : "Jusqu'ici, j'ai compris votre héroïne ; maintenant, je ne la comprends plus. L'alliance de sentiments si nobles avec des vues si intéressées me semble impossible". J'ai beaucoup de respect pour le goût de cette dame et j'ai fait le changement que vous savez en laissant dans le vague les desseins de Mlle Colomba. Cependant, j'ai eu quelque inquiétude contre ce reproche de bassesse et de vues intéressées, et c'est pour cela que j'ai outré la scène de la passion de la vendetta. Toutefois rappelez-vous qu'à ses yeux le vieillard est le plus grand coupable, et il me semble qu'on ne pardonne guère chez vous[1]. »

Un divertissement savant

Maxime Du Camp prétendit dans ses *Souvenirs* que Mérimée avait écrit sa nouvelle à la hâte sur le bateau qui le ramenait sur le continent, et qu'il avait repris

1. *Correspondance générale*, II, p. 463.

son manuscrit seize fois à Marseille, dans une chambre de l'hôtel Beauvau. C'était une légende, inexacte pour ce qui est de la composition de *Colomba*, et qui traçait de Mérimée le portrait d'un écrivain romantique, enthousiaste et inspiré, ce qu'il n'était plus. Nous connaissons en revanche quelques étapes du travail, qui l'avait occupé durant le premier semestre 1840. Le 18 février, il était encore à écrire à son ami le substitut Sigaudy, pour lui réclamer « des histoires de crimes, bien noires et bien belles », déplorant de n'avoir reçu jusqu'alors que des « conclusions » juridiques[1]. Quatre mois plus tard, la nouvelle avait progressé, et Mérimée se penchait sur les détails; le 7 juin, il demandait à Gregori s'il fallait écrire *far* ou *dar* le *rimbecco*, et le priait de l'aider à trouver un nom pour son héros[2]. Dans cette même lettre, il annonçait à son correspondant que son travail était presque achevé.

De fait, c'est durant le temps de loisir qui lui restait, que Mérimée avait composé *Colomba*. Les premiers mois qui suivirent le retour de Corse furent consacrés à des tâches plus urgentes et plus dignes que la rédaction d'une nouvelle. L'inspecteur des Monuments historiques fut occupé à un long projet qui le passionnait, la restauration de l'église de Vézelay; en outre, Mérimée préparait une nouvelle tournée d'inspection. Enfin, il avait dû achever les *Notes du voyage en Corse*, et il tâchait d'avancer dans la rédaction d'une importante étude historique consacrée à l'antiquité : « Au milieu de tous mes voyages, je n'ai guère travaillé à ma grande affaire, cependant ma guerre sociale est à peu près finie (...) Présentement je broche un petit mémoire sur la Corse[3]. »

La « grande affaire » qui occupait Mérimée était un *Essai sur la guerre sociale*; cette étude devait appuyer

1. Lettre à Sigaudy, *Correspondance générale*, II, p. 319.
2. *Correspondance générale*, XVI, p. 454.
3. Lettre du 29 décembre 1839 à F. de Saulcy, *Correspondance générale*, II, p. 303.

les prétentions de Mérimée qui briguait l'Institut. La *Guerre sociale* fut publié en 1841, en une édition restreinte de cent cinquante exemplaires destinés aux amis de l'auteur ; elle constituait le premier tome d'une vaste *Étude sur l'histoire romaine*, qui allait paraître quatre ans plus tard.

Cette situation de *Colomba* dans le travail d'un semestre éclaire l'ensemble de l'œuvre. Les nouvelles de Mérimée sont peu nombreuses, éparses dans la durée d'une vie qui est surtout une carrière, un *cursus honorum* dont elles épousent les étapes : les textes de l'apprentissage, vers 1830, et les nouvelles recueillies dans *Mosaïque*, les quatre nouvelles de la maturité, mais réparties sur près de dix ans : *La Vénus d'Ille*, écrite en 1837, elle aussi liée à une mission d'inspection, et à la suite de *Colomba*, *Arsène Guillot* en 1844 et *Carmen* en 1845, avant une longue interruption, tout entière consacrée aux travaux savants, enfin, les derniers récits, publiés après sa mort. La littérature de fiction, la fiction narrative, ce en quoi un lecteur moderne croit apercevoir la seule expression possible du génie littéraire était, pour Mérimée, une petite affaire. Sans doute, dans une lettre fameuse à Tourgueniev, invoquait-il les circonstances extérieures et de tempérament qui l'auraient empêché d'écrire. Mais il suivait des raisons plus contraignantes et plus dignes. Mérimée appartenait à la haute fonction publique et à un corps savant ; il était, par choix, l'héritier d'une longue tradition et d'usages modelés par la magistrature d'ancien régime, qui cultivait une conception plus élevée et plus compréhensive des Belles Lettres. *Nolens volens* peut-être, au moment où tendait à s'imposer le magistère laïc de l'écrivain inspiré, Mérimée assumait le rôle antagoniste du lettré pour qui la littérature, au sens moderne du terme, n'était qu'une des formes possibles de l'art de dire et de bien penser. Ce choix, qui impliquait aussi un doute profond sur les fonctions et la nécessité de l'écriture, a longtemps conduit les critiques à mésestimer la situation littéraire de Mérimée, jugé à l'aune de l'engagement romantique et du dandysme littéraire, contre lequel il se définissait avec ironie, comme un « amateur », qui situait l'écriture romanesque dans le seul espace libéral du loisir lettré.

Composée dans les marges du travail savant officiel, *Colomba* était une petite œuvre de fiction, écrite en guise de divertissement et pour plaire à une lectrice particulière, Valentine Delessert, qui l'écouta avec attention et qui poussa Mérimée à en changer la fin. La nouvelle porte, si on veut bien la lire, les traits de cette double origine ; c'est une œuvre d'agrément et qui appartient au genre de la conversation ou du conte oral. Pourtant, dans cette modestie qu'il convient de rappeler, elle participait aussi d'une ambition savante.

Il y avait peut-être chez Mérimée une nostalgie de la littérature des origines ; elle était poétique et orale. Ce n'était du reste pas un hasard s'il mettait en scène dans sa nouvelle une héroïne improvisatrice de *ballata*. Mérimée ne se voulait pas romancier ; homme de salons et de compagnies lettrées, il était un conteur. Pour lui, le récit devait naturellement s'insérer dans un art de la conversation familière, comme la principale de ses ressources et le premier de ses agréments. Ce talent avait son public privilégié, il était destiné en premier lieu aux femmes, aux femmes aimées, Valentine et les autres, à qui il s'agissait de plaire : « Je n'ai rien écrit dans ma vie pour le public, toujours pour quelqu'un[1]. »

Colomba cherchait à émouvoir, et se servait de toutes les ressources d'une savante rhétorique des effets, mise en œuvre dans la disposition, l'art de la composition, et non pas dans les fleurs du beau style. L'expression de Mérimée était volontairement neutre. Mais cet atticisme n'était pas pauvreté. Il relevait d'un choix concerté, en accord avec celui de la forme brève, contre les effusions romantiques. La concision,

1. Lettre à Mme de Montijo du 20 novembre 1856, *Correspondance générale*, VIII, p. 150.

la netteté de la phrase sont le propre d'un art de la conversation et des échanges savants; celui qui parle doit aller à l'essentiel, celui qui est écouté avec attention, ne se paie pas de mots et n'a pas le loisir de jouer avec eux, et Mérimée, de surcroît, était rompu à la précision sèche et sans fard du rapport et de la note administrative. Libéré de toute emphase, de la confusion entre le pouvoir des mots et la réalité des choses, le conte pouvait toucher, en jouant sur les cordes sensibles de l'identification et de l'allusion.

La nouvelle porte la marque de la narration orale : le narrateur est présent tout au long des chapitres, rappelant qu'il est maître du récit et de son rythme, entraînant au gré de son dessein celui qui l'écoute ou qui le lit de la tristesse majestueuse au sourire, de l'horreur à la plaisanterie. Il lui donne sa cohérence, et noue tous les fils laissés en attente pour susciter ses effets, créer la surprise ou la déception. Rien de rhapsodique dans cette narration si contrôlée, rien de lâche. Le narrateur donne au récit son unité et sa cohérence, et, comme dans une conversation attentive où l'on revient sur un détail laissé en suspens, sa mémoire infaillible fait que tout se répond par un jeu de reprises et d'échos jusqu'aux éléments les plus anodins, *en apparence* : en Corse, le chasseur doit apprendre à distinguer les sangliers des cochons domestiques (chapitre I); en Corse, les chasseurs dépités prennent volontairement les cochons domestiques pour des sangliers (chapitre XVI).

Le narrateur raconte une histoire de sang et de vengeance, mais dans laquelle le pathétique alterne avec la farce; il fait trembler son auditoire, mais il s'amuse de son émotion et de son histoire. La terreur est un des ressorts de l'intrigue de *Colomba*, mais non pas de sa narration, au contraire, dédoublée, distanciée et parfois ironique. L'auditeur était sollicité par le charme du dépaysement et celui, contradictoire, de la connivence. Il y a dans *Colomba* un usage constant des citations et des allégations littéraires. Elles ont une valeur poétique ou servent à caractériser les personnages; elles créaient surtout, à l'époque, les conditions d'un dialogue avec le lecteur, dans lequel Dante, Byron, Horace, Sterne, Shakespeare étaient clairement invoqués, et où Molière et Rabelais apparaissaient par allusion. Si Mérimée nourrissait sa nouvelle de ses lectures, celles-ci étaient partagées. L'incipit du chapitre III renvoyait, pour le public de lettrés complices, ou des lectrices à qui Mérimée s'adressait, à un vers des *Orientales*; celui du chapitre I reprenait en les inversant, les premiers termes d'une nouvelle de Stendhal. Cette culture si rouée n'était pas dupe d'elle-même ni du prestige des noms. La référence à *Othello* de Shakespeare n'était pas arbitraire, elle préparait la référence à l'*Otello* de Rossini, qui elle ne renvoyait à rien qu'à une parodie de citation, une citation insignifiante, « il vit », rapportée de façon dérisoire à une petite paysanne illettrée (chapitre XVIII).

Œuvre de plaisir et de séduction, *Colomba* était un divertissement. Mais ce divertissement n'avait de sens qu'en relation au travail savant dont il était le complément et l'inversion. Loin d'être en conflit, le savant et l'artiste ne faisaient qu'un. Si Mérimée était un peu trop *academus* au goût de son ami Stendhal, qui voulait par là lui reprocher malicieusement d'être pédant, cet *academus* était aussi *facetus*, et il savait détourner avec humour l'objet de son savoir. La nouvelle était nourrie de la matière des *Notes*. Comme les *Notes*, elle reposait sur une documentation explicite, elle utilisait les mêmes lectures et les mêmes observations que le rapport administratif, elle avait fait appel aux mêmes collaborations. La relation entre les deux ouvrages était plus intime, et nombre de passages des *Notes* étaient repris dans *Colomba*, presque à la lettre, de l'épigraphe qui ouvre la nouvelle à l'allusion au mauvais œil qui la clôt. Mérimée utilisait les mêmes données dans chacun des deux livres, tantôt comme document dans les *Notes*, tantôt comme élément de fiction transformé en termes poétiques dans *Colomba*. On pourrait lire dans cette relation entre les deux œuvres comme la marque d'une économie soigneusement gérée par un auteur soucieux de ne pas perdre une matière prise sur le vif et à tout exploiter de ses carnets. Ce serait méconnaître l'ingéniosité de Mérimée, pour qui l'érudition aussi était délectable. Il s'en servait dans la nouvelle comme référence à valeur explicitement documentaire, pour lui donner, par jeu, une apparence quasi scientifique. Les notes en bas de pages servaient à expliquer, dans les termes mêmes des *Notes*, des questions liées aux relations corses, ou des expressions employées dans le texte, *voceru* ou *mezzaro*. Les références à Filippini dans les chapitres III et IX relevaient, en un premier temps, d'une intention parodique. La référence savante, d'autant plus pertinente qu'elle était exacte, cachait tout le travail de la fiction et garantissait non seulement le point précis qu'elle devait éclairer mais aussi l'ensemble de l'histoire. *Colomba* était une fiction, que tout révélait comme telle, mais elle jouait aussi des prestiges de la science. Son objet accédait, ainsi, fût-ce de façon ironique et détournée, à une dignité savante.

Par cette relation si habilement agencée entre la méthode et l'imagination, il n'est pas étonnant que *Colomba* ait paru, à ses premiers lecteurs, comme le discours le plus véridique qu'on pût tenir sur la Corse. La nouvelle n'était en rien une « étude de mœurs », elle était sans propos didactique qui aurait consisté à déduire sous forme de fiction certains principes qu'il fallait illustrer en retour. A la différence de l'historien, le conteur présentait les faits tels qu'ils auraient pu se produire. Mais le romancier, à sa manière, restait un philologue qui recréait les origines possibles de la poésie populaire, et il restait un historien de son temps, qui, grâce aux effets de la fiction, avait l'intuition d'une transformation invisible mais profonde de la société corse, dans la nature de la vendetta et dans le statut du « bandit », dont il suivait l'altération : le proscrit pour une affaire d'honneur, comme l'était Orso, se confondait progressivement avec le voleur de grand chemin.

La nouvelle venait compléter en des termes vraisemblables, par l'exercice d'une imagination que fortifiaient une foule de faits attestés, un tableau de la Corse que la seule étude des monuments ne suffisait pas à tracer, et, en exposant le théâtre des passions les plus fortes et les plus typiques, savait pénétrer au plus profond de ce que Mérimée et ses contemporains croyaient être l'« âme » corse.

Cette Corse recréée courait un risque. Née d'une tradition littéraire qui avait établi ses lieux communs, représentée par ses traits les plus typiques, elle pouvait être une Corse attendue, celle de la « couleur locale ». L'expérience de la Corse réelle, que Mérimée avait visitée, encourageait tout excès pittoresque ; elle offrait d'elle-même au visiteur ce dépaysement qu'il était venu chercher, dans une profusion si généreuse qu'elle en devenait banale : « on trouve ici la couleur locale presque aussi souvent que des punaises[1] ».

Or tout l'effort de Mérimée dans *Colomba* fut de dire la Corse le plus exactement et l'âme corse le plus littérairement, en refusant de céder aux facilités d'un imaginaire factice.

A première lecture pourtant, tout dans *Colomba* exagérait et amplifiait le mythe corse déjà ressassé par les livres, offrant des lieux, maquis et forêts de châtaigniers, des personnages déjà emblématiques, bergers et bandits, une passion, la vengeance, dans un étrange climat de générosité et de violence primitives. *Colomba* était la synthèse admirable de toute la matière corse, mais une synthèse critique. Mérimée y dressait le répertoire exhaustif des éléments et des lieux communs, il ne sacrifiait pas en écrivain à ce mythe corse. Celui-ci, à peine répertorié et construit, à travers son altération en couleur locale, était récusé tel quel. La note en bas de page servait à faire du folklore un objet de science, et l'ironie du narrateur, en de subtils jeux d'énonciation, réduisait la « couleur

---

1. Lettre à Pierre Vogin du 2 octobre 1839, *Correspondance générale*, II, p. 290.

locale » aux désirs et aux seules complaisances romanesques d'une touriste anglaise. Miss Lydia voulait aller en Corse pour son pittoresque et son étrangeté ; Mérimée lui en donna plus qu'elle n'en pouvait imaginer. Ce pittoresque était assumé par les personnages secondaires, les bandits réduits à jouer les utilités et qui constituaient le contrepoint comique, comme dans le théâtre de Shakespeare, d'un drame plus essentiel vécu par le personnage principal. Car Mérimée ne refusait pas la couleur locale, il la donnait à lire et à comprendre, il donnait les règles de son bon usage. Dans un récit d'une parfaite construction, sans éléments laissés au hasard, la couleur locale, bien maîtrisée, contribuait aussi au charme et à l'exactitude du récit. Au chapitre XI, Colomba faisait endosser à Orso un costume corse et en particulier une *baretta pinsuta*, un chapeau pointu ; perdant ses habits français, Orso se montrait dépouillé de sa fragile armure de civilisé. Or le recours au costume traditionnel était plus qu'une marque de folklore, c'était un symbole du drame qui se jouait, il servait aussi à la véracité : Mérimée pourtant, dans une lettre, déplorait n'avoir pas vu ces chapeaux durant son séjour[1] ; ils n'étaient plus portés vers 1835, mais selon Robiquet, que Mérimée avait lu, ils étaient encore en usage, vingt ans plus tôt, dans les montagnes. L'action de Colomba se situait vers 1819, et le chapeau pointu d'Orso garantissait fort justement la chronologie.

Ce fin divertissement d'érudit était assez consistant pour toucher un plus vaste public que celui des seules amies pour qui Mérimée l'avait composé. *Colomba* connut un grand succès, dont témoignent le nombre et la fréquence des éditions. D'abord publiée dans la *Revue des Deux Mondes* en 1840, elle parut en volume, l'année suivante, à Paris chez Magen et Comon. Cet éditeur avait publié, en 1837, *Dodecaton*

1. *Correspondance générale*, II, p. 286.

ou Le Livre des douze, une anthologie qui réunissait des textes de George Sand, Musset, Stendhal et Vigny, ainsi que *Les Ames du Purgatoire* de Mérimée. Cette nouvelle fut reprise dans le volume de 1841, avec *Colomba* et *La Vénus d'Ille*. Dès sa parution en revue, *Colomba* fut l'objet d'une contrefaçon belge qui précéda l'édition originale. En 1842, Mérimée passa contrat avec l'éditeur Charpentier, qui publia une nouvelle édition des nouvelles, réunissant *Colomba* et *La Mosaïque*. Cette édition, que Mérimée corrigea en 1850, connut une quinzaine de réimpressions jusqu'à la mort de l'auteur, en 1870. Ce succès ne se limita pas à la France. Dès 1844, *Colomba* fut publiée à Milan, avec, en guise de préface, un article élogieux de Sainte-Beuve; en 1854, elle parut à Bruxelles, en 1867, à Londres chez Trübner. Du vivant même de Mérimée, elle fut traduite en plusieurs langues : dès 1840, parut une traduction russe anonyme, une version en grec moderne fut publiée durant le premier trimestre 1845 dans l'*Anamorphosi* d'Athènes, en 1853, A.R. Scoble en donna la traduction anglaise; avant la fin du siècle, elle était traduite en tchèque et en espagnol.

Sainte-Beuve rendit compte du succès qui accueillit la nouvelle lorsqu'elle parut dans la *Revue des Deux Mondes* : « La *Colomba* de Mérimée est un chef-d'œuvre qui a réuni ici tous les suffrages. On n'a parlé que de cela durant quinze jours. Je ne connais rien de si beau, de si parfait, de si fin[1]. » Le célèbre critique avait été souvent sévère à l'égard de Mérimée, en qui il voyait certes un talent « exquis », mais « dur », et dont il dénonça plus tard la « peur de la rhétorique qui le jette dans l'excès contraire qui frise la stérilité[2] ». Mais à la lecture de *Colomba*, il ne cherchait pas à cacher son admiration. Dans un article de la *Revue des Deux Mondes*, il fit de l'œuvre une analyse

1. Sainte-Beuve, lettre à Mme Juste Olivier du 3 août 1840, *Correspondance générale*, éd. J. Bonnerot, Paris, 1938, III, p. 332.
2. Sainte-Beuve, *Mes poisons*, Paris, 1965, p. 101-103.

détaillée. *Colomba* savait donner de la Corse l'impression la plus réelle et la plus vivante, et cette réalité si particulière s'enrichissait d'un vieux mythe, admirablement modernisé. Le pittoresque savait rejoindre le grand genre ; *Colomba* était une œuvre « classique ». Selon Sainte-Beuve, la nouvelle de Mérimée était comme une tragédie grecque, et son héroïne, vouée à la vengeance et à son amour de sœur, un avatar d'Électre : « au moment où, par le sujet et la manière, il a l'air de se ressouvenir le moins des modèles enseignés, tout d'un coup il les rejoint et les touche au vif parce que, comme eux, il a été droit à la nature ».

Ses lecteurs les plus attentifs et les plus cultivés comprenaient la nouvelle dans ce qu'elle avait de plus héroïque, en la rapprochant d'illustres modèles qui lui donnaient une part de leur prestige. Ses lecteurs les plus nombreux la goûtèrent selon les modes de leur temps, comme une nouvelle historique, remplie de fortes passions et dont la couleur locale, que Mérimée avait pourtant si subtilement récusée, savait les dépayser. Le grand modèle auquel ils la comparaient était plus proche : « Colomba n'est pas inférieure à ce que le pinceau de Scott a produit de plus vrai, de plus complet[1]. »

Ainsi, pendant plus d'un demi-siècle, la nouvelle de Mérimée apparut comme le livre par excellence consacré à la Corse. Elle avait remplacé le discours savant et les récits des voyageurs. Tout auteur, tel Dumas dont les laborieux *Frères corses* parurent dès 1841, lorsqu'il voulait évoquer la Corse, s'exerçait nécessairement à des variations plus ou moins habiles sur *Colomba*, mais pour en retenir surtout les lieux communs. *Colomba* reposait sur la transformation de la vendetta en acte de justice et non pas d'honneur, et, par son ironie, Mérimée détruisait tout le répertoire des idées reçues sur la Corse, sa couleur locale qu'il savait ne pas confondre avec ses traditions authentiques. On garda avec sérieux de la Corse ce

1. *Revue de Paris*, 15 juillet 1840, p. 144.

que Mérimée avait traité sous forme burlesque, et les bandits eux-mêmes lurent la nouvelle pour prendre modèle de ce qu'ils devaient être puisque vingt ans plus tard, la vie du bandit Bosio avait, racontée par l'Impératrice à son retour de Corse, « l'air d'avoir été copiée sur *Colomba*[1] ».

La réception en Corse même et par les corsisants fut un long malentendu. On raconte que Colomba Bartoli, lorsqu'on lui lut la nouvelle de Mérimée, la traita de fable. Ce jugement, dans lequel pouvait entrer du dépit, bien que le rôle du personnage éponyme ne fût pas sans attrait, était, somme toute, assez pertinent. *Colomba* était bien une œuvre d'imagination et de libre invention. La vieille et acariâtre Colomba Bartoli avait mieux compris la nature de la nouvelle que plusieurs générations d'érudits et de professeurs qui en firent une nouvelle à clef. Mérimée, il est vrai, pouvait les inciter à mal le lire. Il avait, dans une lettre, suggéré sur le mode de l'ironie qu'il aurait masqué la réalité : « si je n'avais craint de déplaire à trois ou quatre bandits de mes amis, j'aurais pu vous donner encore quelques touches de couleur locale, mais on ne m'aurait pas cru et quand je serais retourné en Corse, on m'aurait fait mourir *della mala morte*[2] ».

A Sartène même, la vendetta se poursuivit. En 1843, Jérôme Roccaserra fut assassiné par des hommes de main. Mais faut-il croire, comme on l'a prétendu, que c'est le roman de Mérimée qui, lu par le dernier survivant du clan Ortoli, aurait rallumé l'inimitié ? Or la note en bas de page qui, dans *Colomba*, insistait sur ces faits n'autorisait pas l'identification d'Orso et de Roccaserra, elle garantissait seulement contre l'avis de tout « chasseur incrédule », par un fait

1. Lettre à Jenny Dacquin du 24 novembre 1860, *Correspondance générale*, X, p. 47.
2. Lettre à Vitet du 15 juillet 1840, *Correspondance générale*, II, p. 378 ; les mêmes termes sont repris dans la lettre à Lenormant du 28 juillet 1840, *ibid.*, p. 413.

authentique, l'exploit romanesque du coup double. La nouvelle se bornait à vouloir être vraisemblable.

Dans un premier temps, de nombreux érudits cherchèrent qui Mérimée avait caché sous des pseudonymes, puis, en s'apercevant que ces clefs supposées correspondaient mal aux serrures qu'on leur attribuait, ils reprochèrent à Mérimée son inexactitude : sa relation ne rendait pas compte des faits de Fozzano, et le portrait qu'il avait tracé ne ressemblait pas à la « véritable » Colomba. Ainsi naquit toute une littérature parallèle, étudiée dans les travaux de Trahard et de Roger, un sous-genre romanesque et érudit à la fois, qui consistait à réécrire en termes historiques ce que le roman aurait falsifié. On alla jusqu'à composer un prétendu *Journal* de Colomba. La méthode de recherche des sources trouvait là sa limite, dans l'oubli des conditions et de la nature de l'œuvre littéraire. Car l'essentiel n'était pas de reconstituer les événements exacts de la vendetta entre les Bartoli-Carabelli et les Durazzo, qui relevaient de la seule documentation judiciaire et du greffe de la cour d'assise, que de retrouver parmi eux les éléments qui avaient été utilisés par le romancier, en examinant la métamorphose qu'il leur avait fait subir et les effets littéraires qu'il en tirait. Le paradoxe est que cette littérature des sources, prétendue historique, reposant sur des témoignages oraux confus et intéressés, remplie d'erreurs et de contradictions, jouant d'un pathétique forcé, était plus romanesque, au mauvais sens du terme, que la nouvelle de Mérimée.

Réformateur du genre de la nouvelle, dont Mérimée avait été cinquante ans plus tôt un des inventeurs, Maupassant mit sous le signe de *Colomba* les récits liés à la Corse, qu'il introduisit par une chronique au titre emblématique, *La Patrie de Colomba*, publiée dans *Le Gaulois* du 27 septembre 1880. L'île, qu'il avait visitée en 1880, fut pour lui l'objet d'un réel émerveillement et d'un attachement qui dura toute sa vie, suscitant en lui une véritable « nostalgie ». Il en rapporta la matière d'un chapitre de son roman *Une vie*, ainsi que d'une série de chroniques et de contes, aux titres éloquents : *Le Monastère de Corbara, Bandits corses, Un bandit corse, Une vendetta, Histoire corse*. Maupassant rendait hommage à Mérimée par une série de nouvelles variations, attendues en apparence, sur les lieux communs offerts par *Colomba*. Dans *Bandits corses*, une chronique sous forme de reportage, publiée à son retour dans *Le Gaulois*, il présentait les frères Bellacoscia, des bandits au statut presque officiel, protégés par les autorités et acceptés comme des curiosités touristiques que venaient visiter des *misses* Lydia transformées en Parisiennes. Ce folklore si évident, dont Maupassant accentuait le trait à dessein, était mis au service, fort roué, de la polémique du journaliste : en montrant l'impunité et la complaisance dont bénéficiaient des bandits corses qui n'avaient plus rien de la distinction d'Orso, Maupassant dénonçait la répression qui frappait les Kroumirs à la frontière tunisienne et les mauvaises raisons colonialistes qu'elle cachait.

Maupassant exténua les vieux lieux communs, les poussant jusqu'au paroxysme. Il revint avec attention à *Colomba*, dont il sut retrouver toute la force en jouant sur le texte même de Mérimée. *Une vendetta* était l'exaspération de la tradition « noire » issue de *Colomba*, dans sa concision et sa violence : une vieille femme sans parents assumait seule la vengeance qu'elle était réduite à confier à un chien dressé, donnant à l'expression rituelle « viande de boucherie » une terrible littéralité. Urbaine et plébéienne, la vendetta connaissait le terme d'une évolution, dont Mérimée avait présenté les prémices, elle était déshumanisée. *La Main* proposait une autre et ingénieuse variation sur le thème de la vengeance, éprouvée à travers un personnage secondaire dans *Colomba*, l'Anglais excentrique, amateur de chasse. Dans la nouvelle de Mérimée, le capitaine Ellis rappelait à sir Thomas Nevil qu'en Corse on pouvait « tirer sur tous les gibiers possibles, depuis la grive jusqu'à l'homme » ; le personnage de Maupassant avait lui-même beaucoup chassé l'homme et gardait, en trophée, une main coupée. L'assassinat mystérieux de sir John Rowell pouvait s'expliquer par « une sorte de vendetta », dont la Corse restait le lieu privilégié, et à laquelle même les étrangers ne pouvaient plus échapper.

Mais avec *Le Bonheur* (1884), qui présentait la Corse comme le lieu, paradoxal dans son dénuement, du bonheur et de l'amour absolu, et *Un échec* (1885), Maupassant abandonnait la référence à Mérimée. Écrites plusieurs années après le voyage, quand avaient pu se simplifier et se décanter les lectures et les impressions immédiates, Maupassant recréait une Corse idéale et charnelle à la fois, loin de tout folklore, dite en termes de couleurs et de senteurs : « Une odeur fraîche et puissante d'herbes aromatiques entrait par les vitres baissées, cette odeur forte que la Corse répand autour d'elle, si loin que les marins la reconnaissent au large, odeur pénétrante comme la senteur d'un corps, comme une sueur de la terre verte imprégnée de parfums, que le soleil ardent a dégagés d'elle, a évaporés dans le vent qui passe[1]. »

La Corse de *Colomba* était un lieu poétique, rempli de passion et de curiosités, celle de Maupassant devenait à elle seule un personnage.

1. « Un échec », *Contes et nouvelles*, éd. L. Forestier, Paris, « Bibliothèque de la Pléiade », 1979, t. II, p. 502.

Itinéraire de Mérimée en Corse (1839)

Vers Toulon

Vers Livourne

Tour de Sénèque

Luri

CAP CORSE

Erbalunga
Pietranera

BASTIA

St. Florent

Cat *du Nebbio*

MARIANA

NEBBIO

Murato

La Canonica *(église)*

BALAGNE

Calvi

Golo

Vescovato

CASTAGNICCIA

Orezza

NIOLO Corte

Cervione

Piana

Porto

Tavignano

Evisa

Vico

Ghisoni

Aléria

Cargèse

Liamone

CINARCA *Vizzavona*

Bocognano

Sagone

Gravone Bastelica

AJACCIO

Prunelli

de Capitello

Zicavo

Iles Sanguinaires

Cognoli-Montichi

Taravo

Zonza

Sollacaro

Ste Lucie

Ch. d'Istria

Olmeto

Carbini

Fozzano

L'Ospedale

Propriano *(menhirs)*

Sartène

Porto-Vecchio

Cauria

Bonifacio   o *Iles Lavezzi*

Côtes et rivières

Routes suivies par Mérimée

Autres routes

0 _____ 25 km

Biographie

1803. *28 septembre :* naissance, à Paris, 7, Carré Sainte-Geneviève, de Prosper Mérimée, fils de Léonor Mérimée et d'Anne-Louise Moreau.

1807. Léonor Mérimée est nommé secrétaire de l'École des Beaux-Arts.

1812. Mérimée entre au lycée Napoléon (actuel lycée Henri-IV).

1820. Études de droit.

1822. Mérimée fait la connaissance de Stendhal.

1823. Mérimée passe sa licence de droit.

1824. Mérimée publie dans *Le Globe* quatre articles, non signés, sur le théâtre espagnol.

1825. Lecture, chez Delécluze, des premiers écrits : *Les Espagnols en Danemark, Une femme est un diable* ; publication du *Théâtre de Clara Gazul.*

1826. *Avril :* premier voyage, en Angleterre.

1827. Publication de *La Guzla.*

1828. *Janvier :* Mérimée est blessé en duel par l'époux de sa maîtresse Émilie Lacoste. Il est reçu chez Cuvier.

1829. Publication de la *Chronique du règne de Charles IX.* La même année, Mérimée fait paraître dans la *Revue de Paris : Mateo Falcone, Le Carrosse du Saint-Sacrement, La Vision de Charles XI, Tamango,* et dans la *Revue française, l'Enlèvement de la redoute.*

1830. *Juin-décembre :* voyage en Espagne ; Mérimée rencontre le comte et la comtesse de Montijo.

1831. *Janvier* : publication, dans la *Revue de Paris*, des premières *Lettres d'Espagne* ; *Février* : Mérimée est nommé chef de bureau au Secrétariat général de la Marine ; *mars* : chef de cabinet du comte d'Argout, au ministère du Commerce ; *mai* : nommé chevalier de la Légion d'honneur ; *octobre* : début de la correspondance avec Jenny Dacquin.

1832. Nommé maître des requêtes. Rencontre Jenny Dacquin.

1833. *Juin* : publication de *Mosaïque* ; *septembre* : *La Double Méprise*.

1834. *Mai* : Mérimée est nommé inspecteur des Monuments historiques ; *juillet-décembre* : première tournée d'inspection, voyage en Bourgogne, dans la Vallée du Rhône, le Languedoc, la Provence.

1835. Publication des *Notes d'un voyage dans le Midi de la France* ; *juillet-octobre* : voyage d'inspection en Bretagne et dans le Poitou.

1836. Début de la liaison avec Valentine Delessert ; voyage d'inspection en Alsace et en Champagne ; *septembre* : mort du père de Mérimée ; *octobre* : publication des *Notes d'un voyage dans l'Ouest de la France*.

1837. *Mai* : publication de *La Vénus d'Ille* dans la *Revue des Deux Mondes* ; voyage avec Stendhal jusqu'à Bourges. Mérimée poursuit jusqu'en Auvergne ; Mérimée et Stendhal sont reçus par la comtesse de Montijo à Versailles.

1838. *Juillet-septembre* : voyage dans l'Ouest et dans le Midi ; publication des *Notes d'un voyage en Auvergne*.

1839. Mérimée organise le réseau des correspondants du service des Monuments historiques ; *29 juin-7 octobre* : voyage en Corse ; *octobre-novembre* : séjour en Italie, en compagnie de Stendhal, visite de Rome ainsi que de Naples et de ses environs.

1840. Publication des *Notes d'un voyage en Corse*. *1er juillet* : publication de *Colomba* dans la *Revue des Deux Mondes*.

1841. *Juin :* tournée d'inspection en Normandie et en Bretagne ; publication de l'*Essai sur la Guerre sociale* ; *août-décembre :* voyage en Grèce et en Turquie.

1842. Mort de Stendhal.

1843. Mérimée est élu membre de l'Académie des Inscriptions et Belles-Lettres.

1844. Élection à l'Académie française.

1845. Publication de *Carmen* dans la *Revue des Deux Mondes*.

1850. Publication confidentielle de *H.B.*, recueil de souvenirs sur Stendhal.

1852. Mérimée est condamné à quinze jours de prison à la suite de ses articles parus dans la *Revue des Deux Mondes* sur le procès de son ami Libri, inculpé pour vol de livres précieux.

1853. Napoléon III épouse Eugénie de Montijo ; *juin :* Mérimée est nommé sénateur ; il fréquente la Cour ; *décembre :* il est élu membre étranger de la Society of Antiquaries de Londres.

1854. Rupture avec Valentine Delessert.

1856. Premier séjour à Cannes.

1860. Mérimée donne sa démission de l'Inspection générale des Monuments historiques.

1870. *Juillet :* guerre franco-allemande ; *août :* Mérimée essaie de s'entremettre entre l'Impératrice et Thiers. *4 septembre :* proclamation de la République ; dernier séjour à Cannes. *23 septembre :* mort de Mérimée.

Note sur le texte

Colomba parut le 1ᵉʳ juillet 1840 dans la *Revue des Deux Mondes*. En 1841, Mérimée regroupa *Colomba*, *Les Ames du Purgatoire* et *La Vénus d'Ille* dans une première édition collective publiée à Paris chez Magen et Comon. En 1842, parut l'édition Charpentier, sous le titre *Colomba, suivi* (sic) *de la Mosaïque et autres Contes et Nouvelles*, qui rassemblait, outre les trois textes précédents, *Mateo Falcone, Vision de Charles XI, L'Enlèvement de la redoute, Tamango, La Partie de trictrac, Le Vase étrusque*, ainsi que trois *Lettres d'Espagne*. Ce recueil fut réimprimé en 1845 et 1846. En 1850, la même édition fut republiée avec de nombreuses corrections de l'auteur.

Le manuscrit de *Colomba* n'a pas été conservé. Jusqu'en 1850, Mérimée ne cessa de réviser les différentes éditions de ses nouvelles, et il apporta à son travail de nombreuses corrections de détail. Le texte de référence adopté dans la plupart des éditions modernes est le dernier état revu par l'auteur, en l'occurrence celui de 1850. Nous proposerons un choix de variantes des éditions antérieures, préoriginale (*Revue des Deux Mondes*, 1840), originale (1841), Charpentier (1842).

Les notes introduites par un astérisque sont dues à Mérimée et figurent dans l'édition originale. Elles sont complétées, le cas échéant, par des précisions de l'éditeur, ajoutées entre crochets [ ].

CHAPITRE PREMIER

Pè far la to vandetta,
Sta sigur', vasta anche ella.
« Pour faire ta vendetta
Sois-en sûr, il suffira d'elle[a]. »

VOCERO DU NIOLO[1].

Dans[2] les premiers jours du mois d'octobre 181.[3],
le colonel Sir Thomas Nevil, Irlandais, officier distingué de l'armée anglaise[4], descendit avec sa fille à

a. Ne figure pas dans (1841) ; dans *RDM* :
    Povera, orfana, zitella,
    Senza cugini carnali !
    Mà per far la to vindetta,
    Sta siguru, vasta anche ella.

1. Cette épigraphe, au titre francisé, *Vocero du Niolo*, reprend
les deux derniers vers de la dernière strophe du *Voceru di Niolo*,
cité par Mérimée en appendice de ses *Notes d'un voyage en Corse*,
éd. P.M. Auzas, Paris, 1989, p. 88-91.

2. On rapprochera cet incipit du début du *Philtre* de Stendhal,
publié dans la *Revue de Paris* au mois de juin 1830 : « Pendant une
nuit sombre et pluvieuse de l'été de 182., un jeune lieutenant du
96e, régiment en garnison à Bordeaux, se retirait du café où il
venait de perdre tout son argent. »

3. 181. : Le colonel della Rebbia, placé en demi-solde à la chute
de l'Empire (1815), a été assassiné le 2 août 181., après son retour
en Corse et un procès qui dura un an (chapitre VI) ; Colomba a
« souffert deux ans » avant d'être vengée (chapitre XXI) ; l'action
se déroule donc en 1818 ou 1819.

4. Selon certains critiques, le colonel Thomas Nevil aurait eu
pour modèle le colonel George Dawson Damer (1788-1856),

l'hôtel Beauvau[1], à Marseille, au retour[a] d'un voyage
en Italie. L'admiration continue des voyageurs
enthousiastes a produit une réaction, et, pour se sin-
gulariser, beaucoup de *touristes*[2] aujourd'hui
prennent pour devise le *nil admirari* d'Horace[3]. C'est
à cette classe de voyageurs mécontents qu'appartenait Miss Lydia[4], fille unique du colonel. *La Transfiguration* lui avait paru médiocre[5], le Vésuve en
éruption à peine supérieur aux cheminées des usines
de Birmingham. En somme, sa grande objection
contre l'Italie était que ce pays manquait de couleur
locale, de caractère. Explique qui pourra le sens de

membre de la Chambre des Communes, député de Portarlington
en Irlande, qui s'était illustré à la bataille de Waterloo; Mérimée
l'avait connu par l'entremise de la comtesse Merlin, *Correspondance générale*, XVI, p. 203. On notera en outre une allusion probable à Lord Nevil, un personnage du roman *Corinne* (1807), de
Mme de Staël. Les origines irlandaises du colonel Nevil, « officier
distingué de l'armée anglaise » ont une valeur purement anecdotique; dans la suite du roman, dès le chapitre II, Mérimée, qui
se borne à évoquer « l'Anglais », ne fait aucun rapprochement
entre l'insularité de ses héros irlandais et corses.

a. Au retour : *de* retour (*RDM*; 1841).

1. L'Hôtel Bauvau ou Beauvau, à Marseille, dans la rue du
même nom; Mérimée y était descendu en août 1839, alors qu'il se
rendait en Corse.

2. *Touriste* : néologisme tiré du *Voyage d'un Français en Angleterre* de Simond (1816), allusion probable aux *Mémoires d'un touriste* de Stendhal, publiés en 1838.

3. *Nil admirari* : détournement ironique de la formule
d'Horace : « *Nihil admirari prope res est una, Numici/ solaque quae
possit facere et servare beatum* », « Ne s'étonner de rien est pour
ainsi dire, Numicus, le seul et unique moyen de se rendre et de
rester heureux », (*Épîtres*, I, 6).

4. Selon toute évidence, Mérimée emprunte ce personnage à
une nouvelle anglaise, signée « Lady Jane », *Ascanio le lazzarone*,
publiée en 1837 dans la revue l'*Anémone* : Miss Lydia, fille de Lord
Ellis, suscite l'amour d'un pauvre pêcheur napolitain qui, jaloux,
l'entraîne avec lui dans la mort.

5. *La Transfiguration* : le chef-d'œuvre de Raphaël, peint avant
1517 pour Giulio de Medici, venait d'être rendu au Vatican en
1815, après avoir été emporté à Paris par les troupes françaises en
1797. Il était unanimement considéré, selon les termes de l'*Itinéraire de Rome* de Vasi (1811), comme « le plus célèbre tableau du
monde ».

ces mots, que je comprenais fort bien il y a quelques années, et que je n'entends plus aujourd'hui. D'abord, Miss Lydia s'était flattée de trouver au-delà des Alpes des choses que personne n'aurait vues avant elle, et dont elle pourrait parler *avec les honnêtes gens*, comme dit M. Jourdain[1]. Mais bientôt, partout devancée par ses compatriotes et désespérant de rencontrer rien d'inconnu, elle se jeta dans le parti de l'opposition. Il est bien désagréable, en effet, de ne pouvoir parler des merveilles de l'Italie sans que quelqu'un ne vous dise : « Vous connaissez sans doute ce Raphaël du palais***, à***? C'est ce qu'il y a de plus beau en Italie. » — Et c'est justement ce qu'on a négligé de voir. Comme il est trop long de tout voir, le plus simple c'est de tout condamner de parti pris.

A l'hôtel Beauvau, Miss Lydia eut un amer désappointement. Elle rapportait un joli croquis de la porte pélasgique ou cyclopéenne de Segni[2], qu'elle croyait oubliée par les dessinateurs. Or, Lady Frances Fen wich, la rencontrant à Marseille, lui montra son album, où, entre un sonnet et une fleur desséchée, figurait la porte en question, enluminée à grand renfort de terre de Sienne. Miss Lydia donna la porte de Segni à sa femme de chambre, et perdit toute estime pour les constructions pélasgiques.

Ces tristes dispositions étaient partagées par le colonel Nevil, qui, depuis la mort de sa femme, ne voyait les choses que par les yeux de Miss Lydia. Pour lui, l'Italie avait le tort immense d'avoir ennuyé sa fille, et par conséquent c'était le plus ennuyeux pays du monde. Il n'avait rien à dire, il est vrai,

1. Allusion à Molière, *Bourgeois gentilhomme*, III, 3 : « Je veux avoir de l'esprit, et savoir raisonner des choses parmi les honnêtes gens. » Mérimée avait utilisé cette citation dans *La Double Méprise* (chapitre XIII) et la reprendra dans *L'Abbé Aubain*.
2. *Segni* : ancienne cité volsque, entre Rome et Naples, conservant les vestiges d'une enceinte du vi[e] siècle avant notre ère, jadis attribuée à une civilisation préhellénique dite de Péſas ou pélasgique.

contre les tableaux et les statues ; mais ce qu'il pouvait assurer, c'est que la chasse était misérable dans ce pays-là, et qu'il fallait faire dix lieues au grand soleil dans la campagne de Rome pour tuer quelques méchantes perdrix rouges.

Le lendemain de son arrivée à Marseille, il invita à dîner le capitaine Ellis[1], son ancien adjudant, qui venait de passer six semaines en Corse. Le capitaine raconta fort bien à Miss Lydia une histoire de bandits[2] qui avait le mérite de ne ressembler nullement aux histoires de voleurs dont on l'avait si souvent entretenue sur la route de Rome à Naples. Au dessert, les deux hommes, restés seuls avec des bouteilles de vin de Bordeaux, parlèrent chasse, et le colonel apprit qu'il n'y a pas de pays où elle soit plus belle qu'en Corse, plus variée, plus abondante. « On y voit force sangliers, disait le capitaine Ellis, et il faut apprendre[a] à les distinguer des cochons domestiques, qui leur ressemblent d'une manière étonnante ; car, en tuant des cochons, l'on se fait une mauvaise affaire avec leurs gardiens. Ils sortent d'un taillis qu'ils nomment *maquis*[3], armés jusqu'aux dents, se font payer leurs bêtes et se moquent de vous. Vous avez encore le mouflon, fort étrange animal qu'on ne trouve pas ailleurs, fameux gibier, mais

a. Et il faut apprendre (1850) : *qu'il* faut apprendre à distinguer des cochons domestiques (*RDM* ; 1841) ; et il faut apprendre à distinguer *les* cochons domestiques (1842).

1. Sur le capitaine Ellis, voir plus haut, note 4, p. 58.

2. *Bandits :* ce terme n'est nullement péjoratif, voir la note de Mérimée au chapitre X ; dans *Mateo Falcone* il avait déjà précisé : « ce mot est ici synonyme de proscrit ».

3. Mérimée, qui écrivait encore *makis* ou *mâquis*, utilisait un terme corse (« *macchia* », tache de végétation sur le flanc d'une montagne) et donnait à ce néologisme sa première illustration littéraire. Il ouvrait *Mateo Falcone* par une description de cette « manière de taillis fourré que l'on nomme maquis », empruntée à G. Feydel (*Mœurs et coutumes de Corse*, Paris, 1799, p. 36), et il expliquait sa formation : « le laboureur corse, pour s'épargner la peine de fumer son champ, met le feu à une certaine étendue de bois ». D'emblée, le maquis, « patrie des bergers et de quiconque s'est brouillé avec la justice », a une valeur emblématique de la nature — et de la culture — corses.

difficile. Cerfs, daims, faisans, perdreaux, jamais on ne pourrait nombrer toutes les espèces de gibier qui fourmillent en Corse. Si vous aimez à tirer, allez en Corse, colonel ; là, comme disait un de mes hôtes, vous pourrez tirer sur tous les gibiers possibles, depuis la grive jusqu'à l'homme. »

Au thé, le capitaine charma de nouveau Miss Lydia par une histoire de vendetta *transversale**, encore plus bizarre que la première, et il acheva de l'enthousiasmer pour la Corse en lui décrivant l'aspect étrange[a], sauvage du pays, le caractère original de ses habitants, leur hospitalité et leurs mœurs primitives. Enfin, il mit à ses pieds un joli petit stylet, moins remarquable par sa forme et sa monture en cuivre que par son origine. Un fameux bandit l'avait cédé au capitaine Ellis, garanti pour s'être enfoncé dans quatre corps humains. Miss Lydia le passa dans sa ceinture, le mit sur sa table de nuit, et le tira deux fois de son fourreau avant de s'endormir. De son côté, le colonel rêva qu'il tuait un mouflon et que le propriétaire lui en faisait payer le prix, à quoi il consentait volontiers, car c'était un animal très curieux, qui ressemblait à un sanglier, avec des cornes de cerf et une queue de faisan.

« Ellis conte qu'il y a une chasse admirable en Corse, dit le colonel, déjeunant tête à tête avec sa fille ; si ce n'était pas si loin, j'aimerais à y passer une quinzaine.

— Eh bien, répondit Miss Lydia, pourquoi n'irions-nous pas en Corse ? Pendant que vous chasseriez, je dessinerais ; je serais charmée d'avoir dans mon album la grotte dont parlait le capitaine Ellis, où Bonaparte allait étudier quand il était enfant[1]. »

---

* C'est la vengeance que l'on fait tomber sur un parent plus ou moins éloigné de l'auteur de l'offense.

a. L'aspect *étrange*, sauvage, du pays (1850) : l'aspect sauvage du pays qui ne ressemble à aucun autre (éditions antérieures).

1. La légende, à laquelle François Robiquet fit justice (*Recherches historiques et statistiques sur la Corse*, Paris-Rennes, 1835, p. 470), voulait que cette grotte, dite du *casone*, située dans un jardin appartenant aux jésuites, dans un faubourg au sud-ouest d'Ajaccio, fût un lieu de prédilection de Napoléon Bonaparte enfant, avant son départ pour Brienne.

C'était peut-être la première fois qu'un désir manifesté par le colonel eût obtenu l'approbation de sa fille. Enchanté de cette rencontre inattendue, il eut pourtant le bon sens de faire quelques objections pour irriter l'heureux caprice de Miss Lydia. En vain il parla de la sauvagerie du pays et de la difficulté pour une femme d'y voyager : elle ne craignait rien ; elle aimait par-dessus tout à voyager à cheval ; elle se faisait une fête de coucher au bivouac[1], elle menaçait d'aller en Asie Mineure. Bref, elle avait réponse à tout, car jamais Anglaise n'avait été en Corse ; donc elle devait y aller. Et quel bonheur, de retour dans Saint-James' Place[2], de montrer son album ! « Pourquoi donc, ma chère, passez-vous ce charmant dessin ? — Oh ! ce n'est rien. C'est un croquis que j'ai fait d'après un fameux bandit corse qui nous a servi de guide. — Comment ! vous avez été en Corse ?... »

Les bateaux à vapeur n'existant point encore entre la France et la Corse, on s'enquit d'un navire en partance pour l'île que Miss Lydia se proposait de découvrir. Dès le jour même, le colonel écrivait à Paris pour décommander l'appartement qui devait le recevoir, et fit marché avec le patron d'une goélette corse qui allait faire voile pour Ajaccio. Il y avait deux chambres telles quelles. On embarqua des provisions ; le patron jura qu'un vieux sien matelot était un cuisinier estimable et n'avait pas son pareil pour la bouillabaisse[3] ; il promit que mademoiselle serait convenablement, qu'elle aurait bon vent, belle mer.

En outre, d'après les volontés de sa fille, le colonel stipula que le capitaine ne prendrait aucun passager,

---

1. *Bivouac* : installation des troupes en campagne, campement provisoire.
2. La demeure londonienne des Nevil, *Saint-James' Place*, est située dans le quartier très aristocratique de *Saint-James' Square*.
3. *Bouille-abaisse*, ou bouillabaisse : soupe au poisson, épicée, servie sur des tranches de pain. Ce terme, au début du XIXe siècle, est encore dialectal ; il est utilisé par Mérimée pour la « couleur locale » ; Mérimée venait de découvrir ce plat à Marseille, Lettre à Requien du 11 août 1839, *Correspondance générale*, II, p. 279.

et qu'il s'arrangerait pour raser les côtes de l'île de
façon qu'on pût jouir de la vue des montagnes.

CHAPITRE II

Au jour fixé pour le départ, tout était emballé,
embarqué dès le matin : la goélette devait partir avec
la brise du soir. En attendant, le colonel se promenait avec sa fille sur la Canebière, lorsque le patron
l'aborda pour lui demander la permission de prendre
à son bord un de ses parents, c'est-à-dire le petit-
cousin du parrain de son fils aîné, lequel retournant
en Corse, son pays natal, pour affaires pressantes, ne
pouvait trouver de navire pour le passer.

« C'est un charmant garçon, ajouta le capitaine
Matei, militaire, officier aux chasseurs à pied de la
garde[1], et qui serait déjà colonel si l'Autre était
encore empereur.

— Puisque c'est un militaire », dit le colonel... il
allait ajouter : « Je consens volontiers à ce qu'il
vienne avec nous... » mais Miss Lydia s'écria en
anglais :

« Un officier d'infanterie !... (son père ayant servi
dans la cavalerie, elle avait du mépris pour toute
autre arme) un homme sans éducation peut-être, qui
aura le mal de mer, et qui nous gâtera tout le plaisir
de la traversée ! »

Le patron n'entendait pas un mot d'anglais, mais il
parut comprendre ce que disait Miss Lydia à la
petite moue de sa jolie bouche, et il commença un
éloge en trois points de son parent, qu'il termina en
assurant que c'était un homme très comme il faut,
d'une famille de *Caporaux*[2], et qu'il ne gênerait en

1. *Chasseurs à pied de la garde :* troupe d'infanterie d'élite.
2. Mérimée, d'après Filippini, donne la définition de ce terme
dans *Mateo Falcone :* « Les caporaux furent autrefois les chefs que
se donnèrent les communes corses quand elles s'insurgèrent
contre les seigneurs féodaux. Aujourd'hui, on donne encore quelquefois ce nom à un homme qui par ses propriétés, ses alliances

rien monsieur le colonel, car lui, patron, se chargeait de le loger dans un coin où l'on ne s'apercevrait pas de sa présence.

Le colonel et Miss Nevil trouvèrent singulier qu'il y eût en Corse des familles où l'on fût ainsi caporal de père en fils; mais, comme ils pensaient pieusement qu'il s'agissait d'un caporal d'infanterie, ils conclurent que c'était quelque pauvre diable que le patron voulait emmener par charité. S'il se fût agi d'un officier, on eût été obligé de lui parler, de vivre avec lui; mais, avec un caporal, il n'y a pas à se gêner, et c'est un être sans conséquence, lorsque son escouade[1] n'est pas là, baïonnette au bout du fusil, pour vous mener où vous n'avez pas envie d'aller.

« Votre parent a-t-il le mal de mer? demanda Miss Nevil d'un ton sec.

— Jamais, mademoiselle; le cœur ferme comme un roc, sur mer comme sur terre.

— Eh bien, vous pouvez l'emmener, dit-elle.

— Vous pouvez l'emmener », répéta le colonel, et ils continuèrent leur promenade.

Vers cinq heures du soir, le capitaine Matei vint les chercher pour monter à bord de la goélette. Sur le port, près de la yole[2] du capitaine, ils trouvèrent un grand jeune homme vêtu d'une redingote bleue boutonnée jusqu'au menton, le teint basané, les yeux noirs, vifs, bien fendus, l'air franc et spirituel[3]. A la

---

et sa clientèle, exerce une influence et une sorte de magistrature effective sur une *pieve* ou un canton. Les Corses se divisent, par une ancienne habitude, en cinq castes : les *gentilshommes* (dont les uns sont *magnifiques*, les autres *signori*), les *caporali*, les *citoyens*, les *plébéiens* et les *étrangers*. » Le surnom de Bonaparte, « le petit Caporal », en revanche, est sans rapport à l'institution corse des Caporaux; il lui fut donné par les soldats de l'armée d'Italie, qui avaient imaginé de le décorer d'un grade nouveau à chaque victoire.

1. *Escouade* : petite troupe, généralement de quatre hommes, sous les ordres d'un caporal.

2. *Yole* : embarcation légère à rames; canot.

3. Mérimée s'est intéressé à la physionomie du peuple corse; au cours de son voyage, il crut pouvoir opposer un typė ibérique, fréquent dans la région de Bastia, à un type autochtone, des envi-

manière dont il effaçait les épaules, à sa petite moustache frisée, on reconnaissait facilement un militaire ; car, à cette époque, les moustaches ne couraient pas les rues, et la garde nationale n'avait pas encore introduit dans toutes les familles la tenue avec les habitudes de corps de garde.

Le jeune homme ôta sa casquette en voyant le colonel, et le remercia sans embarras et en bons termes du service qu'il lui rendait.

« Charmé de vous être utile, mon garçon », dit le colonel en lui faisant un signe de tête amical.

Et il entra dans la yole.

« Il est sans gêne, votre Anglais », dit tout bas en italien le jeune homme au patron.

Celui-ci plaça son index sous son œil gauche et abaissa les deux coins de la bouche. Pour qui comprend le langage des signes, cela voulait dire que l'Anglais entendait l'italien et que c'était un homme bizarre. Le jeune homme sourit légèrement, toucha son front en réponse au signe de Matei, comme pour lui dire que tous les Anglais avaient quelque chose de travers dans la tête, puis il s'assit auprès du patron, et considéra avec beaucoup d'attention, mais sans impertinence, sa jolie compagne de voyage.

« Ils ont bonne tournure, ces soldats français, dit le colonel à sa fille en anglais ; aussi en fait-on facilement des officiers. »

Puis, s'adressant en français au jeune homme :

« Dites-moi, mon brave, dans quel régiment avez-vous servi ? »

Celui-ci donna un léger coup de coude au père du filleul de son petit-cousin, et, comprimant un sourire ironique, répondit qu'il avait été dans les chasseurs à

rons de Corte, qu'il rattachait à une origine « gallique » ou celte. Alors que Colomba, de type gallique, a les yeux bleus, la peau claire, les cheveux châtains, Orso est manifestement de type ibérique ou Génois : « le visage allongé, étroit, le nez aquilin, les lèvres minces et bien dessinées, les yeux noirs, les cheveux noirs et lisses, la peau d'une teinte uniforme, olivâtre », *Notes d'un voyage en Corse*, p. 25.

pied de la garde, et que présentement il sortait du 7ᵉ léger[1].

« Est-ce que vous avez été à Waterloo ? Vous êtes bien jeune.

— Pardon, mon colonel ; c'est ma seule campagne.

— Elle compte double », dit le colonel.

Le jeune Corse se mordit les lèvres.

« Papa, dit Miss Lydia en anglais, demandez-lui donc si les Corses aiment beaucoup leur Bonaparte ? »

Avant que le colonel eût traduit la question en français, le jeune homme répondit en assez bon anglais, quoique avec un accent prononcé :

« Vous savez, mademoiselle, que nul n'est prophète en son pays. Nous autres, compatriotes de Napoléon, nous l'aimons peut-être moins que les Français. Quant à moi, bien que ma famille ait été autrefois l'ennemie de la sienne, je l'aime et l'admire.

— Vous parlez anglais ! s'écria le colonel.

— Fort mal, comme vous pouvez vous en apercevoir.

Bien qu'un peu choquée de son ton dégagé, Miss Lydia ne put s'empêcher de rire en pensant à une inimitié personnelle entre un caporal et un empereur. Ce lui fut comme un avant-goût des singularités de la Corse, et elle se promit de noter le trait sur son journal.

« Peut-être avez-vous été prisonnier en Angleterre ? demanda le colonel.

— Non, mon colonel, j'ai appris l'anglais en France, tout jeune, d'un prisonnier de votre nation. »

Puis, s'adressant à Miss Nevil :

« Matei m'a dit que vous reveniez d'Italie. Vous parlez sans doute le pur toscan, mademoiselle ; vous serez un peu embarrassée, je le crains, pour comprendre notre patois.

— Ma fille entend tous les patois italiens, répondit

1. *7ᵉ léger* : 7ᵉ régiment d'infanterie légère ou de chasseurs à pieds.

le colonel ; elle a le don des langues. Ce n'est pas comme moi.

— Mademoiselle comprendrait-elle, par exemple, ces vers d'une de nos chansons corses ? C'est un berger qui dit à une bergère :

> *S'entrassi 'ndru Paradisu santu, santu,*
> *E nun truvassi a tia, mi n'esciria**[1]. »

Miss Lydia comprit, et trouvant la citation audacieuse et plus encore le regard qui l'accompagnait, elle répondit en rougissant : « *Capisco*[2]. »

« Et vous retournez dans votre pays en semestre[3] ? demanda le colonel.

— Non, mon colonel. Ils m'ont mis en demi-solde[4], probablement parce que j'ai été à Waterloo et que je suis compatriote de Napoléon. Je retourne chez moi, léger d'espoir, léger d'argent, comme dit la chanson. »

Et il soupira en regardant le ciel.

Le colonel mit la main à sa poche, et retournant entre ses doigts une pièce d'or, il cherchait une phrase pour la glisser poliment dans la main de son ennemi malheureux.

« Et moi aussi, dit-il d'un ton de bonne humeur, on m'a mis en demi-solde ; mais... avec votre demi-solde, vous n'avez pas de quoi vous acheter du tabac. Tenez, caporal. »

---

* « Si j'entrais dans le paradis saint, saint, et si je ne t'y trouvais pas, j'en sortirais. » (*Serenata di Zicavo.*)
1. Ce sont les deux derniers vers de la *Serenata d'un pastore di Zicavo* ; Mérimée les avait transcrits différemment dans sa documentation : « *S'intrassi in Paradisu santu, santu/ E nun truvacci a tia, mi n'esciria* », *Notes d'un voyage en Corse*, p. 82-87.
2. *Capisco :* en italien, « je comprends ».
3. *En semestre :* en congé de six mois.
4. En 1817, plus de 15 000 officiers qui avaient servi dans l'armée impériale furent licenciés, mis en demi-solde ; le général Couture, dans ses *Lettres sur la Corse* (1821), laissa un rapport sur la situation matérielle difficile des officiers subalternes et des anciens soldats de retour dans l'île.

Et il essaya de faire entrer la pièce d'or dans la main fermée que le jeune homme appuyait sur le rebord de la yole.

Le jeune Corse rougit, se redressa, se mordit les lèvres, et paraissait disposé à répondre avec emportement, quand tout à coup, changeant d'expression, il éclata de rire. Le colonel, sa pièce à la main, demeurait tout ébahi.

« Colonel, dit le jeune homme reprenant son sérieux, permettez-moi de vous donner deux avis : le premier, c'est de ne jamais offrir de l'argent à un Corse, car il y a de mes compatriotes assez impolis pour vous le jeter à la tête ; le second, c'est de ne pas donner aux gens des titres qu'ils ne réclament point. Vous m'appelez caporal et je suis lieutenant. Sans doute, la différence n'est pas bien grande, mais...

— Lieutenant ! s'écria Sir Thomas, lieutenant ! mais le patron m'a dit que vous étiez caporal, ainsi que votre père et tous les hommes de votre famille. »

A ces mots le jeune homme, se laissant aller à la renverse, se mit à rire de plus belle et de si bonne grâce, que le patron et ses deux matelots éclatèrent en chœur.

« Pardon, colonel, dit enfin le jeune homme ; mais le quiproquo est admirable, je ne l'ai compris qu'à l'instant. En effet, ma famille se glorifie de compter des caporaux parmi ses ancêtres ; mais nos caporaux corses n'ont jamais eu de galons sur leurs habits. Vers l'an de grâce 1100, quelques communes, s'étant révoltées contre la tyrannie des seigneurs montagnards, se choisirent des chefs qu'elles nommèrent *caporaux*. Dans notre île, nous tenons à l'honneur de descendre de ces espèces de tribuns[1].

— Pardon, monsieur ! s'écria le colonel, mille fois pardon. Puisque vous comprenez la cause de ma méprise, j'espère que vous voudrez bien l'excuser. »

Et il lui tendit la main.

« C'est la juste punition de mon petit orgueil, colo-

---

1. *Tribuns :* magistrats romains, représentants du peuple.

nel, dit le jeune homme riant toujours et serrant cordialement la main de l'Anglais ; je ne vous en veux pas le moins du monde. Puisque mon ami Matei m'a si mal présenté, permettez-moi de me présenter moi-même : je m'appelle Orso della Rebbia, lieutenant en demi-solde, et, si, comme je le présume en voyant ces deux beaux chiens, vous venez en Corse pour chasser, je serai très flatté de vous faire les honneurs de nos maquis et de nos montagnes... si toutefois je ne les ai pas oubliés », ajouta-t-il en soupirant.

En ce moment la yole touchait la goélette. Le lieutenant offrit la main à Miss Lydia, puis aida le colonel à se guinder[1] sur le pont. Là, Sir Thomas, toujours fort penaud de sa méprise, et, ne sachant comment faire oublier son impertinence à un homme qui datait de l'an 1100[2], sans attendre l'assentiment de sa fille, le pria à souper en lui renouvelant ses excuses et ses poignées de main. Miss Lydia fronçait bien un peu le sourcil, mais, après tout, elle n'était pas fâchée de savoir ce que c'était qu'un caporal ; son hôte ne lui avait pas déplu, elle commençait même à lui trouver un certain je ne sais quoi aristocratique ; seulement il avait l'air trop franc et trop gai pour un héros de roman.

« Lieutenant della Rebbia, dit le colonel en le saluant à la manière anglaise, un verre de vin de Madère à la main, j'ai vu en Espagne beaucoup de vos compatriotes : c'était de la fameuse infanterie en tirailleurs[3].

— Oui, beaucoup sont restés en Espagne, dit le jeune lieutenant d'un air sérieux.

---

1. *Se guinder* : terme de marine, se hisser.
2. Dans le chapitre IX, Colomba fait remonter les origines de sa famille à Sambucuccio, qui vivait au XIᵉ siècle. Le colonel Nevil découvre avec confusion que son compagnon est d'une famille plus ancienne que la sienne, qu'il « datait de l'an 1100 » ; l'expression de Mérimée est ironique et se moque des deux Anglais pris au piège de leur préjugé aristocratique.
3. *Infanterie en tirailleurs* : troupe en lignes espacées, faisant feu à volonté.

— Je n'oublierai jamais la conduite d'un bataillon corse à la bataille de Vittoria[1], poursuivit le colonel. Il doit m'en souvenir, ajouta-t-il, en se frottant la poitrine. Toute la journée ils avaient été en tirailleurs dans les jardins, derrière les haies, et nous avaient tué je ne sais combien d'hommes et de chevaux. La retraite décidée, ils se rallièrent et se mirent à filer grand train. En plaine, nous espérions prendre notre revanche, mais mes drôles[2]... excusez, lieutenant, — ces braves gens, dis-je, s'étaient formés en carré, et il n'y avait pas moyen de les rompre. Au milieu du carré, je crois le voir encore, il y avait un officier monté sur un petit cheval noir; il se tenait à côté de l'aigle, fumant son cigare comme s'il eût été au café. Parfois, comme pour nous braver, leur musique nous jouait des fanfares... Je lance sur eux mes deux premiers escadrons... Bah! au lieu de mordre sur le front du carré, voilà mes dragons qui passent à côté, puis font demi-tour, et reviennent fort en désordre et plus d'un cheval sans maître... et toujours la diable de musique! Quand la fumée qui enveloppait le bataillon se dissipa, je revis l'officier à côté de l'aigle, fumant encore son cigare. Enragé, je me mis moi-même à la tête d'une dernière charge. Leurs fusils, crassés[3] à force de tirer, ne partaient plus, mais les soldats étaient formés sur six rangs, la baïonnette au nez des chevaux, on eût dit un mur. Je criais, j'exhortais mes dragons, je serrais la botte pour faire avancer mon cheval quand l'officier dont je vous parlais, ôtant enfin son cigare, me montra de la main à un de ses hommes. J'entendis quelque chose comme : *Al capello bianco*[4]! J'avais un plumet blanc. Je n'en

---

1. La bataille de Vittoria, ou plutôt Vitoria, fut remportée par Wellington sur les troupes françaises de Joseph Bonaparte, le 21 juin 1813.
2. Terme péjoratif, désignant une personne rouée à l'égard de laquelle on éprouve à la fois de la méfiance et un sentiment de supériorité. Le colonel se reprend par une savante et comique *épanorthose* ou correction, « ces braves gens ».
3. Terme vieilli, encrassés.
4. En italien : « au chapeau blanc »; Mérimée toutefois confond *capello*, cheveu, et *cappello*, chapeau.

entendis pas davantage, car une balle me traversa la poitrine. — C'était un beau bataillon, monsieur della Rebbia, le premier du 18ᵉ léger, tous Corses, à ce qu'on me dit depuis.

— Oui, dit Orso dont les yeux brillaient pendant ce récit, ils soutinrent la retraite et rapportèrent leur aigle ; mais les deux tiers de ces braves gens dorment aujourd'hui dans la plaine de Vittoria.

— Et par hasard ! sauriez-vous le nom de l'officier qui les commandait ?

— C'était mon père. Il était alors major au 18ᵉ, et fut fait colonel pour sa conduite dans cette triste journée.

— Votre père ! Par ma foi, c'était un brave ! J'aurais du plaisir à le revoir, et je le reconnaîtrais, j'en suis sûr. Vit-il encore ?

— Non, colonel, dit le jeune homme pâlissant légèrement.

— Était-il à Waterloo ?

— Oui, colonel, mais il n'a pas eu le bonheur de tomber sur un champ de bataille... Il est mort en Corse... il y a deux ans... Mon Dieu ! que cette mer est belle ! il y a dix ans que je n'ai vu la Méditerranée. Ne trouvez-vous pas la Méditerranée plus belle que l'Océan, mademoiselle ?

— Je la trouve trop bleue... et les vagues manquent de grandeur.

— Vous aimez la beauté sauvage, mademoiselle ? A ce compte, je crois que la Corse vous plaira.

— Ma fille, dit le colonel, aime tout ce qui est extraordinaire ; c'est pourquoi l'Italie ne lui a guère plu.

— Je ne connais de l'Italie, dit Orso, que Pise, où j'ai passé quelque temps au collège ; mais je ne puis penser sans admiration au Campo-Santo, au Dôme, à la Tour penchée... au Campo-Santo surtout[1]. Vous

---

1. Mérimée avait visité le *Campo Santo* de Pise lors de son voyage d'Italie, et vu le *Trionfo della Morte*, fresque jadis attribuée à Andrea Orcagna (1308-1369) ; il évoque ce lieu dans une lettre à Jenny Dacquin du 4 mai 1842, *Correspondance générale*, III, p. 171.

vous rappelez *la Mort*, d'Orcagna... Je crois que je pourrais la dessiner, tant elle est restée gravée dans ma mémoire. »

Miss Lydia craignit que monsieur le lieutenant ne s'engageât dans une tirade d'enthousiasme.

« C'est très joli, dit-elle en bâillant. Pardon, mon père, j'ai un peu mal à la tête, je vais descendre dans ma chambre. »

Elle baisa son père sur le front, fit un signe de tête majestueux à Orso et disparut. Les deux hommes causèrent alors chasse et guerre.

Ils apprirent qu'à Waterloo ils étaient en face l'un de l'autre, et qu'ils avaient dû échanger bien des balles. Leur bonne intelligence en redoubla. Tour à tour ils critiquèrent Napoléon, Wellington et Blücher, puis ils chassèrent ensemble le daim, le sanglier et le mouflon. Enfin, la nuit étant déjà très avancée, et la dernière bouteille de bordeaux finie, le colonel serra de nouveau la main au lieutenant et lui souhaita le bonsoir, en exprimant l'espoir de cultiver une connaissance commencée d'une façon si ridicule. Ils se séparèrent, et chacun fut se coucher.

CHAPITRE III

La nuit était belle, la lune se jouait sur les flots, le navire voguait doucement au gré d'une brise légère, Miss Lydia n'avait point envie de dormir, et ce n'était que la présence d'un profane qui l'avait empêchée de goûter ces émotions qu'en mer et par un clair de lune tout être humain éprouve quand il a deux grains de poésie dans le cœur. Lorsqu'elle jugea que le jeune lieutenant dormait sur les deux oreilles, comme un être prosaïque qu'il était, elle se leva, prit une pelisse, éveilla sa femme de chambre et monta sur le pont. Il n'y avait personne qu'un matelot au gouvernail, lequel chantait une espèce de complainte dans le dialecte corse, sur un air sauvage et monotone. Dans le calme de la nuit, cette musique étrange avait son charme. Malheureusement Miss Lydia ne comprenait pas parfaitement[a] ce que chantait le matelot. Au milieu de beaucoup de lieux communs, un vers énergique excitait vivement sa curiosité, mais bientôt, au plus beau moment, arrivaient quelques mots de patois dont le sens lui échappait. Elle comprit pourtant qu'il était question d'un meurtre. Des imprécations contre les assassins, des menaces[b] de vengeance, l'éloge du mort, tout cela était confondu pêle-mêle. Elle retint quelques vers; je vais essayer de les traduire[1] :

« — Ni les canons, ni les baïonnettes — n'ont fait pâlir son front, — serein sur un champ de bataille — comme un ciel d'été. — Il était le faucon ami de l'aigle, — miel des sables pour ses amis, — pour ses ennemis la mer en courroux. — Plus haut que le soleil, — plus doux que la lune. — Lui que les ennemis de la France — n'atteignirent jamais, — des assassins de son pays — l'ont frappé par-derrière, — comme Vittolo tua Sampiero Corso*. — Jamais ils n'eussent osé le regarder en face. — .... Placez sur la muraille, devant mon lit, — ma croix d'honneur bien gagnée. — Rouge en est le ruban, — plus rouge ma chemise. — A mon fils, mon fils en lointain pays, — gardez ma croix et ma chemise sanglante. — Il y verra deux trous. — Pour chaque trou, un trou dans une autre chemise.

---

* Voyez Filippini, liv. XI. — Le nom de Vittolo est encore en exécration parmi les Corses. C'est aujourd'hui un synonyme de traître.
a. Parfaitement (1850) : *entièrement*.
b. Des menaces (1850) : Les imprécations... *les* menaces.
1. Cette complainte a été inventée par Mérimée. On la rapprochera de certaines expressions de la *Ballata fatta sull'corpo morto da Maria R*** di Levie*, telles que « *lu miu falco senza ale* », mon faucon sans ailes, (strophe I), « *lu miu miel della arena* », mon miel des sables, (strophe VIII), *Notes d'un voyage en Corse*, p. 96-103.

— Mais la vengeance sera-t-elle faite alors ? — Il me faut la main qui a tiré — l'œil qui a visé, — le cœur qui a pensé[1]... »

Le matelot s'arrêta tout à coup.

« Pourquoi ne continuez-vous pas, mon ami ? » demanda Miss Nevil.

Le matelot, d'un mouvement de tête, lui montra une figure qui sortait du grand panneau de la goélette : c'était Orso qui venait jouir du clair de lune.

« Achevez donc votre complainte, dit Miss Lydia, elle me faisait grand plaisir. »

Le matelot se pencha vers elle et dit fort bas :

« Je ne donne le *rimbecco* à personne.

— Comment ? le... ? »

Le matelot, sans répondre, se mit à siffler.

« Je vous prends à admirer notre Méditerranée, Miss Nevil, dit Orso s'avançant vers elle. Convenez qu'on ne voit point ailleurs cette lune-ci.

— Je ne la regardais pas. J'étais tout occupée à étudier le corse. Ce matelot, qui chantait une complainte des plus tragiques, s'est arrêté au plus beau moment. »

Le matelot se baissa comme pour mieux lire sur la boussole, et tira rudement la pelisse de Miss Nevil. Il était évident que sa complainte ne pouvait être chantée devant le lieutenant Orso.

1. Héros national corse, Sampiero, dit Bastelica (1498-1567), commanda les bandes corses au service de François Ier et lutta contre les Génois. Se croyant trahi par sa femme, Vanina d'Ornano, il l'étrangla à Marseille, et lui-même fut assassiné par un de ses serviteurs, Vittolo. Après Brantôme, R. Saint-Hilaire avait raconté cet épisode en 1831 dans la *Revue de Paris*, et Gregori composa une tragédie italienne sur l'argument, publiée à Paris en 1832, qu'il adressa à Mérimée en mai 1840, durant la rédaction de *Colomba*. Mérimée évoque le héros dans ses *Notes* : « A peine, au milieu d'une foule de capitaines changeant sans cesse de bannière, le lecteur, découragé par une interminable suite d'horreurs, respire-t-il un moment au récit des actions de Sampiero, combattant presque seul pour l'indépendance de sa patrie, héros sauvage comme elle, mais toujours fidèle à la plus sainte des causes », *Notes d'un voyage en Corse*, p. 16.

« Que chantais-tu là, Paolo Francè? dit Orso; est-ce une *ballata*? Un *vocero**? Mademoiselle te comprend et voudrait entendre la fin.

— Je l'ai oubliée, Ors'Anton' », dit le matelot.

Et sur-le-champ il se mit à entonner à tue-tête un cantique à la Vierge.

Miss Lydia écouta le cantique avec distraction et ne pressa pas davantage le chanteur, se promettant bien toutefois de savoir plus tard le mot de l'énigme. Mais sa femme de chambre, qui, étant de Florence, ne comprenait pas mieux que sa maîtresse le dialecte corse, était aussi curieuse de s'instruire; et s'adressant à Orso avant que celle-ci pût l'avertir par un coup de coude :

« Monsieur le capitaine, dit-elle que veut dire *donner le rimbecco***?

— Le rimbecco! dit Orso; mais c'est faire la plus mortelle injure à un Corse : c'est lui reprocher de ne pas s'être vengé. Qui vous a parlé de rimbecco?

— C'est hier à Marseille, répondit Miss Lydia avec

---

* Lorsqu'un homme est mort, particulièrement lorsqu'il a été assassiné, on place son corps sur une table, et les femmes de sa famille, à leur défaut, des amies, ou même des femmes étrangères connues pour leur talent poétique, improvisent devant un auditoire nombreux des complaintes en vers dans le dialecte du pays. On nomme ces femmes *voceratrici* ou, suivant la prononciation corse, *buceratrici*, et la complainte s'appelle *vocero, buceru, buceratu*, sur la côte orientale; *ballata*, sur la côte opposée. Le mot *vocero*, ainsi que ses dérivés, *vocerar, voceratrice*, vient du latin *vociferare*. Quelquefois, plusieurs femmes improvisent tour à tour, et souvent la femme ou la fille du mort chante elle-même la funèbre. [Cette note reprend, avec quelques variantes, le début du texte consacré aux « Poésies populaires corses », *Notes d'un voyage en Corse*, p. 81.]
** *Rimbeccare*, en italien, signifie renvoyer, riposter, rejeter. Dans le dialecte corse, cela veut dire : adresser un reproche offensant et public. — On donne le *rimbecco* au fils d'un homme assassiné en lui disant que son père n'est pas vengé. Le *rimbecco* est une espèce de mise en demeure pour l'homme qui n'a pas encore lavé une injure dans le sang. — La loi génoise punissait très sévèrement l'auteur d'un *rimbecco*...

empressement, que le patron de la goélette s'est servi de ce mot.

— Et de qui parlait-il? demanda Orso avec vivacité.

— Oh! il nous contait une vieille histoire... du temps de..., oui, je crois que c'était à propos de Vannina d'Ornano?

— La mort de Vannina, je le suppose, mademoiselle, ne vous a pas fait beaucoup aimer notre héros, le brave Sampiero?

— Mais trouvez-vous que ce soit bien héroïque?

— Son crime a pour excuse les mœurs sauvages du temps; et puis Sampiero faisait une guerre à mort aux Génois : quelle confiance auraient pu avoir en lui ses compatriotes; s'il n'avait pas puni celle qui cherchait à traiter avec Gênes?

— Vannina, dit le matelot, était partie sans la permission de son mari; Sampiero a bien fait de lui tordre le cou.

— Mais, dit Miss Lydia, c'était pour sauver son mari, c'est[a] par amour pour lui, qu'elle allait demander sa grâce aux Génois.

— Demander sa grâce, c'était l'avilir! s'écria Orso.

— Et la tuer lui-même! poursuivit Miss Nevil. Quel monstre ce devait être!

— Vous savez qu'elle lui demanda comme une faveur de périr de sa main. Othello[1], mademoiselle, le regardez-vous aussi comme un monstre?

— Quelle différence! il était jaloux; Sampiero n'avait que de la vanité.

— Et la jalousie, n'est-ce pas aussi de la vanité? C'est la vanité de l'amour, et vous l'excuserez peut-être en faveur du motif? »

Miss lydia lui jeta un regard plein de dignité, et,

a. C'est par amour (1850) : *c'était pour sauver son mari*, par amour.

1. *Othello* : tragédie de Shakespeare (1604); voir également la note 1, page 189.

s'adressant au matelot, lui demanda quand la goélette arriverait au port.

« Après-demain, dit-il, si le vent continue.

— Je voudrais déjà voir Ajaccio, car ce navire m'excède. »

Elle se leva, prit le bras de sa femme de chambre et fit quelques pas sur le tillac[1]. Orso demeura immobile auprès du gouvernail, ne sachant s'il devait se promener avec elle ou bien cesser une conversation qui paraissait l'importuner.

« Belle fille, par le sang de la Madone! dit le matelot; si toutes les puces de mon lit lui ressemblaient, je ne me plaindrais pas d'en être mordu[2]! »

Miss Lydia entendit peut-être cet éloge naïf de sa beauté et s'en effaroucha, car elle descendit presque aussitôt dans sa chambre. Bientôt après Orso se retira de son côté. Dès qu'il eut quitté le tillac, la femme de chambre remonta, et, après avoir fait subir un interrogatoire au matelot, rapporta les renseignements suivants à sa maîtresse : la ballata interrompue par la présence d'Orso avait été composée à l'occasion de la mort du colonel della Rebbia, père du susdit, assassiné il y avait deux ans. Le matelot ne doutait pas qu'Orso ne revînt en Corse *pour faire la vengeance*, c'était son expression, et affirmait qu'avant peu on verrait *de la viande fraîche* dans le village de Pietranera[3]. Traduction faite de ce terme national, il résultait que le seigneur Orso se proposait d'assassiner deux ou trois personnes soupçonnées d'avoir assassiné son père, lesquelles, à la vérité, avaient été recherchées en justice pour ce fait, mais c'étaient trouvées blanches comme neige

---

1. *Tillac* : pont supérieur du navire.

2. Souvernir de Cervantes : « Telles pussent devenir les puces de mon lit! », *Don Quichotte*, IV, 30.

3. *Viande fraîche* : cette expression se retrouve sous la forme « *si macella carne umana* », il y a boucherie de viande humaine, dans la strophe I du *Buceratu di Beatrice di Piedicroce alla morte d'Emmanuelli delle Piazzole*, *Notes d'un voyage en Corse*, p. 92-95.

attendu qu'elles avaient dans leur manche juges, avocats, préfets et gendarmes.

« Il n'y a pas de justice en Corse, ajoutait le matelot, et je fais plus de cas d'un bon fusil que d'un conseiller à la cour royale. Quand on a un ennemi, il faut choisir entre les trois S*. »

Ces renseignements intéressants changèrent d'une façon notable les manières et les dispositions de Miss Lydia à l'égard du lieutenant della Rebbia. Dès ce moment il était devenu un personnage aux yeux de la romanesque Anglaise. Maintenant cet air d'insouciance, ce ton de franchise et de bonne humeur, qui d'abord l'avaient prévenue défavorablement, devenaient pour elle un mérite de plus, car c'était la profonde dissimulation d'une âme énergique, qui ne laisse percer à l'extérieur aucun des sentiments qu'elle renferme. Orso lui parut une espèce de Fiesque[1], cachant de vastes desseins sous une apparence de légèreté; et, quoiqu'il soit moins beau de tuer quelques coquins que de délivrer sa patrie, cependant une belle vengeance est belle; et d'ailleurs les femmes aiment assez qu'un héros ne soit pas homme politique. Alors seulement Miss Nevil remarqua que le jeune lieutenant avait de fort grands yeux, des dents blanches, une taille élégante, de l'éducation et quelque usage du monde. Elle lui parla souvent dans la journée suivante, et sa conversation l'intéressa. Il fut longuement questionné sur son pays, et il en parlait bien. La Corse, qu'il avait quittée fort jeune, d'abord pour aller au collège, puis à l'école militaire, était restée dans son esprit parée

* Expression nationale, c'est-à-dire *schiopetto, stiletto, strada* : fusil, stylet, fuite.

1. *Fiesque ou Fieschi :* conspirateur génois (1523-1547), qui mourut en voulant renverser le doge Andrea Doria. Le cardinal de Retz immortalisa ce personnage confus et brouillon dans sa *Conjuration du comte Jean-Louis de Fiesque*, publiée en 1665. Le dramaturge Schiller remit ce sujet à la mode au début du xixe siècle par son drame *La Conjuration de Fiesque à Gênes*, qui fut traduit en français en 1824.

de couleurs poétiques. Il s'animait en parlant de ses montagnes, de ses forêts, des coutumes originales de ses habitants. Comme on peut le penser, le mot de vengeance se présenta plus d'une fois dans ses récits, car il est impossible de parler des Corses sans attaquer ou sans justifier leur passion proverbiale. Orso surprit un peu Miss Nevil en condamnant d'une manière générale les haines interminables de ses compatriotes. Chez les paysans, toutefois, il cherchait à les excuser, et prétendait que la vendette est le duel des pauvres. « Cela est si vrai, disait-il, qu'on ne s'assassine qu'après un défi en règle. "Garde-toi, je me garde", telles sont les paroles sacramentelles qu'échangent des ennemis avant de se tendre des embuscades l'un à l'autre. Il y a plus d'assassinats chez nous, ajoutait-il, que partout ailleurs; mais jamais vous ne trouverez une cause ignoble à ses crimes[1]. Nous avons, il est vrai, beaucoup de meurtriers, mais pas un voleur. »

Lorsqu'il prononçait les mots de vengeance et de meurtre, Miss Lydia le regardait attentivement, mais sans découvrir sur ses traits la moindre trace d'émotion. Comme elle avait décidé qu'il avait la force d'âme nécessaire pour se rendre impénétrable à tous les yeux, les siens exceptés, bien entendu, elle continua de croire fermement que les mânes[2] du colonel della Rebbia n'attendraient pas longtemps la satisfaction qu'elles réclamaient.

Déjà la goélette était en vue de la Corse. Le patron nommait les points principaux de la côte, et, bien qu'ils fussent tous parfaitement inconnus à Miss

1. Tous les observateurs de l'époque s'accordaient à reconnaître que la forte criminalité en Corse n'avait jamais, alors, des motifs crapuleux, ignobles; conséquence de la vendetta, elle reposait sur des raisons nobles, la seule vengeance de l'honneur et de la réputation familiales.
2. *Mânes* : esprits des morts, généralement favorables, à qui l'on rend un culte familial. Mérimée emploie ce terme au féminin, contrairement à l'usage, mais il suit en cela Bossuet, Furetière et Lesage.

Lydia, elle trouvait quelque plaisir à savoir leurs noms. Rien de plus ennuyeux qu'un paysage anonyme. Parfois la longue-vue[a] du colonel faisait apercevoir quelque insulaire[1], vêtu de drap brun, armé d'un long fusil, monté sur un petit cheval, et galopant sur des pentes rapides. Miss Lydia, dans chacun, croyait voir un bandit, ou bien un fils allant venger la mort de son père ; mais Orso assurait que c'était quelque paisible habitant du bourg voisin voyageant pour ses affaires ; qu'il portait un fusil moins par nécessité que par *galanterie*, par mode, de même qu'un dandy ne sort qu'avec une canne élégante[2]. Bien qu'un fusil soit une arme moins noble et moins poétique qu'un stylet, Miss Lydia trouvait que, pour un homme, cela était plus élégant qu'une canne, et elle se rappelait que tous les héros de Lord Byron meurent d'une balle et non d'un classique poignard[3].

Après trois jours de navigation, on se trouva devant les Sanguinaires[4], et le magnifique panorama du golfe d'Ajaccio se développa aux yeux de nos

a. La longue-vue (1850) : *le télescope*.

1. *Insulaire* : habitant de l'île.

2. *Galanterie* : allure élégante ; cet emploi est déjà vieilli à l'époque. Le terme de *dandy*, en revanche, est un néologisme des années 1817-1820 ; il désigne un élégant habillé à l'anglaise. La comparaison, faite par Orso, est ironique ; Orso se moque à la fois des mœurs corses et des préjugés de Miss Lydia.

3. *George Byron* : écrivain anglais (1788-1824), prototype, autant que ses personnages, tel Conrad du *Corsaire*, du héros romantique dans sa démesure. Lamartine lui consacra ces vers :

> *Et toi Byron, semblable à ce brigand des airs*
> *Les cris de désespoir sont tes plus doux concerts.*
> *Le mal est ton spectacle, et l'homme est ta victime.*

(*Méditations*, II, v. 21-23. 1820.)

Ces fusils entrevus de loin, confirmant la menace qui pèse sur Orso, confirment aussi son statut romanesque aux yeux de Miss Nevil ; il aura le destin d'un héros byronien.

4. Les Sanguinaires : groupe d'îlots à l'entrée du golfe d'Ajaccio ; en 1869, Alphonse Daudet leur consacra un récit : *Le Phare des Sanguinaires*.

voyageurs. C'est avec raison qu'on le compare à la baie de Naples[a]; et au moment où la goélette entrait dans le port, un maquis en feu, couvrant de fumée la Punta di Girato, rappelait le Vésuve et ajoutait à la ressemblance. Pour qu'elle fût complète, il faudrait qu'une armée d'Attila vînt s'abattre sur les environs de Naples; car tout est mort et désert autour d'Ajaccio. Au lieu de ces élégantes fabriques[1] qu'on découvre de tous côtés depuis Castellamare jusqu'au cap Misène, on ne voit, autour du golfe d'Ajaccio, que de sombres maquis, et derrière, des montagnes pelées. Par une villa, pas une habitation. Seulement, çà et là, sur les hauteurs autour de la ville, quelques constructions blanches se détachent isolées sur un fond de verdure; ce sont des chapelles funéraires, des tombeaux de famille. Tout, dans ce paysage, est d'une beauté grave et triste[2].

L'aspect de la ville, surtout à cette époque, augmentait encore l'impression causée par la solitude de ses alentours. Nul mouvement dans les rues, où l'on ne rencontre qu'un petit nombre de figures oisives, et toujours les mêmes. Point de femmes, sinon quelques paysannes qui viennent vendre leurs denrées. On n'entend point parler haut, rire, chanter, comme dans les villes italiennes. Quelquefois, à l'ombre d'un arbre de la promenade, une douzaine de paysans armés jouent aux cartes ou regardent jouer. Ils ne crient pas, ne se disputent jamais; si le jeu s'anime, on entend alors des coups de pistolet, qui toujours précèdent la menace. Le Corse est naturellement grave et silencieux. Le soir, quelques figures

a. A la baie de Naples : à *la vue de* la baie de Naples (*RDM*; 1841).

1. *Fabriques* : terme d'architecture et de peinture, qui désigne toute construction dans un paysage.

2. Mérimée n'avait pas vu Ajaccio par la mer; il adapte la description que donnait Antoine Valéry : « les hauteurs voisines d'Ajaccio sont couvertes de coupoles blanches qui se détachent et s'élèvent romantiquement au-dessus de la verdure des vignes », *Voyage en Corse*, Paris, 1837, I, p. 181.

paraissent pour jouir de la fraîcheur, mais les promeneurs du Cours sont presque tous des étrangers. Les insulaires restent devant leurs portes; chacun semble aux aguets comme un faucon sur son nid.

CHAPITRE IV

Après avoir visité la maison où Napoléon est né[1], après s'être procuré par des moyens plus ou moins catholiques un peu du papier de la tenture, Miss Lydia[a], deux jours après être débarquée en Corse, se sentit saisi d'une tristesse profonde, comme il doit arriver à tout étranger qui se trouve dans un pays dont les habitudes insociables semblent le condamner à un isolement complet. Elle regretta son coup de tête; mais partir sur-le-champ c'eût été compromettre sa réputation de voyageuse intrépide; Miss Lydia se résigna donc à prendre patience et à tuer le temps de son mieux. Dans cette généreuse résolution, elle prépara crayons et couleurs, esquissa des vues du golfe, et fit le portrait d'un paysan basané, qui vendait des melons, comme un maraîcher du continent, mais qui avait une barbe blanche et l'air du plus féroce coquin qui se pût voir. Tout cela ne suffisant point à l'amuser, elle résolut de faire tourner la tête au descendant des caporaux, et la chose n'était pas difficile, car, loin de se presser pour revoir son village, Orso semblait se plaire fort à Ajaccio,

a. Miss Lydia, deux jours après être débarquée : Lydia, *le second jour de son arrivée* (*RDM*).
1. Située dans l'actuelle rue Saint-Charles, ouvrant sur la place Laetizia, la maison où Napoléon naquit fut acquise par les Bonaparte au XVIIe siècle; saccagée par les partisans de Paoli, elle fut restaurée et remeublée par la mère de l'Empereur, et donnée en 1805 à un de ses cousins, qui la rétrocéda peu après à Joseph Bonaparte.

bien qu'il n'y vît personne. D'ailleurs Miss Lydia s'était proposé une noble tâche, celle de civiliser cet ours des montagnes, et de le faire renoncer aux sinistres desseins qui le ramenaient dans son île. Depuis qu'elle avait pris la peine de l'étudier, elle s'était dit qu'il serait dommage de laisser ce jeune homme courir à sa perte, et que pour elle il serait glorieux de convertir un Corse.

Les journées pour nos voyageurs se passaient comme il suit : le matin, le colonel et Orso allaient à la chasse; Miss Lydia dessinait ou écrivait à ses amies, afin de pouvoir dater ses lettres d'Ajaccio. Vers six heures, les hommes revenaient chargés de gibier; on dînait, Miss Lydia chantait, le colonel s'endormait, et les jeunes gens demeuraient fort tard à causer.

Je ne sais quelle formalité de passeport avait obligé le colonel Nevil à faire une visite au préfet; celui-ci, qui s'ennuyait fort, ainsi que la plupart de ses collègues, avait été ravi d'apprendre l'arrivée d'un Anglais, riche, homme du monde et père d'une jolie fille; aussi il l'avait parfaitement reçu et accablé d'offres de services; de plus, fort peu de jours après, il vint lui rendre sa visite. Le colonel, qui venait de sortir de table, était confortablement étendu sur le sofa, tout près de s'endormir; sa fille chantait devant un piano délabré; Orso tournait les feuillets de son cahier de musique, et regardait les épaules et les cheveux blonds de la virtuose[1]. On annonça M. le préfet; le piano se tut, le colonel se leva, se frotta les yeux, et présenta le préfet à sa fille :

« Je ne vous présente pas M. della Rebbia, dit-il, car vous le connaissez sans doute ?

— Monsieur est le fils du colonel della Rebbia ? demanda le préfet d'un air légèrement embarrassé.

— Oui, monsieur, répondit Orso.

1. Musicien amateur jouant avec talent; quoique déjà vieillie, cette expression n'est pas employée dans un sens ironique.

— J'ai eu l'honneur de connaître monsieur votre père. »

Les lieux communs de conversation s'épuisèrent bientôt. Malgré lui, le colonel bâillait assez fréquemment ; en sa qualité de libéral[1], Orso ne voulait point parler à un satellite[2] du pouvoir ; Miss Lydia soutenait seule la conversation. De son côté, le préfet ne la laissait pas languir, et il était évident qu'il avait un vif plaisir à parler de Paris et du monde à une femme qui connaissait toutes les notabilités de la société européenne. De temps en temps, et tout en parlant, il observait Orso avec une curiosité singulière.

« C'est sur le continent que vous avez connu M. della Rebbia ? » demanda-t-il à Miss Lydia.

Miss Lydia répondit avec quelque embarras qu'elle avait fait sa connaissance sur le navire qui les avait amenés en Corse.

« C'est un jeune homme très comme il faut, dit le préfet à mi-voix. Et vous a-t-il dit, continua-t-il encore plus bas, dans quelle intention il revient en Corse ? »

Miss Lydia prit son air majestueux :

« Je ne le lui ai point demandé, dit-elle ; vous pouvez l'interroger. »

Le préfet garda le silence ; mais, un moment après, entendant Orso adresser au colonel quelques mots en anglais :

« Vous avez beaucoup voyagé, monsieur, dit-il, à ce qu'il paraît. Vous devez avoir oublié la Corse... et ses coutumes.

— Il est vrai, j'étais bien jeune quand je l'ai quittée.

---

1. Orso, ancien officier de l'armée impériale bonapartiste, est un opposant au régime qui l'a mis en demi-solde ; il apparaît donc, aux yeux du préfet conservateur, comme un *libéral*, comme un révolutionnaire hostile à la monarchie. On verra au chapitre VI que les adversaires d'Orso, les Barricini, jouaient des rivalités politiques et avaient déjà dénoncé un prétendu complot bonapartiste fomenté par le colonel della Rebbia.
2. *Satellite* : terme vieilli, serviteur.

— Vous appartenez toujours à l'armée ?

— Je suis en demi-solde, monsieur.

— Vous avez été trop longtemps dans l'armée française, pour ne pas devenir tout à fait français, je n'en doute pas, monsieur. »

Il prononça ces derniers mots avec une emphase marquée[1].

Ce n'est pas flatter prodigieusement les Corses[2] que leur rappeler qu'ils appartiennent à la grande nation. Ils veulent être un peuple à part, et cette prétention, ils la justifient assez bien pour qu'on la leur accorde. Orso, un peu piqué, répliqua :

« Pensez-vous, monsieur le préfet, qu'un Corse, pour être homme d'honneur, ait besoin de servir dans l'armée française ?

— Non, certes, dit le préfet, ce n'est nullement ma pensée : je parle seulement de certaines *coutumes* de ce pays-ci, dont quelques-unes ne sont pas telles qu'un administrateur voudrait les voir[a]. »

Il appuya sur ce mot *coutumes*, et prit l'expression la plus grave que sa figure comportait. Bientôt après, il se leva et sortit, emportant la promesse que Miss Lydia irait voir sa femme à la préfecture.

Quand il fut parti :

« Il fallait, dit Miss Lydia, que j'allasse en Corse pour apprendre ce que c'est qu'un préfet. Celui-ci me paraît assez aimable.

— Pour moi, dit Orso, je n'en saurais dire autant, et je le trouve bien singulier avec son air emphatique et mystérieux. »

Le colonel était plus qu'assoupi ; Miss Lydia jeta un coup d'œil de son côté, et baissant la voix :

« Et moi, je trouve, dit-elle, qu'il n'est pas si mysté-

---

a. Les voir : *le* voir (1842 ; 1845).

1. *Emphase* : terme de rhétorique désignant une exagération dans la manière de dire : le préfet veut que la phrase « je n'en doute pas » soit comprise par Orso comme un avertissement.

2. Litote par antiphrase et hyperbole : c'est au contraire injurier les Corses que de leur rappeler qu'ils sont français.

rieux que vous le prétendez, car je crois l'avoir compris.

— Vous êtes, assurément, bien perspicace, Miss Nevil ; et, si vous voyez quelque esprit dans ce qu'il vient de dire, il faut assurément que vous l'y ayez mis.

— C'est une phrase du marquis de Mascarille[1], monsieur della Rebbia, je crois ; mais..., voulez-vous que je vous donne une preuve de ma pénétration ? Je suis un peu sorcière, et je sais ce que pensent les gens que j'ai vus deux fois.

— Mon Dieu, vous m'effrayez. Si vous saviez lire dans ma pensée, je ne sais si je devrais en être content ou affligé...

— Monsieur della Rebbia, continua Miss Lydia en rougissant, nous ne nous connaissons que depuis quelques jours ; mais en mer, et dans les pays barbares, — vous m'excuserez, je l'espère... — dans les pays barbares on devient ami plus vite que dans le monde... Ainsi ne vous étonnez pas si je vous parle en amie de choses un peu bien intimes, et dont peut-être un étranger ne devrait pas se mêler.

— Oh ! ne dites pas ce mot-là, Miss Nevil ; l'autre me plaisait bien mieux.

— Eh bien, monsieur, je dois vous dire que, sans avoir cherché à savoir vos secrets, je me trouve les avoir appris en partie, et il y en a qui m'affligent. Je sais, monsieur, le malheur qui a frappé votre famille ; on m'a beaucoup parlé du caractère vindicatif[2] de vos compatriotes et de leur manière de se venger... N'est-ce pas à cela que le préfet faisait allusion ?

— Miss Lydia peut-elle penser !... » Et Orso devint pâle comme la mort.

« Non, monsieur della Rebbia, dit-elle en l'inter-

---

1. *Marquis de Mascarille* ; allusion à une réplique de Cathos dans *Les Précieuses ridicules*, scène IX : « pour voir chez nous le mérite, il a fallu que vous l'y ayez amené ».
2. Trait dominant du caractère des Corses, portés à la vengeance, la vendetta.

rompant ; je sais que vous êtes un gentleman plein d'honneur. Vous m'avez dit vous-même qu'il n'y avait plus dans votre pays que les gens du peuple qui connussent la *vendette*... qu'il vous plaît d'appeler une forme de duel...

— Me croiriez-vous donc capable de devenir jamais un assassin ?

— Puisque je vous parle de cela, monsieur Orso, vous devez bien voir que je ne doute pas de vous, et si je vous ai parlé, poursuivit-elle en baissant les yeux, c'est que j'ai compris que de retour dans votre pays, entouré peut-être de préjugés barbares, vous seriez bien aise de savoir qu'il y a quelqu'un qui vous estime pour votre courage à leur résister. — Allons, dit-elle en se levant, ne parlons plus de ces vilaines choses-là : elles me font mal à la tête et d'ailleurs il est bien tard. Vous ne m'en voulez pas ? Bonsoir, à l'anglaise[1]. » Et elle lui tendit la main.

Orso la pressa d'un air grave et pénétré.

« Mademoiselle, dit-il, savez-vous qu'il y a des moments où l'instinct du pays se réveille en moi ? Quelquefois, lorsque je songe à mon pauvre père,... alors d'affreuses idées m'obsèdent. Grâce à vous, j'en suis à jamais délivré. Merci, merci ! »

Il allait poursuivre ; mais Miss Lydia fit tomber une cuiller à thé, et le bruit réveilla le colonel.

« Della Rebbia, demain à cinq heures en chasse ! Soyez exact.

— Oui, mon colonel. »

CHAPITRE V

Le lendemain, un peu avant le retour des chasseurs, Miss Nevil, revenant d'une promenade au bord de la mer[a], regagnait l'auberge avec sa femme

a. Revenant d'une promenade au bord de la mer (1850) : *qui avait été se promener* au bord de la mer.
1. *A l'anglaise* : sans cérémonie.

de chambre, lorsqu'elle remarqua une jeune femme vêtue de noir, montée sur un cheval de petite taille, mais vigoureux[1], qui entrait dans la ville[a]. Elle était suivie d'une espèce de paysan, à cheval aussi, en veste de drap brun trouée aux coudes, une gourde en bandoulière, un pistolet pendant à la ceinture ; à la main, un fusil, dont la crosse reposait dans une poche de cuir attachée à l'arçon de la selle ; bref, en costume complet de brigand de mélodrame ou de bourgeois corse en voyage. La beauté remarquable de la femme attira d'abord l'attention de Miss Nevil. Elle paraissait avoir une vingtaine d'années. Elle était grande, blanche, les yeux bleu foncé, la bouche rose, les dents comme de l'émail[2]. Dans son expression on lisait à la fois l'orgueil, l'inquiétude et la tristesse. Sur la tête, elle portait ce voile de soie noire nommé *mezzaro*, que les Génois ont introduit en Corse, et qui sied si bien aux femmes. De longues nattes de cheveux châtains lui formaient comme un turban autour de la tête. Son costume était propre, mais de la plus grande simplicité.

Miss Nevil eut tout le temps de la considérer, car la dame au *mezzaro* s'était arrêtée dans la rue à questionner quelqu'un avec beaucoup d'intérêt, comme il semblait à l'expression de ses yeux ; puis sur la réponse qui lui fut faite, elle donna un coup de houssine[3] à sa monture, et, prenant le grand trot, ne s'arrêta qu'à la porte de l'hôtel où logeaient Sir Thomas Nevil et Orso. Là, après avoir échangé quelques mots avec l'hôte, la jeune femme sauta lestement à bas de son cheval et s'assit sur un banc de pierre à côté de la porte d'entrée, tandis que son écuyer

a. Dans la ville. Elle (1842) : Dans la ville, *suivie*... (*RDM* ; 1841).
1. « Les chevaux, les mulets et les ânes y sont petits, mais agiles et vigoureux », P.M. Barbichon, *Dictionnaire de tous les lieux de la France*, Paris, 1831, article « Corse », I, p. 665.
2. Sur le type physique de Colomba, voir ci-dessus, note 3, pp. 64-65.
3. *Houssine* : baguette flexible.

conduisait les chevaux à l'écurie. Miss Lydia passa avec son costume parisien devant l'étrangère sans qu'elle levât les yeux. Un quart d'heure après, ouvrant sa fenêtre, elle vit encore la dame au mezzaro assise à la même place et dans la même attitude. Bientôt parurent le colonel et Orso, revenant de la chasse. Alors l'hôte dit quelques mots à la demoiselle en deuil et lui désigna du doigt le jeune della Rebbia. Celle-ci rougit, se leva avec vivacité, fit quelques pas en avant, puis s'arrêta immobile et comme interdite. Orso était tout près d'elle, la considérant avec curiosité.

« Vous êtes, dit-elle d'une voix émue, Orso Antonio della Rebbia ? Moi, je suis Colomba.

— Colomba ! » s'écria Orso.

Et, la prenant dans ses bras, il l'embrassa tendrement, ce qui étonna un peu le colonel et sa fille ; car en Angleterre on ne s'embrasse pas dans la rue.

« Mon frère, dit Colomba, vous me pardonnerez si je suis venue sans votre ordre ; mais j'ai appris par nos amis que vous étiez arrivé, et c'était pour moi une si grande consolation de vous voir... »

Orso l'embrassa encore ; puis, se tournant vers le colonel :

« C'est ma sœur, dit-il, que je n'aurais jamais reconnue si elle ne s'était nommée. — Colomba, le colonel Sir Thomas Nevil. — Colonel, vous voudrez bien m'excuser, mais je ne pourrai avoir l'honneur de dîner avec vous aujourd'hui... Ma sœur...

— Eh ! où diable voulez-vous dîner, mon cher ? s'écria le colonel ; vous savez bien qu'il n'y a qu'un dîner dans cette maudite auberge, et il est pour nous. Mademoiselle fera grand plaisir à ma fille de se joindre à nous. »

Colomba regarda son frère, qui ne se fit pas trop prier, et tous ensemble entrèrent dans la plus grande pièce de l'auberge, qui servait au colonel de salon et de salle à manger. Mlle della Rebbia, présentée à Miss Nevil, lui fit une profonde révérence, mais ne dit pas une parole. On voyait qu'elle était très effarouchée et que, pour la première fois de sa vie peut-être, elle se trouvait en présence d'étrangers gens du monde. Cependant dans ses manières il n'y avait rien qui sentît la province. Chez elle l'étrangeté sauvait la gaucherie. Elle plut à Miss Nevil par cela même; et comme il n'y avait pas de chambre disponible dans l'hôtel que le colonel et sa suite avaient envahi, Miss Lydia poussa la condescendance ou la curiosité jusqu'à offrir à Mlle della Rebbia de lui faire dresser un lit dans sa propre chambre.

Colomba balbutia quelques mots de remerciement et s'empressa de suivre la femme de chambre de Miss Nevil pour faire à sa toilette les petits arrangements que rend nécessaires un voyage à cheval par la poussière et le soleil.

En rentrant dans le salon, elle s'arrêta devant les fusils du colonel, que les chasseurs venaient de déposer dans un coin.

« Les belles armes! dit-elle; sont-elles à vous, mon frère?

— Non, ce sont des fusils anglais au colonel. Ils sont aussi bons qu'ils sont beaux.

— Je voudrais bien, dit Colomba, que vous en eussiez un semblable.

— Il y en a certainement un dans ces trois-là qui appartient à della Rebbia, s'écria le colonel. Il s'en sert trop bien. Aujourd'hui quatorze coups de fusil, quatorze pièces! »

Aussitôt s'établit un combat de générosité[1], dans lequel Orso fut vaincu, à la grande satisfaction de sa sœur, comme il était facile de s'en apercevoir à l'expression de joie enfantine qui brilla tout d'un coup sur son visage, tout à l'heure si sérieux.

« Choisissez, mon cher », disait le colonel.

Orso refusait.

---

1. Ce combat ou cet assaut de générosité, dans lequel Orso n'a rien à offrir et tout à perdre, contrairement au *potlatch* des Indiens d'Amérique, a une fonction dramatique et permet la solution du « coup double » du chapitre XVII.

« Eh bien, mademoiselle votre sœur choisira pour vous. »

Colomba ne se le fit pas dire deux fois : elle prit le moins orné des fusils, mais c'était un excellent Manton[1] de gros calibre.

« Celui-ci, dit-elle, doit bien porter la balle. »

Son frère s'embarrassait dans ses remerciements, lorsque le dîner parut fort à propos pour le tirer d'affaire. Miss Lydia fut charmée de voir que Colomba, qui avait fait quelque résistance pour se mettre à table, et qui n'avait cédé que sur un regard de son frère, faisait en bonne catholique le signe de la croix avant de manger.

« Bon, se dit-elle, voilà qui est primitif. »

Et elle se promit de faire plus d'une observation intéressante sur ce jeune représentant des vieilles mœurs de la Corse. Pour Orso, il était évidemment un peu mal à son aise, par la crainte sans doute que sa sœur ne dît ou ne fît quelque chose qui sentît trop son village. Mais Colomba l'observait sans cesse et réglait tous ses mouvements sur ceux de son frère. Quelquefois elle le considérait fixement avec une étrange expression de tristesse ; et alors si les yeux d'Orso rencontraient les siens, il était le premier à détourner ses regards, comme s'il eût voulu se soustraire à une question que sa sœur lui adressait mentalement et qu'il comprenait trop bien. On parlait français car le colonel s'exprimait fort mal en italien. Colomba entendait le français, et prononçait même assez bien le peu de mots qu'elle était forcée d'échanger avec ses hôtes.

Après le dîner, le colonel, qui avait remarqué l'espèce de contrainte qui régnait entre le frère et la sœur, demanda avec sa franchise ordinaire à Orso s'il ne désirait point causer seul avec Mlle Colomba, offrant dans ce cas de passer avec sa fille dans la

---

1. Manton : armurier anglais, fameux pour la qualité de ses productions. Dans *Le Vase étrusque*, Mérimée évoque « un pistolet anglais de Manton » par lequel le héros est tué.

pièce voisine. Mais Orso se hâta de le remercier et de dire qu'ils auraient bien le temps de causer à Pietranera. C'était le nom du village où il devait faire sa résidence.

Le colonel prit donc sa place accoutumée sur le sofa, et Miss Nevil, après avoir essayé plusieurs sujets de conversation, désespérant de faire parler la belle Colomba, pria Orso de lui lire un chant du Dante[1] : c'était son poète favori. Orso choisit le chant de l'Enfer où se trouve l'épisode de Francesca da Rimini, et se mit à lire, accentuant de son mieux ces sublimes tercets[2], qui expriment si bien le danger de lire à deux un livre d'amour. A mesure qu'il lisait, Colomba se rapprochait de la table, relevait la tête, qu'elle avait tenue baissée; ses prunelles dilatées brillaient d'un feu extraordinaire : elle rougissait et pâlissait tour à tour, elle s'agitait convulsivement sur sa chaise. Admirable organisation[3] italienne, qui, pour comprendre la poésie, n'a pas besoin qu'un pédant lui en démontre les beautés !

Quand la lecture fut terminée :

« Que cela est beau ! s'écria-t-elle. Qui a fait cela, mon frère ? »

Orso fut un peu déconcerté, et Miss Lydia répon-

---

1. Dans sa *Divine Comédie*, le poète florentin Dante Alighieri (1265-1321) décrit le châtiment de Francesca da Rimini et Paolo Malatesta, précipités dans le cercle des luxurieux de l'Enfer, après qu'ils eurent cédé à un amour coupable en lisant, ensemble, *Lancelot*. La réaction de Colomba est un reflet de celle de l'héroïne italienne : « A plusieurs coups nous fit lever les yeux / Cette lecture et pâlir le visage », *Enfer*, V, v. 130-131, traduction A. Pézard, Paris, Gallimard « La Pléiade », 1965. L'emploi de l'article *du* devant Dante, qui est un prénom, est un faux italianisme, habituel chez les auteurs du XIXᵉ siècle.

2. La *Divine Comédie* est écrite en *terzine*, en tercets, séquences de trois vers hendécasyllabiques, rimés ABA/ BCB/ CDC...

3. *Organisation* a ici le sens de constitution psychologique, tempérament. Mérimée toutefois ne fait pas de Colomba une Italienne, mais une âme d'une exceptionnelle sensibilité, capable de comprendre sans intermédiaire la poésie la plus difficile et la plus « primitive ».

dit en souriant que c'était un poète florentin mort depuis plusieurs siècles.

« Je te ferai lire le Dante, dit Orso, quand nous serons à Pietranera.

— Mon Dieu, que cela est beau ! » répétait Colomba : et elle dit trois ou quatre tercets qu'elle avait retenus, d'abord à voix basse ; puis, s'animant, elle les déclama tout haut avec plus d'expression que son frère n'en avait mis à les lire.

Miss Lydia très étonnée :

« Vous paraissez aimer beaucoup la poésie, dit-elle. Que je vous envie le bonheur que vous aurez à lire le Dante comme un livre nouveau.

— Vous voyez, Miss Nevil, disait Orso, quel pouvoir ont les vers du Dante, pour émouvoir ainsi une petite sauvagesse qui ne sait que son *Pater*... Mais je me trompe ; je me rappelle que Colomba est du métier. Tout enfant elle s'escrimait à faire des vers, et mon père m'écrivait qu'elle était la plus grande *voceratrice* de Pietranera et de deux lieues à la ronde[1]. »

Colomba jeta un coup d'œil suppliant à son frère. Miss Nevil avait ouï parler des improvisations corses et mourait d'envie d'en entendre une. Ainsi elle s'empressa de prier Colomba de lui donner un échantillon de son talent. Orso s'interposa alors, fort contrarié de s'être si bien rappelé les dispositions poétiques de sa sœur. Il eut beau jurer que rien n'était plus plat qu'une ballata corse, protester que réciter[a] des vers corses après ceux du Dante, c'était trahir son pays, il ne fit qu'irriter le caprice de Miss Nevil, et se vit obligé à la fin de dire à sa sœur :

« Eh bien, improvise quelque chose, mais que cela soit court ! »

Colomba poussa un soupir, regarda attentivement pendant une minute le tapis de la table, puis les

a. Protester que réciter (1850) : protester *qu'écouter*.
1. *Voceratrice* : femme improvisant un *voceru* ou une *ballata* ; Mérimée explique le terme dans sa note du chapitre III, p. 75.

poutres du plafond; enfin, mettant la main sur ses yeux comme ces oiseaux qui se rassurent et croient n'être point vus quand ils ne voient point eux-mêmes, chanta, ou plutôt déclama d'une voix mal assurée la *serenata* qu'on va lire :

LA JEUNE FILLE ET LA PALOMBE

Dans la vallée, bien loin derrière les montagnes, — le soleil n'y vient qu'une heure tous les jours; — il y a dans la vallée une maison sombre —, et l'herbe y croît sur le seuil. — Portes, fenêtres sont toujours fermées. — Nulle fumée ne s'échappe du toit. — Mais à midi, lorsque vient le soleil, — une fenêtre s'ouvre alors, — et l'orpheline s'assied, filant à son rouet : — elle file et chante en travaillant — un chant de tristesse ; — mais nul autre chant ne répond au sien. — Un jour, un jour de printemps, — une palombe se posa sur un arbre voisin, — et entendit le chant de la jeune fille. — Jeune fille, dit-elle, tu ne pleures pas seule — un cruel épervier m'a ravi ma compagne. — Palombe, montre-moi l'épervier ravisseur; — fût-il aussi haut que les nuages, — je l'aurai bientôt abattu en terre. — Mais moi, pauvre fille, qui me rendra mon frère, — mon frère maintenant en loin-tain pays? — Jeune fille, dis-moi où est ton frère, et mes ailes me porteront près de lui.

« Voilà une palombe bien élevée ! s'écria Orso en embrassant sa sœur avec une émotion qui contras-tait avec le ton de plaisanterie qu'il affectait.

— Votre chanson est charmante, dit Miss Lydia. Je veux que vous me l'écriviez dans mon album. Je la traduirai en anglais et je la ferai mettre en musique. »

Le brave colonel, qui n'avait pas compris un mot, joignit ses compliments à ceux de sa fille. Puis il ajouta :

« Cette palombe dont vous parlez, mademoiselle, c'est cet oiseau que nous avons mangé aujourd'hui à la crapaudine[1] ? »

1. *A la crapaudine* : manière de faire rôtir les volailles et les oiseaux au gril, en les ayant fendus en deux et écrasés à plat.

Miss Nevil apporta son album et ne fut pas peu surprise de voir l'improvisatrice écrire sa chanson en ménageant le papier d'une façon singulière. Au lieu d'être en vedette, les vers se suivaient sur la même ligne, tant que la largeur de la feuille le permettait, en sorte qu'ils ne convenaient plus à la définition connue des compositions poétiques : « De petites lignes, d'inégale longueur, avec une marge de chaque côté. » Il y avait bien encore quelques observations à faire sur l'orthographe un peu capricieuse de Mlle Colomba, qui, plus d'une fois, fit sourire Miss Nevil, tandis que la vanité fraternelle d'Orso était au supplice.

L'heure de dormir étant arrivée, les deux jeunes filles se retirèrent dans leur chambre. Là, tandis que Miss Lydia détachait collier, boucles, bracelets, elle observa sa compagne qui retirait de sa robe quelque chose de long comme un busc[1], mais de forme bien différente pourtant. Colomba mit cela avec soin et presque furtivement sous son mezzaro déposé sur une table ; puis elle s'agenouilla et fit dévotement sa prière. Deux minutes après, elle était dans son lit. Très curieuse de son naturel et lente comme une Anglaise à se déshabiller, Miss Lydia s'approcha de la table, et, feignant de chercher une épingle, souleva le mezzaro et aperçut un stylet assez long, curieusement monté en nacre et en argent ; le travail en était remarquable, et c'était une arme ancienne et de grand prix pour un amateur.

« Est-ce l'usage ici, dit Miss Nevil en souriant, que les demoiselles portent ce petit instrument dans leur corset ?

— Il le faut bien, répondit Colomba en soupirant. Il y a tant de méchantes gens !

— Et auriez-vous vraiment le courage d'en donner un coup comme cela ? »

Et Miss Nevil, le stylet à la main, faisait le geste de frapper, comme on frappe au théâtre, de haut en bas.

1. *Busc* : lame de baleine d'un corset.

« Oui, si cela était nécessaire, dit Colomba de sa voix douce et musicale, pour me défendre ou défendre mes amis... Mais ce n'est pas comme cela qu'il faut le tenir; vous pourriez vous blesser, si la personne que vous voulez frapper se retirait. » Et se levant sur son séant : « Tenez, c'est ainsi, en remontant le coup. Comme cela il est mortel, dit-on. Heureux les gens qui n'ont pas besoin de telles armes! »

Elle soupira, abandonna sa tête sur l'oreiller, ferma les yeux. On n'aurait pu voir une tête plus belle, plus noble, plus virginale. Phidias, pour sculpter sa Minerve, n'aurait pas désiré un autre modèle[1].

CHAPITRE VI

C'est pour me conformer au précepte d'Horace que je me suis lancé d'abord *in medias res*[2]. Maintenant que tout dort, et la belle Colomba, et le colonel, et sa fille, je saisirai ce moment pour instruire mon lecteur de certaines particularités qu'il ne doit pas ignorer, s'il veut pénétrer davantage dans cette véridique histoire. Il sait déjà que le colonel della Rebbia, père d'Orso, est[a] mort assassiné; or on n'est pas assassiné en Corse, comme on l'est en France, par le premier échappé des galères qui ne trouve pas de meilleur moyen pour vous voler votre argenterie : on est assassiné par ses ennemis; mais le motif pour

a. Est mort (1850) : *était* mort.
1. *Phidias*, sculpteur grec (mort vers 431 av. J.-C.); on lui doit la grande Athéna du Parthénon. Son nom a une valeur générale d'antonomase pour désigner un artiste incomparable.
2. Précepte de composition que donne Horace (*Art poétique*, v. 148) : le poète épique doit ouvrir sa narration « *in medias res* », au milieu de l'action, celle-ci étant déjà commencée, et rappeler les événements qui précèdent.

lequel on a des ennemis, il est souvent fort difficile de le dire. Bien des familles se haïssent par vieille habitude, et la tradition de la cause originelle de leur haine s'est perdue complètement[1].

La famille à laquelle appartenait le colonel della Rebbia haïssait plusieurs autres familles, mais singulièrement celle des Barricini ; quelques-uns disaient que, dans le xvie siècle[2], un della Rebbia avait séduit une Barricini, et avait été poignardé ensuite par un parent de la demoiselle outragée. A la vérité, d'autres racontaient l'affaire différemment, prétendant que c'était une della Rebbia qui avait été séduite, et un Barricini poignardé. Tant il y a que, pour me servir d'une expression consacrée, il y avait du sang entre les deux maisons. Toutefois, contre l'usage, ce meurtre n'en avait pas produit d'autres ; c'est que les della Rebbia et les Barricini avaient été également persécutés par le gouvernement génois, et les jeunes gens s'étant expatriés, les deux familles furent privées, pendant plusieurs générations, de leurs représentants énergiques. A la fin du siècle dernier, un della Rebbia, officier au service de Naples, se trouvant dans un tripot, eut une querelle avec des militaires qui, entre autres injures, l'appelèrent chevrier corse ; il mit l'épée à la main ; mais, seul contre trois, il eût mal passé son temps, si un étranger, qui jouait dans le même lieu, ne se fût écrié : « Je suis Corse aussi ! » et n'eût pris sa défense. Cet étranger était un Barricini, qui d'ailleurs ne connaissait pas son compatriote. Lorsqu'on s'expliqua, de part et d'autre, ce furent de grandes politesses et des serments d'amitié éternelle ; car, sur le continent, les Corses se lient facilement ; c'est tout le contraire dans leur île. On le vit bien dans cette circonstance :

1. La maladresse apparente de cette expression pléonastique renforce l'absurdité de la vendetta, dont non seulement les causes ont été oubliées, mais aussi la « tradition », le récit de ses causes.
2. Italianisme, « *nel Secolo XVI* », au xvie siècle. On notera que Mérimée a recours à l'italien littéraire pour rendre l'expression d'une mentalité corse.

della Rebbia et Barricini furent amis intimes tant qu'ils demeurèrent en Italie ; mais de retour en Corse, ils ne se virent plus que rarement, bien qu'habitant tous les deux le même village, et quand ils moururent, on disait qu'il y avait bien cinq ou six ans qu'ils ne s'étaient parlé. Leurs fils vécurent de même *en étiquette*[1], comme on dit dans l'île. L'un, Ghilfuccio, le père d'Orso, fut militaire ; l'autre, Giudice Barricini, fut avocat. Devenus l'un et l'autre chefs de famille, et séparés par leur profession, ils n'eurent presque aucune occasion de se voir ou d'entendre parler l'un de l'autre.

Cependant, un jour, vers 1809, Giudice lisant à Bastia, dans un journal, que le capitaine Ghilfuccio venait d'être décoré, dit, devant témoins, qu'il n'en était pas surpris, attendu que le général *** protégeait sa famille. Ce mot fut rapporté à Ghilfuccio à Vienne, lequel dit à un compatriote qu'à son retour en Corse il trouverait Giudice bien riche, parce qu'il tirait plus d'argent de ses causes perdues que de celles qu'il gagnait. On n'a jamais su s'il insinuait par là que l'avocat trahissait ses clients, ou s'il se bornait à émettre cette vérité triviale, qu'une mauvaise affaire rapporte plus à un homme de loi qu'une bonne cause. Quoi qu'il en soit, l'avocat Barricini eut connaissance de l'épigramme[2] et ne l'oublia pas. En 1812, il demandait à être nommé maire de sa commune et avait tout espoir de le devenir, lorsque le général *** écrivit au préfet pour lui recommander un parent de la femme de Ghilfuccio. Le préfet s'empressa de se conformer aux désirs du général, et Barricini ne douta point qu'il ne dût sa déconvenue aux intrigues de Ghilfuccio. Après la chute de l'empereur, en 1814, le protégé du général fut

_____

1. *En étiquette* : les deux familles vivent « en froid », en une sourde hostilité, accentuée par les formes cérémonieuses et guindées de leur politesse. Cette expression, calquée sur l'italien « *stare sull'etichetta* », contribue à renforcer la couleur locale et à créer, par l'écart linguistique, un effet comique.
2. *Épigramme* : raillerie.

dénoncé comme bonapartiste, et remplacé par Barricini. A son tour, ce dernier, fut destitué dans les Cent-Jours; mais, après cette tempête, il reprit en grande pompe possession du cachet de la mairie et des registres de l'état civil[1].

De ce moment son étoile devint plus brillante que jamais. Le colonel della Rebbia, mis en demi-solde et retiré à Pietranera, eut à soutenir contre lui une guerre sourde de chicanes sans cesse renouvelées : tantôt il était assigné en réparation de dommages commis par son cheval dans les clôtures de M. le maire; tantôt celui-ci, sous prétexte de restaurer[a] le pavé de l'église, faisait enlever une dalle brisée qui portait les armes des della Rebbia, et qui couvrait le tombeau d'un membre de cette famille. Si les chèvres mangeaient les jeunes plants du colonel, les propriétaires de ces animaux trouvaient protection auprès du maire; successivement, l'épicier qui tenait le bureau de poste de Pietranera, et le garde champêtre, vieux soldat mutilé, tous les deux clients des della Rebbia, furent destitués et remplacés par des créatures des Barricini.

La femme du colonel mourut[2] exprimant le désir d'être enterrée au milieu d'un petit bois où elle aimait à se promener; aussitôt le maire déclara qu'elle serait inhumée dans le cimetière de la commune, attendu qu'il n'avait pas reçu d'autorisation pour permettre une sépulture isolée. Le colonel furieux déclara qu'en attendant cette autorisation, sa femme serait enterrée au lieu qu'elle avait choisi, et il y fit creuser une fosse. De son côté, le maire en fit faire une dans le cimetière, et manda la gendarmerie, afin, disait-il, que force restât à la loi. Le jour de l'enterrement, les deux partis se trouvèrent en présence, et l'on put craindre un moment qu'un combat

a. De restaurer : de *réparer* (*RDM* ; 1841).
1. Sceau de la municipalité, qui sert à authentifier les actes officiels.
2. Durant ses derniers instants.

ne s'engageât pour la possession des restes de Mme della Rebbia. Une quarantaine de paysans bien armés, amenés par les parents de la défunte, obligèrent le curé, en sortant de l'église, à prendre le chemin du bois ; d'autre part, le maire avec ses deux fils, ses clients et les gendarmes se présenta pour faire opposition. Lorsqu'il parut, et somma le convoi de rétrograder, il fut accueilli par des huées et des menaces ; l'avantage du nombre était pour ses adversaires, et ils semblaient déterminés. A sa vue plusieurs fusils furent armés ; on dit même qu'un berger le coucha en joue ; mais le colonel releva le fusil en disant : « Que personne ne tire sans mon ordre ! » Le maire « craignait les coups naturellement », comme Panurge[1], et, refusant la bataille, il se retira avec son escorte : alors la procession funèbre se mit en marche, en ayant soin de prendre le plus long, afin de passer devant la mairie. En défilant, un idiot, qui s'était joint au cortège, s'avisa de crier *vive l'Empereur !* Deux ou trois voix lui répondirent, et les rebbianistes, s'animant de plus en plus, proposèrent de tuer un bœuf du maire, qui, d'aventure, leur barrait le chemin. Heureusement le colonel empêcha cette violence.

On pense bien qu'un procès-verbal fut dressé, et que le maire fit au préfet un rapport de son style le plus sublime, dans lequel il peignait les lois divines et humaines foulées aux pieds, — la majesté de lui, maire, celle du curé, méconnues et insultées, — le colonel della Rebbia se mettant à la tête d'un complot bonapartiste pour changer l'ordre de successibilité au trône, et exciter les citoyens à s'armer les uns contre les autres, crimes prévus par les articles 86 et 91 du Code pénal.

L'exagération de cette plainte nuisit à son effet[2].

---

1. Allusion à Rabelais : dans le chapitre XIX de *Pantagruel*, Panurge « s'enfuit le grand pas, de peur des coups, lesquels il craignait naturellement ».
2. *Son effet* : au but que recherchaient les Barricini.

Le colonel écrivit au préfet, au procureur du roi[1] : un parent de sa femme était allié à un des députés de l'île, un autre cousin du président de la cour royale. Grâce à ces protections, le complot s'évanouit, Mme della Rebbia resta dans le bois, et l'idiot seul fut condamné à quinze jours de prison.

L'avocat Barricini, mal satisfait du résultat de cette affaire, tourna ses batteries d'un autre côté. Il exhuma un vieux titre, d'après lequel il entreprit de contester au colonel la propriété d'un certain cours d'eau qui faisait tourner un moulin. Un procès s'engagea qui dura longtemps. Au bout d'une année, la cour allait rendre son arrêt, et suivant toute apparence en faveur du colonel, lorsque M. Barricini déposa entre les mains du procureur du roi une lettre signée par un certain Agostini, bandit célèbre, qui le menaçait, lui maire, d'incendie et de mort s'il ne se désistait de ses prétentions. On sait qu'en Corse la protection des[a] bandits est très recherchée, et que pour obliger leurs amis ils interviennent fréquemment dans les querelles particulières. Le maire tirait parti de cette lettre, lorsqu'un nouvel incident vint compliquer l'affaire. Le bandit Agostini écrivit au procureur du roi pour se plaindre qu'on eût contrefait son écriture, et jeté des doutes sur son caractère, en le faisant passer pour un homme qui trafiquait de son influence : « Si je découvre le faussaire, disait-il en terminant sa lettre, je le punirai exemplairement. »

Il était clair qu'Agostini n'avait point écrit la lettre menaçante au maire; les della Rebbia en accusaient les Barricini et *vice versa*. De part et d'autre on éclatait en menaces, et la justice ne savait de quel côté trouver les coupables.

Sur ces entrefaites, le colonel Ghilfuccio fut assassiné. Voici les faits tels qu'ils furent établis en justice :

a. Protection des bandits (1850) : *d'un* bandit.
1. Le procureur du roi, siégeant à Bastia, est le représentant du pouvoir judiciaire dans l'île, de qui seul dépendent les poursuites.

le 2 août 18.., le jour tombant déjà, la femme Madeleine Pietri, qui portait du pain à Pietranera, entendit deux coups de feu très rapprochés, tirés, comme il lui semblait, dans un chemin creux menant au village, à environ cent cinquante pas de l'endroit où elle se trouvait. Presque aussitôt elle vit un homme qui courait, en se baissant, dans un sentier des vignes, et se dirigeait vers le village. Cet homme s'arrêta un instant et se retourna; mais la distance empêcha la femme Pietri de distinguer ses traits, et d'ailleurs il avait à la bouche une feuille de vigne qui lui cachait presque tout le visage. Il fit de la main un signe à un camarade que le témoin ne vit pas, puis disparut dans les vignes.

La femme Pietri, ayant laissé son fardeau, monta le sentier en courant, et trouva le colonel della Rebbia baigné dans son sang, percé de deux coups de feu, mais respirant encore. Près de lui était son fusil chargé et armé, comme s'il s'était mis en défense contre une personne qui l'attaquait en face au moment où une autre le frappait par-derrière. Il râlait et se débattait contre la mort, mais ne pouvait prononcer une parole, ce que les médecins expliquèrent par la nature de ses blessures qui avaient traversé le poumon. Le sang l'étouffait; il coulait lentement et comme une mousse rouge. En vain la femme Pietri le souleva et lui adressa quelques questions. Elle voyait bien qu'il voulait parler, mais il ne pouvait se faire comprendre. Ayant remarqué qu'il essayait de porter la main à sa poche, elle s'empressa d'en retirer un petit portefeuille qu'elle lui présenta ouvert. Le blessé prit le crayon du portefeuille et chercha à écrire. De fait le témoin le vit former avec peine plusieurs caractères; mais, ne sachant pas lire, elle ne put en comprendre le sens. Épuisé par cet effort, le colonel laissa le portefeuille dans la main de la femme Pietri, qu'il serra avec force en la regardant d'un air singulier, comme s'il voulait lui dire, ce sont les paroles du témoin : « C'est important, c'est le nom de mon assassin! »

La femme Pietri montait au village lorsqu'elle rencontra M. le maire Barricini avec son fils Vincentello. Alors il était presque nuit. Elle conta ce qu'elle avait vu. Le maire prit le portefeuille, et courut à la mairie ceindre son écharpe et appeler son secrétaire et la gendarmerie. Restée seule avec le jeune Vincentello, Madeleine Pietri lui proposa d'aller porter secours au colonel, dans le cas où il serait encore vivant ; mais Vincentello répondit que, s'il approchait d'un homme qui avait été l'ennemi acharné de sa famille, on ne manquerait pas de l'accuser de l'avoir tué. Peu après le maire arriva, trouva le colonel mort, fit enlever le cadavre, et dressa procès-verbal.

Malgré son trouble naturel dans cette occasion, M. Barricini s'était empressé de mettre sous les scellés le portefeuille du colonel, et de faire toutes les recherches en son pouvoir ; mais aucune n'amena de découverte importante.

Lorsque vint le juge d'instruction, on ouvrit le portefeuille, et sur une page souillée de sang on vit quelques lettres tracées par une main défaillante, bien lisibles pourtant. Il y avait écrit : *Agosti...*, et le juge ne douta pas que le colonel n'eût voulu désigner Agostini comme son assassin. Cependant Colomba della Rebbia, appelée par le juge, demanda à examiner le portefeuille. Après l'avoir longtemps feuilleté, elle étendit la main vers le maire et s'écria : « Voilà l'assassin ! » Alors, avec une précision et une clarté surprenantes dans le transport de douleur où elle était plongée, elle raconta que son père, ayant reçu peu de jours auparavant une lettre de son fils, l'avait brûlée, mais qu'avant de le faire, il avait écrit au crayon sur son portefeuille, l'adresse d'Orso, qui venait de changer de garnison. Or, cette adresse ne se trouvait plus dans le portefeuille, et Colomba concluait que le maire avait arraché le feuillet où elle était écrite, qui aurait été celui-là même sur lequel son père avait tracé le nom du meurtrier ; et à ce nom, le maire, au dire de Colomba, aurait substitué celui d'Agostini. Le juge vit en effet qu'un feuillet manquait au cahier de papier sur lequel le nom était écrit ; mais bientôt il remarqua que des feuillets manquaient également dans les autres cahiers du même portefeuille, et des témoins déclarèrent que le colonel avait l'habitude de déchirer ainsi des pages de son portefeuille lorsqu'il voulait allumer un cigare ; rien de plus probable donc qu'il eût brûlé par mégarde l'adresse qu'il avait copiée. En outre, on constata que le maire, après avoir reçu le portefeuille de la femme Pietri, n'aurait pu lire à cause de l'obscurité ; il fut prouvé qu'il ne s'était pas arrêté un instant avant d'entrer à la mairie, que le brigadier de gendarmerie l'y avait accompagné, l'avait vu allumer une lampe, mettre le portefeuille dans une enveloppe et la[a] cacheter sous ses yeux.

Lorsque le brigadier eut terminé sa déposition, Colomba, hors d'elle-même, se jeta à ses genoux et le supplia, par tout ce qu'il avait de plus sacré, de déclarer s'il n'avait pas laissé le maire seul un instant. Le brigadier, après quelque hésitation, visiblement ému par l'exaltation de la jeune fille, avoua qu'il était allé chercher[b] dans une pièce voisine une feuille de grand papier, mais qu'il n'était pas resté une minute, et que le maire lui avait toujours parlé tandis qu'il cherchait à tâtons ce papier dans un tiroir. Au reste, il attestait qu'à son retour le portefeuille sanglant était à la même place, sur la table où le maire l'avait jeté en entrant.

M. Barricini déposa avec le plus grand calme. Il excusait, disait-il, l'emportement de Mlle della Rebbia, et voulait bien condescendre à se justifier. Il prouva qu'il était resté toute la soirée au village ; que son fils Vincentello était avec lui devant la mairie au moment du crime ; enfin que son fils Orlanduccio, pris de la fièvre ce jour-là même, n'avait pas bougé de son lit. Il produisit tous les fusils de sa maison,

a. Le cacheter : *la* cacheter (*RDM*).
b. Était allé chercher (1842) : *avait* été chercher (*RDM* ; 1841).

dont aucun n'avait fait feu récemment. Il ajouta qu'à l'égard du portefeuille il en avait tout de suite compris l'importance ; qu'il l'avait mis sous le scellé et l'avait déposé entre les mains de son adjoint, prévoyant qu'en raison de son inimitié avec le colonel il pourrait être soupçonné. Enfin il rappela qu'Agostini avait menacé de mort celui qui avait écrit une lettre en son nom, et insinua que ce misérable, ayant probablement soupçonné le colonel, l'avait assassiné. Dans les mœurs des bandits, une pareille vengeance pour un motif analogue, n'est pas sans exemple.

Cinq jours après la mort du colonel della Rebbia, Agostini, surpris par un détachement de voltigeurs, fut tué, se battant en désespéré. On trouva sur lui une lettre de Colomba qui l'adjurait de déclarer s'il était ou non coupable du meurtre qu'on lui imputait. Le bandit n'ayant point fait de réponse, on en conclut assez généralement qu'il n'avait pas eu le courage de dire à une fille qu'il avait tué son père. Toutefois, les personnes qui prétendaient connaître bien le caractère d'Agostini, disaient tout bas que, s'il eût tué le colonel, il s'en serait vanté. Un autre bandit, connu sous le nom de Brandolaccio, remis à Colomba une déclaration dans laquelle il attestait *sur l'honneur* l'innocence de son camarade ; mais la seule preuve qu'il alléguait, c'était qu'Agostini ne lui avait jamais dit qu'il soupçonnait le colonel.

Conclusion, les Barricini ne furent pas inquiétés ; le juge d'instruction combla le maire d'éloges et celui-ci couronna sa belle conduite en se désistant de toutes ses prétentions sur le ruisseau pour lequel il était en procès avec le colonel della Rebbia.

Colomba improvisa, suivant l'usage du pays, une *ballata* devant le cadavre de son père, en présence de ses amis assemblés. Elle y exhala toute sa haine contre les Barricini et les accusa formellement de l'assassinat, les menaçant aussi de la vengeance de son frère. C'était cette *ballata*, devenue très populaire, que le matelot chantait devant Miss Lydia. En apprenant la mort de son père, Orso, alors dans le

Nord de la France, demanda un congé mais ne put l'obtenir. D'abord, sur une lettre de sa sœur, il avait cru les Barricini coupables, mais bientôt il reçut copie de toutes les pièces de l'instruction, et une lettre particulière du juge lui donna à peu près la conviction que le bandit Agostini était le seul coupable. Une fois tous les trois mois, Colomba lui écrivait pour lui répéter ses soupçons qu'elle appelait des preuves. Malgré lui, ces accusations faisaient bouillonner son sang corse, et parfois il n'était pas éloigné de partager les préjugés de sa sœur. Cependant, toutes les fois qu'il lui écrivait, il lui répétait que ses allégations n'avaient aucun fondement solide et ne méritaient aucune créance. Il lui défendait même, mais toujours en vain, de lui en parler davantage. Deux années se passèrent de la sorte, au bout desquelles il fut mis en demi-solde, et alors il pensa à revoir son pays, non point pour se venger sur des gens qu'il croyait innocents, mais pour marier sa sœur et vendre ses petites propriétés, si elles avaient assez de valeur pour lui permettre de vivre sur le continent.

CHAPITRE VII

Soit que l'arrivée de sa sœur eût rappelé à Orso avec plus de force le souvenir du toit paternel, soit qu'il souffrît un peu devant ses amis civilisés du costume et des manières sauvages de Colomba, il annonça dès le lendemain le projet de quitter Ajaccio et de retourner à Pietranera. Mais cependant il fit promettre au colonel de venir prendre un gîte dans son humble manoir, lorsqu'il se rendrait à Bastia, et en revanche il s'engagea à lui faire tirer daims, faisans, sangliers et le reste.

La veille de son départ, au lieu d'aller à la chasse,

Orso proposa une promenade au bord du golfe. Donnant le bras à Miss Lydia, il pouvait causer en toute liberté, car Colomba était restée à la ville pour faire ses emplettes et le colonel les quittait à chaque instant pour tirer des goélands et des fous[1], à la grande surprise des passants qui ne comprenaient pas qu'on perdît sa poudre pour un pareil gibier.

Ils suivaient le chemin qui mène à la chapelle des Grecs d'où l'on a la plus belle vue de la baie[2]; mais ils n'y faisaient aucune attention.

« Miss Lydia... dit Orso après un silence assez long pour être devenu embarrassant; franchement, que pensez-vous de ma sœur?

— Elle me plaît beaucoup, répondit Miss Nevil. Plus que vous, ajouta-t-elle en souriant, car elle est vraiment Corse, et vous êtes un sauvage trop civilisé.

— Trop civilisé!... Eh bien, malgré moi, je me sens redevenir sauvage depuis que j'ai mis le pied dans cette île. Mille affreuses pensées m'agitent, me tourmentent..., et j'avais besoin de causer un peu avec vous avant de m'enfoncer dans mon désert.

— Il faut avoir du courage, monsieur; voyez la résignation de votre sœur, elle vous donne l'exemple.

— Ah! détrompez-vous. Ne croyez pas à sa résignation. Elle ne m'a pas dit un seul mot encore, mais dans chacun de ses regards j'ai lu ce qu'elle attend de moi.

— Que veut-elle de vous enfin?

— Oh! rien..., seulement que j'essaie si le fusil de monsieur votre père est aussi bon pour l'homme que pour la perdrix.

— Quelle idée! Et vous pouvez supposer cela! quand vous venez d'avouer qu'elle ne vous a encore rien dit. Mais c'est affreux de votre part.

---

1. Oiseau marin.
2. *La Chapelle des Grecs* ou du Mont-Carmel est située à la limite ouest d'Ajaccio; édifiée en 1632, elle fut offerte en 1731 aux Grecs réfugiés de Paomia. Mérimée rappelle que « les églises plus modernes du XVIIᵉ et du XVIIIᵉ siècle n'offrent aucun intérêt », *Notes d'un voyage en Corse*, p. 63.

— Si elle ne pensait pas à la vengeance, elle m'aurait tout d'abord parlé de notre père ; elle n'en a rien fait. Elle aurait prononcé le nom de ceux qu'elle regarde... à tort, je le sais, comme ses meurtriers. Eh bien, non, pas un mot. C'est que, voyez-vous, nous autres Corses, nous sommes une race rusée. Ma sœur comprend qu'elle ne me tient pas complètement en sa puissance, et ne veut pas m'effrayer, lorsque je puis m'échapper encore. Une fois qu'elle m'aura conduit au bord du précipice, lorsque la tête me tournera, elle me poussera dans l'abîme. »

Alors Orso donna à Miss Nevil quelques détails sur la mort de son père, et rapporta les principales preuves qui se réunissaient pour lui faire regarder Agostini comme le meurtrier.

« Rien, ajouta-t-il, n'a pu convaincre Colomba. Je l'ai vu par sa dernière lettre. Elle a juré la mort des Barricini ; et... Miss Nevil, voyez quelle confiance j'ai en vous... peut-être ne seraient-ils plus de ce monde, si, par un de ces préjugés qu'excuse son éducation sauvage, elle ne se persuadait que l'exécution de la vengeance m'appartient en ma qualité de chef de famille, et que mon honneur y est engagé.

— En vérité, monsieur della Rebbia, dit Miss Nevil, vous calomniez votre sœur.

— Non, vous l'avez dit vous-même... elle est Corse..., elle pense ce qu'ils pensent tous. Savez-vous pourquoi j'étais si triste hier ?

— Non, mais depuis quelque temps vous êtes sujet à ces accès d'humeur noire... Vous étiez plus aimable aux premiers jours de notre connaissance.

— Hier, au contraire, j'étais plus gai, plus heureux qu'à l'ordinaire. Je vous avais vue si bonne, si indulgente pour ma sœur !... Nous revenions, le colonel et moi, en bateau. Savez-vous ce que me dit un des bateliers dans son infernal patois : « Vous avez tué « bien du gibier, Ors' Anton', mais vous trouverez « Orlanduccio Barricini plus grand chasseur que « vous. »

— Eh bien, quoi de si terrible dans ces paroles ?

Avez-vous donc tant de prétentions à être un adroit chasseur[a]?

— Mais vous ne voyez pas que ce misérable disait que je n'aurais pas le courage de tuer Orlanduccio?

— Savez-vous, monsieur della Rebbia, que vous me faites peur. Il paraît que l'air de votre île ne donne pas seulement la fièvre, mais qu'il rend fou. Heureusement que nous allons bientôt la quitter.

— Pas avant d'avoir été à Pietranera. Vous l'avez promis à ma sœur.

— Et si nous manquions à cette promesse, nous devrions sans doute nous attendre à quelque vengeance?

— Vous rappelez-vous ce que nous contait l'autre jour monsieur votre père de ces Indiens qui menacent les gouverneurs de la Compagnie de se laisser mourir de faim s'ils ne font droit à leurs requêtes?

— C'est-à-dire que vous vous laisseriez mourir de faim? J'en doute. Vous resteriez un jour sans manger, et puis Mlle Colomba vous apporterait[b] un *bruccio** si appétissant que vous renonceriez à votre projet.

— Vous êtes cruelle dans vos railleries, Miss Nevil; vous devriez me ménager. Voyez, je suis seul ici. Je n'avais que vous pour m'empêcher de devenir fou, comme vous dites; vous étiez mon ange gardien, et maintenant...

— Maintenant, dit Miss Lydia d'un ton sérieux, vous avez, pour soutenir cette raison si facile à ébranler, votre honneur d'homme et de militaire, et..., poursuivit-elle en se détournant pour cueillir une fleur, si cela peut quelque chose pour vous, le souvenir de votre ange gardien.

---

* Espèce de fromage à la crème cuit. C'est un mets national en Corse.

a. Être *un* adroit chasseur (1850) : être adroit chasseur.

b. Apporterait : *présenterait* (*RDM*; 1841).

— Ah! Miss Nevil, si je pouvais penser que vous prenez réellement quelque intérêt...

— Écoutez, monsieur della Rebbia, dit Miss Nevil un peu émue, puisque vous êtes un enfant, je vous traiterai en enfant. Lorsque j'étais petite fille, ma mère me donna un beau collier que je désirais ardemment; mais elle me dit : « Chaque fois que tu « mettras ce collier, souviens-toi que tu ne sais pas « encore le français. » Le collier perdit à mes yeux un peu de son mérite. Il était devenu pour moi comme un remords; mais je le portai, et je sus le français. Voyez-vous cette bague? c'est un scarabée égyptien[1] trouvé, s'il vous plaît, dans une pyramide. Cette figure bizarre, que vous prenez peut-être pour une bouteille, cela veut dire *la vie humaine*[2]. Il y a dans mon pays des gens qui trouveraient l'hiéroglyphe très bien approprié. Celui-ci, qui vient après, c'est un bouclier avec un bras tenant une lance : cela veut dire *combat, bataille*. Donc la réunion des deux caractères forme cette devise, que je trouve assez belle : *La vie est un combat*. Ne vous avisez pas de croire que je traduis les hiéroglyphes couramment; c'est un savant en *us* qui m'a expliqué ceux-là. Tenez, je vous donne mon scarabée. Quand vous aurez quelque mauvaise pensée corse, regardez mon talisman et dites-vous qu'il faut sortir vainqueur de la bataille que nous livrent les mauvaises passions. — Mais, en vérité, je ne prêche pas mal.

— Je penserai à vous, Miss Nevil, et je me dirai...

— Dites-vous que vous avez une amie qui serait

1. Pierre gravée, à l'origine, de l'image du scarabée sacré, symbole masculin de l'immortalité, ici d'un hiéroglyphe.
2. Mérimée reprend une explication qu'il avait donnée à Jenny Dacquin en 1832 : « un savant de mes amis qui lit les hiéroglyphes m'a dit que sur les cercueils égyptiens on lisait très souvent ces deux mots : *vie, guerre,* (...) Le premier caractère veut dire vie, il représente, je crois un de ces vases appelés canopes, l'autre est une abréviation d'un bouclier avec un bras tenant une lance », *Correspondance générale*, I, p. 175.

désolée... de... vous savoir pendu. Cela ferait d'ailleurs trop de peine à messieurs les caporaux vos ancêtres. »

A ces mots, elle quitta en riant le bras d'Orso, et, courant vers son père :

« Papa, dit-elle, laissez là ces pauvres oiseaux, et venez avec nous faire de la poésie dans la grotte de Napoléon. »

CHAPITRE VIII

Il y a toujours quelque chose de solennel dans un départ, même quand on se quitte pour peu de temps. Orso devait partir avec sa sœur de très bon matin, et la veille au soir il avait pris congé de Miss Lydia, car il n'espérait pas qu'en sa faveur elle fît exception à ses habitudes de paresse. Leurs adieux avaient été froids et graves. Depuis leur conversation au bord de la mer, Miss Lydia craignait d'avoir montré à Orso un intérêt peut-être trop vif, et Orso, de son côté, avait sur le cœur ses railleries et surtout son ton de légèreté. Un moment il avait cru démêler dans les manières de la jeune Anglaise un sentiment d'affection naissante ; maintenant, déconcerté par ses plaisanteries, il se disait qu'il n'était à ses yeux qu'une simple connaissance, qui bientôt serait oubliée. Grande fut donc sa surprise lorsque le matin, assis à prendre du café avec le colonel, il vit entrer Miss Lydia suivie de sa sœur. Elle s'était levée à cinq heures, et, pour une Anglaise, pour Miss Nevil surtout, l'effort était assez grand pour qu'il en tirât quelque vanité.

« Je suis désolé que vous vous soyez dérangée si matin, dit Orso. C'est ma sœur sans doute qui vous aura réveillée malgré mes recommandations, et vous devez bien nous maudire. Vous me souhaitez déjà *pendu* peut-être ?

— Non, dit Miss Lydia fort bas et en italien, évidemment pour que son père ne l'entendît pas. Mais vous m'avez boudée hier pour mes innocentes plaisanteries, et je ne voulais pas vous laisser emporter un souvenir mauvais de votre servante. Quelles terribles gens vous êtes, vous autres Corses ! Adieu donc ; à bientôt, j'espère. »

Elle lui tendit la main.

Orso ne trouva qu'un soupir pour réponse. Colomba s'approcha de lui, le mena dans l'embrasure d'une fenêtre, et, en lui montrant quelque chose qu'elle tenait sous son *mezzaro*, lui parla un moment à voix basse.

« Ma sœur, dit Orso à Miss Nevil, veut vous faire un singulier cadeau, mademoiselle ; mais nous autres Corses, nous n'avons pas grand-chose à donner..., excepté notre affection..., que le temps n'efface pas. Ma sœur me dit que vous avez regardé avec curiosité ce stylet. C'est une antiquité dans la famille. Probablement il pendait autrefois à la ceinture d'un de ces caporaux à qui je dois l'honneur de votre connaissance. Colomba le croit si précieux qu'elle m'a demandé ma permission pour vous le donner, et moi je ne sais trop si je dois l'accorder, car j'ai peur que vous ne vous moquiez de nous.

— Ce stylet est charmant, dit Miss Lydia ; mais c'est une arme de famille ; je ne puis l'accepter.

— Ce n'est pas le stylet de mon père, s'écria vivement Colomba. Il a été donné à un des grands-parents de ma mère par le roi Théodore[1]. Si mademoiselle l'accepte, elle nous fera bien plaisir.

— Voyez, Miss Lydia, dit Orso, ne dédaignez pas le stylet d'un roi. »

Pour un amateur, les reliques du roi Théodore sont infiniment plus précieuses que celles du plus puissant monarque. La tentation était forte, et Miss

1. Le baron de Neuhof souleva la Corse contre Gênes et, en 1736, il se fit proclamer roi sous le nom de Théodore Ier ; il régna huit mois.

Lydia voyait déjà l'effet que produirait cette arme posée sur une table en laque dans son appartement de Saint-James' Place.

« Mais, dit-elle en prenant le stylet avec l'hésitation de quelqu'un qui veut accepter, et adressant le plus aimable de ses sourires à Colomba, chère mademoiselle Colomba..., je ne puis..., je n'oserais vous laisser ainsi partir désarmée.

— Mon frère est avec moi, dit Colomba d'un ton fier, et nous avons le bon fusil que votre père nous a donné. Orso, vous l'avez chargé à balle ? »

Miss Nevil garda le stylet, et Colomba, pour conjurer le danger qu'on court à *donner* des armes coupantes ou perçantes à ses amis, exigea un sou en paiement.

Il fallut partir enfin. Orso serra encore une fois la main de Miss Nevil ; Colomba l'embrassa, puis après vint offrir ses lèvres de rose[1] au colonel, tout émerveillé de la politesse corse. De la fenêtre du salon, Miss Lydia vit le frère et la sœur monter à cheval. Les yeux de Colomba brillaient d'une joie maligne qu'elle n'y avait point encore remarquée. Cette grande et forte femme, fanatique de ses idées d'honneur barbare, l'orgueil sur le front, les lèvres courbées par un sourire sardonique, emmenant ce jeune homme armé comme pour une expédition sinistre, lui rappela les craintes d'Orso, et elle crut voir son mauvais génie l'entraînant à sa perte. Orso, déjà à cheval, leva la tête et l'aperçut. Soit qu'il eût deviné sa pensée, soit pour lui dire un dernier adieu, il prit l'anneau égyptien, qu'il avait suspendu à un cordon, et le porta à ses lèvres. Miss Lydia quitta la fenêtre en rougissant ; puis, s'y remettant presque aussitôt, elle vit les deux Corses s'éloigner rapidement au galop de leurs petits poneys, se dirigeant vers les

----

1. *Ses lèvres de rose* : Mérimée avait été séduit par cet accueil que lui réserva la fille de Colomba Bartoli, lorsqu'elle l'embrassa « à la corse, *id est* sur la bouche ». Lettre à Requien du 30 septembre 1839, *Correspondance générale*, II, p. 289.

montagnes. Une demi-heure après le colonel, au moyen de sa lunette, les lui montra longeant le fond du golfe, et elle vit qu'Orso tournait fréquemment la tête vers la ville. Il disparut enfin derrière les marécages remplacés aujourd'hui par une belle pépinière.

Miss Lydia, en se regardant dans la glace, se trouva pâle.

« Que doit penser de moi ce jeune homme ? dit-elle, et moi que pensé-je de lui ? et pourquoi y pensé-je ?... Une connaissance de voyage !... Que suis-je venue faire en Corse ?... Oh ! je ne l'aime point... Non, non ; d'ailleurs cela est impossible... Et Colomba... Moi la belle-sœur d'une vocératrice ! qui porte un grand stylet ! » Et elle s'aperçut qu'elle tenait à la main celui du roi Théodore. Elle le jeta sur sa toilette. « Colomba à Londres, dansant à Almack's[1]!... Quel *lion**, grand Dieu, à montrer !... C'est qu'elle ferait fureur peut-être... Il m'aime, j'en suis sûre... C'est un héros de roman dont j'ai interrompu la carrière aventureuse... Mais avait-il réellement envie de venger son père à la corse ?... C'était quelque chose entre un Conrad et un dandy[2]... J'en ai fait un pur dandy, et un dandy qui a un tailleur corse !... »

Elle se jeta sur son lit et voulut dormir, mais cela lui fut impossible ; et je n'entreprendrai pas de continuer son[a] monologue, dans lequel elle se dit plus

---

* A cette époque, on donnait ce nom en Angleterre aux personnes à la mode qui se faisaient remarquer par quelque chose d'extraordinaire.

a. Son monologue (1850) : son *long* monologue.

1. Les *Almack's assembly rooms* accueillaient les bals de la haute aristocratie anglaise, et marquaient la limite, infranchissable, de la *gentry*. La référence à ce lieu, qui met en évidence le snobisme et le dédain de Miss Lydia, a pu être suggérée à Mérimée par un trait de Stendhal, plus tard publié dans les *Souvenirs d'égotisme* : « La première fois que j'allai au bal d'Almack, mon banquier, voyant mon billet d'admission, me dit avec un soupir :

— Il y a vingt-deux ans, monsieur, que je travaille pour aller à ce bal, où vous serez dans une heure ! »

2. *Un Conrad* : double allusion, au poème d'Adam Mickiewicz, *Conrad Wallenrod*, publié en 1830 et surtout au *Corsaire* de Byron, dont le personnage principal, Conrad, est le modèle du héros romantique.

de cent fois que M. della Rebbia n'avait été, n'était et ne serait jamais rien pour elle.

CHAPITRE IX

Cependant Orso cheminait avec sa sœur. Le mouvement rapide de leurs chevaux les empêcha d'abord de se parler ; mais, lorsque les montées trop rudes les obligeaient d'aller au pas, ils échangeaient quelques mots sur les amis qu'ils venaient de quitter. Colomba parlait avec enthousiasme de la beauté de Miss Nevil, de ses blonds cheveux, de ses gracieuses manières. Puis elle demandait si le colonel était aussi riche qu'il le paraissait, si Mlle Lydia était fille unique.

« Ce doit être un bon parti, disait-elle. Son père a, comme il semble, beaucoup d'amitié pour vous... »

Et, comme Orso ne répondait rien, elle continuait :

« Notre famille a été riche autrefois, elle est encore des plus considérées de l'île. Tous ces *signori** sont des bâtards. Il n'y a plus de noblesse que dans les familles caporales, et vous savez, Orso, que vous descendez des premiers caporaux de l'île. Vous savez que notre famille est originaire d'au-delà des monts**, et ce sont les guerres civiles qui nous ont obligés à passer de ce côté-ci. Si j'étais à votre place, Orso, je n'hésiterais pas, je demanderais Miss Nevil à son père... (Orso levait les épaules.) De sa dot j'achèterais les bois de la Falsetta et les vignes en bas de

---

* On appelle *signori* les descendants des seigneurs féodaux de la Corse. Entre les familles des *signori* et celles des *caporali* il y a rivalité pour la noblesse.

** C'est-à-dire de la côte orientale. Cette expression très usitée, *di là dei monti*, change de sens suivant la position de celui qui l'emploie. — La Corse est divisée du nord au sud par une chaîne de montagnes.

chez nous ; je bâtirais une belle maison en pierres de taille, et j'élèverais d'un étage la vieille tour où Sambucuccio[1] a tué tant de Maures au temps du comte Henri le *bel Missere**.

— Colomba, tu es folle, répondait Orso en galopant.

— Vous êtes homme, Ors' Anton', et vous savez sans doute mieux qu'une femme ce que vous avez à faire. Mais je voudrais bien savoir ce que cet Anglais pourrait objecter contre notre alliance. Y a-t-il des caporaux en Angleterre ?... »

Après une assez longue traite, devisant de la sorte, le frère et la sœur arrivèrent à un petit village, non loin de Bocognano[2], où ils s'arrêtèrent pour dîner et passer la nuit chez un ami de leur famille. Ils y furent reçus avec cette hospitalité corse qu'on ne peut apprécier que lorsqu'on l'a connue. Le lendemain leur hôte, qui avait été compère[3] de Mme della Rebbia, les accompagna jusqu'à une lieue de sa demeure.

« Voyez-vous ces bois et ces maquis, dit-il à Orso au moment de se séparer : un homme qui aurait *fait un malheur*[4] y vivrait dix ans en paix sans que

---

* V. Filippini, lib. II. — Le comte *Arrigo bel Missere* mourut vers l'an 1000 ; on dit qu'à sa mort une voix s'entendit dans l'air, qui chantait ces paroles prophétiques :
    E morto il conte Arrigo bel Missere,
    E Corsica sarà di male in peggio.
    « Il est mort le comte Henri le *bel Missere*,
    Et la Corse ira de mal en pis. »
1. Valéry citait deux Sambucuccio, l'un au xie siècle, l'autre au xve, *Voyage en Corse*, I, p. 142.
2. *Bocognano* : bourg et chef-lieu de canton, situé au centre de l'île, à six lieues (trente kilomètres) au nord-est d'Ajaccio. Le « petit village » peut désigner Tavera, situé à une dizaine de kilomètres de Bocognano.
3. *Compère* : le parrain d'un enfant par rapport à la marraine et aux parents.
4. *Fait un malheur* : euphémisme, qui a commis un crime de sang.

gendarmes ou voltigeurs vinssent le chercher. Ces bois touchent à la forêt de Vizzavona, et, lorsqu'on a des amis à Bocognano ou aux environs, on n'y manque de rien. Vous avez là un beau fusil, il doit porter loin. Sang de la Madone! quel calibre! On peut tuer avec cela mieux que des sangliers. »

Orso répondit froidement que son fusil était anglais et portait le *plomb* très loin. On s'embrassa, et chacun continua sa route.

Déjà nos voyageurs n'étaient plus qu'à une petite distance de Pietranera, lorsque, à l'entrée d'une gorge qu'il fallait traverser, ils découvrirent sept ou[a] huit hommes armés de fusils, les uns assis sur des pierres, les autres couchés sur l'herbe, quelques-uns debout et semblant faire le guet. Leurs chevaux paissaient à peu de distance. Colomba les examina un instant avec une lunette d'approche[1], qu'elle tira d'une des grandes poches de cuir que tous les Corses portent en voyage.

« Ce sont nos gens! s'écria-t-elle d'un air joyeux. Pieruccio a bien fait sa commission.

— Quelles gens? demanda Orso.

— Nos bergers, répondit-elle. Avant-hier soir, j'ai fait partir Pieruccio, afin qu'il réunît ces braves gens pour vous accompagner à votre maison. Il ne convient pas que vous entriez à Pietranera sans escorte, et vous devez savoir d'ailleurs que les Barricini sont capables de tout[2].

a. Sept ou huit (1842) : sept *à* huit (*RDM*; 1841).
1. Mérimée notait : « l'habitude de se mettre en garde contre les surprises a rendu commun en Corse l'usage des lunettes d'approche. Presque tous les bandits en portent », *Notes d'un voyage en Corse*, p. 99.
2. Tout ce passage est adapté de Robiquet : « Quelques-uns [de ces signori] ont, dans les villages de nombreux clients qu'ils protègent habituellement et qui les protègent à leur tour dans le temps des troubles; ces paysans accourent alors en armes, et tiennent garnison dans la maison de leur patron, s'il a quelque sujet de crainte; ils l'escortent aussi dans ses voyages, autant pour lui faire honneur que pour le défendre contre toute attaque », *Recherches*, p. 389.

— Colomba, dit Orso d'un ton sévère, je t'avais priée bien des fois de ne plus me parler des Barricini ni de tes soupçons sans fondement. Je ne me donnerai certainement pas le ridicule de rentrer chez moi avec cette troupe de fainéants, et je suis très mécontent que tu les aies rassemblés sans m'en prévenir.

— Mon frère, vous avez oublié votre pays. C'est à moi qu'il appartient de vous garder lorsque votre imprudence vous expose. J'ai dû faire ce que j'ai fait. »

En ce moment, les bergers, les ayant aperçus, coururent à leurs chevaux et descendirent au galop à leur rencontre.

« Evviva Ors' Anton'! s'écria un vieillard robuste à barbe blanche, couvert, malgré la chaleur, d'une casaque à capuchon, de drap corse, plus épais que la toison de ses chèvres. C'est le vrai portrait de son père, seulement plus grand et plus fort. Quel beau fusil! On en parlera de ce fusil, Ors' Anton'.

— Evviva Ors' Anton'! répétèrent en chœur tous les bergers. Nous savions bien qu'il reviendrait à la fin!

— Ah! Ors' Anton', disait un grand gaillard au teint couleur de brique, que votre père aurait de joie s'il était ici pour vous recevoir! Le cher homme! vous le verriez, s'il avait voulu me croire, s'il m'avait laissé faire l'affaire de Giudice... Le brave homme! Il ne m'a pas cru; il sait bien maintenant que j'avais raison.

— Bon! reprit le vieillard, Giudice ne perdra rien pour attendre.

— Evviva Ors' Anton'! »

Et une douzaine de coups de fusil accompagnèrent cette acclamation.

Orso, de très mauvaise humeur au centre de ce groupe d'hommes à cheval parlant tous ensemble et se pressant pour lui donner la main, demeura quelque temps sans pouvoir se faire entendre. Enfin, prenant l'air qu'il avait en tête de son peloton lorsqu'il lui distribuait les réprimandes et les jours de salle de police :

« Mes amis, dit-il, je vous remercie de l'affection que vous me montrez, de celle que vous portiez à mon père; mais j'entends, je veux, que personne ne me donne de conseils. Je sais ce que j'ai à faire.

— Il a raison, il a raison! s'écrièrent les bergers. Vous savez bien que vous pouvez compter sur nous.

— Oui, j'y compte : mais je n'ai besoin de personne maintenant, et nul danger ne menace ma maison. Commencez par faire demi-tour, et allez-vous-en à vos chèvres. Je sais le chemin de Pietranera, et je n'ai pas besoin de guides.

— N'ayez peur de rien, Ors' Anton', dit le vieillard; *ils* n'oseraient se montrer aujourd'hui. La souris rentre dans son trou lorsque revient le matou.

— Matou toi-même, vieille barbe blanche! dit Orso. Comment t'appelles-tu?

— Eh quoi! vous ne me connaissez pas, Ors' Anton', moi qui vous ai porté en croupe si souvent sur mon mulet qui mord? Vous ne connaissez pas Polo Griffo? Brave homme, voyez-vous, qui est aux della Rebbia corps et âme. Dites un mot, et quand votre gros fusil parlera, ce vieux mousquet, vieux comme son maître, ne se taira pas. Comptez-y, Ors' Anton'.

— Bien, bien; mais de par tous les diables! Allez-vous-en et laissez-nous continuer notre route. »

Les bergers s'éloignèrent enfin, se dirigeant au grand trot vers le village; mais de temps en temps ils s'arrêtaient sur tous les points élevés de la route, comme pour examiner s'il n'y avait point quelque embuscade cachée, et toujours ils se tenaient assez rapprochés d'Orso et de sa sœur pour être en mesure de leur porter secours au besoin. Et le vieux Polo Griffo disait à ses compagnons :

« Je le comprends! Je le comprends! Il ne dit pas ce qu'il veut faire, mais il le fait. C'est le vrai portrait de son père. Bien! dis que tu n'en veux à personne! tu as fait un vœu à sainte Nega*. Bravo! Moi je ne

---

* Cette sainte ne se trouve pas dans le calendrier. Se vouer à sainte Nega, c'est nier tout de parti pris.

donnerais pas une figue de la peau du maire. Avant un mois on n'en pourra plus faire une outre. »

Ainsi précédé par cette troupe d'éclaireurs, le descendant des della Rebbia entra dans son village et gagna le vieux manoir des caporaux, ses aïeux. Les rebbianistes, longtemps privés de chef, s'étaient portés en masse à sa rencontre, et les habitants du village, qui observaient la neutralité, étaient tous sur le pas de leurs portes pour le voir passer. Les barricinistes se tenaient dans leurs maisons et regardaient par les fentes de leurs volets.

Le bourg de Pietranera est très irrégulièrement bâti, comme tous les villages de la Corse; car, pour voir une rue, il faut aller à Cargese, bâti par M. de Marbeuf[1]. Les maisons, dispersées au hasard et sans le moindre alignement, occupent le sommet d'un petit plateau, ou plutôt d'un palier de la montagne. Vers le milieu du bourg s'élève un grand chêne vert, et auprès on voit une auge en granit, où un tuyau en bois apporte l'eau d'une source voisine. Ce monument d'utilité publique fut construit à frais communs par les della Rebbia et les Barricini; mais on se tromperait fort si l'on y cherchait un indice de l'ancienne concorde des deux familles. Au contraire, c'est une œuvre de leur jalousie. Autrefois, le colonel della Rebbia ayant envoyé au conseil municipal de sa commune une petite somme pour contribuer à l'érection d'une fontaine, l'avocat Barricini se hâta d'offrir un don semblable, et c'est à ce combat de générosité que Pietranera doit son eau. Autour du chêne vert et de la fontaine, il y a un espace vide qu'on appelle la place, et où les oisifs se rassemblent le soir. Quelquefois on y joue aux cartes, et, une fois l'an dans le carnaval, on y danse. Aux deux extrémités de la place s'élèvent des bâtiments plus hauts que larges, construits en granit et en schiste. Ce sont *les*

1. *Le marquis de Marbeuf* (1712-1786) fut gouverneur de la Corse après la cession de l'île à la France. Il installa une colonie grecque à Cargèse, qu'il fit reconstruire.

tours ennemies des della Rebbia et des Barricini. Leur architecture est uniforme, leur hauteur est la même, et l'on voit que la rivalité des deux familles s'est toujours maintenue sans que la fortune décidât entre elles.

Il est peut-être à propos d'expliquer ce qu'il faut entendre par ce mot *tour*. C'est un bâtiment carré d'environ quarante pieds de haut[1], qu'en un autre pays on nommerait tout bonnement un colombier. La porte, étroite, s'ouvre à huit pieds du sol, et l'on y arrive[a] par un escalier fort roide. Au-dessus de la porte est une fenêtre avec une espèce de balcon percé en dessous comme un mâchecoulis, qui permet d'assommer sans risque un visiteur indiscret[2]. Entre la fenêtre et la porte, on voit deux écussons grossièrement sculptés. L'un portait autrefois la croix de Gênes ; mais, tout martelé aujourd'hui, il n'est plus intelligible que pour les antiquaires. Sur l'autre écusson sont sculptées les armoiries de la famille qui possède la tour. Ajoutez, pour compléter la décoration, quelques traces de balles sur les écussons et les chambranles de la fenêtre, et vous pouvez vous faire une idée d'un manoir du Moyen Âge en Corse. J'oubliais de dire que les bâtiments d'habitation touchent à la tour, et souvent s'y rattachent par une communication intérieure.

a. L'on y arrive (1850) : l'on y *accède*.

1. *Quarante pieds* : environ douze mètres. Dans ses *Notes*, Mérimée emploie le système métrique et parle de tours de « huit à dix mètres de haut » ; l'archaïsme, dans *Colomba*, est volontaire.

2. Mérimée avait noté ces formes de fortifications dans le village de Colomba Bartoli : « Je ne dois pas oublier une espèce de fortifications que j'appellerais volontiers *domestique*, et qui n'est destinée qu'à défendre une famille contre les attaques de ses voisins. Ce sont des mâchicoulis, disposés en avant d'une fenêtre, au-dessus de la porte d'entrée, laquelle est d'ordinaire assez élevée, et précédée d'un escalier étroit et raide. On voit à Sollacaro deux constructions de cette espèce, qui ont appartenu aux seigneurs d'Istria. A Fozzano, à Olmeto, dans beaucoup de villes et de villages de la Corse *au-delà des monts*, on en trouve de semblables », *Notes d'un voyage en Corse*, p. 66.

La tour et la maison des della Rebbia occupent le côté nord de la place de Pietranera ; la tour et la maison des Barricini, le côté sud. De la tour du nord jusqu'à la fontaine, c'est la promenade des della Rebbia, celle des Barricini est du côté opposé. Depuis l'enterrement de la femme du colonel, on n'avait jamais vu un membre de l'une de ces deux familles paraître sur un autre côté de la place que celui qui lui était assigné par une espèce de convention tacite. Pour éviter un détour, Orso allait passer devant la maison du maire, lorsque sa sœur l'avertit et l'engagea à prendre une ruelle qui les conduirait à leur maison sans traverser la place.

« Pourquoi se déranger ? dit Orso ; la place n'est-elle pas à tout le monde ? » Et il poussa son cheval.

« Brave cœur ! dit tout bas Colomba... Mon père, tu seras vengé ! »

En arrivant sur la place, Colomba se plaça entre la maison des Barricini et son frère, et toujours elle eut l'œil fixé sur les fenêtres de ses ennemis. Elle remarqua qu'elles étaient barricadées depuis peu, et qu'on y avait pratiqué des *archere*[1]. On appelle *archere* d'étroites ouvertures en forme de meurtrières, ménagées entre de grosses bûches avec lesquelles on bouche la partie inférieure d'une fenêtre. Lorsqu'on craint quelque attaque, on se barricade de la sorte, et l'on peut, à l'abri des bûches, tirer à couvert sur les assaillants.

« Les lâches ! dit Colomba. Voyez, mon frère, déjà ils commencent à se garder : ils se barricadent ! mais il faudra bien sortir un jour ! »

1. *Archere* : tout ce développement est repris des *Notes* : « Je ne parlerais pas du système très-simple des fortifications domestiques actuelles, si le nom qu'on leur donne n'annonçait une origine très-ancienne. Elles consistent en épais madriers, dont on garnit la partie inférieure des fenêtres, en ménageant des trous assez larges seulement pour passer un canon de fusil. On nomme ces meurtrières des *archere*, ce qui indique que leur invention ou leur usage est antérieur aux armes à feu. A l'honneur des mœurs modernes, je dirai que je n'ai guère vu d'*archere* que dans le village d'Arbellara », *Notes d'un voyage en Corse*, p. 67.

La présence d'Orso sur le côté sud de la place produisit une grande sensation à Pietranera, et fut considérée comme une preuve d'audace approchant de la témérité. Pour les neutres rassemblés le soir autour du chêne vert, ce fut le texte de commentaires sans fin.

Il est heureux, disait-on, que les fils Barricini ne soient pas encore revenus, car ils sont moins endurants que l'avocat, et peut-être n'eussent-ils point laissé passer leur ennemi sur leur terrain sans lui faire payer sa bravade.

« Souvenez-vous de ce que je vais vous dire, voisin, ajouta un vieillard qui était l'oracle du bourg. J'ai observé le figure de la Colomba aujourd'hui, elle a quelque chose dans la tête. Je sens de la poudre en l'air. Avant peu, il y aura de la viande de boucherie à bon marché dans Pietranera. »

CHAPITRE X

Séparé fort jeune de son père, Orso n'avait guère eu le temps de le connaître.

Il avait quitté Pietranera à quinze ans pour étudier à Pise, et de là était entré à l'École militaire pendant que Ghilfuccio promenait en Europe les aigles impériales. Sur le continent, Orso l'avait vu à de rares intervalles, et en 1815 seulement il s'était trouvé dans le régiment que son père commandait. Mais le colonel, inflexible sur la discipline, traitait son fils comme tous les autres jeunes lieutenants, c'est-à-dire avec beaucoup de sévérité. Les souvenirs qu'Orso en avait conservés étaient de deux sortes. Il se le rappelait à Pietranera, lui confiant son sabre, lui laissant décharger son fusil quand il revenait de la chasse, ou le faisant asseoir pour la première fois, lui bambin, à la table de famille. Puis il se représentait le colonel della Rebbia l'envoyant aux arrêts pour quelque étourderie, et ne l'appelant jamais que lieutenant della Rebbia :

« Lieutenant della Rebbia, vous n'êtes pas à votre place de bataille, trois jours d'arrêts. — Vos tirailleurs sont à cinq mètres trop loin de la réserve, cinq jours d'arrêts. — Vous êtes en bonnet de police à midi cinq minutes, huit jours d'arrêts. »

Une seule fois, aux Quatre-Bras[1], il lui avait dit :

« Très bien, Orso ; mais de la prudence. »

Au reste, ces derniers souvenirs n'étaient point ceux que lui rappelait Pietranera. La vue des lieux familiers à son enfance, les meubles dont se servait sa mère, qu'il avait tendrement aimée, excitaient en son âme une foule d'émotions douces et pénibles ; puis, l'avenir sombre qui se préparait pour lui, l'inquiétude vague que sa sœur lui inspirait, et par-dessus tout, l'idée que Miss Nevil allait venir dans sa maison, qui lui paraissait aujourd'hui si petite, si pauvre, si peu convenable, pour une personne habituée au luxe, le mépris qu'elle en concevrait peut-être, toutes ces pensées formaient un chaos dans sa tête et lui inspiraient un profond découragement.

Il s'assit, pour souper, dans un grand fauteuil de chêne noirci, où son père présidait les repas de famille, et sourit en voyant Colomba hésiter à se mettre à table avec lui. Il lui sut bon gré d'ailleurs du silence qu'elle observa pendant le souper et de la prompte retraite qu'elle fit ensuite, car il se sentait trop ému pour résister aux attaques qu'elle lui préparait sans doute ; mais Colomba le ménageait et voulait lui laisser le temps de se reconnaître. La tête appuyée sur sa main, il demeura longtemps immobile, repassant dans son esprit les scènes des quinze derniers jours qu'il avait vécus. Il voyait avec effroi cette attente où chacun semblait être de sa conduite

---

1. *Quatre-Bras :* village près de Waterloo, où les troupes du maréchal Ney eurent un accrochage avec les Anglais, le 15 juin 1815.

à l'égard des Barricini. Déjà il s'apercevait que l'opinion de Pietranera commençait à être pour lui celle du monde. Il devait se venger sous peine de passer pour un lâche. Mais sur qui se venger ? Il ne pouvait croire les Barricini coupables de meurtre. A la vérité ils étaient les ennemis de sa famille, mais il fallait les préjugés grossiers de ses compatriotes pour leur attribuer un assassinat. Quelquefois il considérait le talisman de Miss Nevil, et en répétait tout bas la devise : « La vie est un combat ! » Enfin il se dit d'un ton ferme : « J'en sortirai vainqueur ! » Sur cette bonne pensée il se leva et, prenant la lampe, il allait monter dans sa chambre, lorsqu'on frappa à la porte de la maison. L'heure était indue pour recevoir une visite. Colomba parut aussitôt, suivie de la femme qui les servait.

« Ce n'est rien », dit-elle en courant à la porte.

Cependant, avant d'ouvrir, elle demanda qui frappait. Une voix douce répondit :

« C'est moi. »

Aussitôt la barre de bois placée en travers de la porte fut enlevée, et Colomba reparut dans la salle à manger suivie d'une petite fille de dix ans à peu près, pieds nus, en haillons, la tête couverte d'un mauvais mouchoir, de dessous lequel s'échappaient de longues mèches de cheveux noirs comme l'aile d'un corbeau. L'enfant était maigre, pâle, la peau brûlée par le soleil ; mais dans ses yeux brillait le feu de l'intelligence. En voyant Orso, elle s'arrêta timidement et lui fit une révérence à la paysanne ; puis elle parla bas à Colomba, et lui mit entre les mains un faisan nouvellement tué.

« Merci, Chili, dit Colomba. Remercie ton oncle. Il se porte bien ?

— Fort bien, mademoiselle, à vous servir. Je n'ai pu venir plus tôt parce qu'il a bien tardé. Je suis restée trois heures dans le maquis à l'attendre.

— Et tu n'as pas soupé ?

— Dame ! non, mademoiselle, je n'ai pas eu le temps.

— On va te donner à souper. Ton oncle a-t-il du pain encore ?

— Peu, mademoiselle ; mais c'est de la poudre surtout qui lui manque. Voilà les châtaignes venues, et maintenant il n'a plus besoin que de poudre.

— Je vais te donner un pain pour lui et de la poudre. Dis-lui qu'il la ménage, elle est chère.

— Colomba, dit Orso, en français, à qui donc fais-tu ainsi la charité ?

— A un pauvre bandit de ce village, répondit Colomba dans la même langue. Cette petite est sa nièce.

— Il me semble que tu pourrais mieux placer tes dons. Pourquoi envoyer de la poudre à un coquin qui s'en servira pour commettre des crimes ? Sans cette déplorable faiblesse que tout le monde paraît avoir pour les bandits, il y a longtemps qu'ils auraient disparu de la Corse.

— Les plus méchants de notre pays ne sont pas ceux qui sont à la campagne*.

— Donne-leur du pain si tu veux, on n'en doit refuser à personne ; mais je n'entends pas qu'on leur fournisse des munitions.

— Mon frère, dit Colomba d'un ton grave, vous êtes le maître ici, et tout vous appartient dans cette maison ; mais je vous en préviens, je donnerai mon mezzaro à cette petite fille pour qu'elle le vende, plutôt que de refuser de la poudre à un bandit. Lui refuser de la poudre ! mais autant vaut le livrer aux gendarmes. Quelle protection a-t-il contre eux, sinon ses cartouches ? »

La petite fille cependant dévorait avec avidité un morceau de pain, et regardait attentivement tour à tour Colomba et son frère, cherchant à comprendre dans leurs yeux le sens de ce qu'ils disaient.

* Être *alla campagna*, c'est-à-dire être bandit. Bandit n'est point un terme odieux : il se prend dans le sens de banni ; c'est l'*outlaw* des ballades anglaises.

« Et qu'a-t-il fait enfin ton bandit ? Pour quel crime s'est-il jeté dans le maquis ?

— Brandolaccio n'a point commis de crime, s'écria Colomba. Il a tué Glovan' Opizzo, qui avait assassiné son père pendant que lui était à l'armée. »

Orso détourna la tête, prit la lampe, et, sans répondre, monta dans sa chambre. Alors Colomba donna poudre et provisions à l'enfant, et la reconduisit jusqu'à la porte en lui répétant :

« Surtout que ton oncle veille bien sur Orso ! »

CHAPITRE XI

Orso fut longtemps à s'endormir, et par conséquent s'éveilla fort tard, du moins pour un Corse. A peine levé, le premier objet qui frappa ses yeux, ce fut la maison de ses ennemis et les *archere* qu'ils venaient d'y établir. Il descendit et demanda sa sœur.

« Elle est à la cuisine qui fond des balles », lui répondit la servante Saveria.

Ainsi, il ne pouvait faire un pas sans être poursuivi par l'image de la guerre.

Il trouva Colomba assise sur un escabeau, entourée de balles nouvellement fondues, coupant les jets de plomb.

« Que diable fais-tu là ? lui demanda son frère.

— Vous n'aviez point de balles pour le fusil du colonel, répondit-elle de sa voix douce ; j'ai trouvé un moule de calibre, et vous aurez aujourd'hui vingt-quatre cartouches, mon frère.

— Je n'en ai pas besoin, Dieu merci !

— Il ne faut pas être pris au dépourvu, Ors' Anton'. Vous avez oublié votre pays et les gens qui vous entourent.

— Je l'aurais oublié que tu me le rappellerais bien

vite. Dis-moi, n'est-il pas arrivé une grosse malle il y a quelques jours ?

— Oui, mon frère. Voulez-vous que je la monte dans votre chambre ?

— Toi, la monter ! mais tu n'aurais jamais la force de la soulever... N'y a-t-il pas ici quelque homme pour le faire ?

— Je ne suis pas si faible que vous le pensez », dit Colomba, en retroussant ses manches et découvrant un bras blanc et rond, parfaitement formé, mais qui annonçait une force peu commune. « Allons, Saveria, dit-elle à la servante, aide-moi. »

Déjà elle enlevait seule la lourde malle, quand Orso s'empressa de l'aider.

« Il y a dans cette malle, ma chère Colomba, dit-il, quelque chose pour toi. Tu m'excuseras si je te fais de si pauvres cadeaux, mais la bourse d'un lieutenant en demi-solde n'est pas trop bien garnie. »

En parlant, il ouvrait la malle et en retirait quelques robes, un châle et d'autres objets à l'usage d'une jeune personne.

« Que de belles choses ! s'écria Colomba. Je vais bien vite les serrer de peur qu'elles ne se gâtent. Je les garderai pour ma noce, ajouta-t-elle avec un sourire triste, car maintenant je suis en deuil. »

Et elle baisa la main de son frère.

« Il y a de l'affectation, ma sœur, à garder le deuil si longtemps.

— Je l'ai juré, dit Colomba d'un ton ferme. Je ne quitterai le deuil... »

Et elle regardait par la fenêtre la maison de Barricini.

« Que le jour où tu te marieras ? dit Orso cherchant à éviter la fin de la phrase.

— Je ne me marierai, dit Colomba, qu'à un homme qui aura fait trois choses... »

Et elle contemplait toujours d'un air sinistre la maison ennemie.

« Jolie comme tu es, Colomba, je m'étonne que tu ne sois pas déjà mariée. Allons, tu me diras qui te

Portrait de Mérimée
par Mathilde Odier (1834).

Saint-Michel de Murato, gravure extraite
des *Notes d'un voyage en Corse* (1840).

Le Stantare, gravure extraite des
Notes d'un voyage en Corse (1840).

Vue d'Ajaccio, gravure, 1851.
« Tout, dans ce paysage, est d'une beauté grave et triste » (p. 81).

BNF

Le Corse, gravure, vers 1850.

Types et coiffures d'Ajaccio.
« Sur la tête, elle portait ce voile de soie nommé *mezzaro* » (p. 88).

« Je m'appelle Orso della Rebbia » (p. 69).

Cette gravure et celles des pages suivantes sont de Gaston Vuillier (1913).

« Celui-ci, dit-elle, doit bien porter la balle » (p. 91).

« Au bras ! Ce n'est rien. Et l'autre ? » (p. 182).

« Précédé par cette troupe d'éclaireurs, le descendant
des della Rebbia entre dans son village » (p. 120).

« Miss Nexil ne savait trop que faire » (p. 205).

« Il y avait dans la voix et dans l'attitude de Colomba quelque chose de terrible » (p. 193).

« Il me les fallait toutes les deux » (p. 221).

fait la cour. D'ailleurs j'entendrai bien les sérénades. Il faut qu'elles soient belles pour plaire à une grande vocératrice comme toi.

— Qui voudrait d'une pauvre orpheline ?... Et puis l'homme qui me fera quitter mes habits de deuil fera prendre le deuil aux femmes de là-bas. »

« Cela devient de la folie », se dit Orso.

Mais il ne répondit rien pour éviter toute discussion.

« Mon frère, dit Colomba d'un ton de câlinerie, j'ai aussi quelque chose à vous offrir. Les habits que vous avez là sont trop beaux pour ce pays-ci. Votre jolie redingote serait en pièces au bout de deux jours si vous la portiez dans le maquis. Il faut la garder pour quand viendra Miss Nevil. »

Puis, ouvrant une armoire, elle en tira un costume complet de chasseur.

« Je vous ai fait une veste de velours[a], et voici un bonnet comme en portent nos élégants ; je l'ai brodé pour vous il y a bien longtemps. Voulez-vous essayer cela ? »

Et elle lui faisait endosser une large veste de velours vert ayant dans le dos une énorme poche. Elle lui mettait sur la tête un bonnet pointu de velours noir brodé en jais et en soie de la même couleur, et terminé par une espèce de houppe[1].

« Voici la cartouchière* de notre père, dit-elle, son stylet est dans la poche de votre veste. Je vais vous chercher le pistolet.

— J'ai l'air d'un vrai brigand de l'Ambigu-Comique[2], disait Orso en se regardant dans un petit miroir que lui présentait Saveria.

* *Carchera*, ceinture où l'on met des cartouches. On y attache un pistolet à gauche.

a. Veste de velours (1850) : *en* velours.

1. *Bonnet pointu* : de velours noir ou brun à revers. Il disparaissait du costume corse au xixe siècle, et Mérimée déplorait de ne plus en voir, *Correspondance générale*, II, p. 286.

2. *Ambigu-Comique* : théâtre situé boulevard du Temple à Paris ; on y jouait le mélodrame.

— C'est que vous avez tout à fait bonne façon comme cela, Ors' Anton', disait la vieille servante, et le plus beau *pointu** de Bocognano ou de Bastelica n'est pas plus brave. »

Orso déjeuna dans son nouveau costume, et pendant le repas il dit à sa sœur que sa malle contenait un certain nombre de livres ; que son intention était d'en faire venir de France et d'Italie, et de la faire travailler beaucoup.

« Car il est honteux, Colomba, ajouta-t-il, qu'une grande fille comme toi ne sache pas encore des choses que, sur le continent, les enfants apprennent en sortant de nourrice.

— Vous avez raison, mon frère, disait Colomba ; je sais bien ce qui me manque, et je ne demande pas mieux que d'étudier, surtout si vous voulez bien me donner des leçons. »

Quelques jours se passèrent sans que Colomba prononçât le nom des Barricini. Elle était toujours aux petits soins pour son frère, et lui parlait souvent de Miss Nevil. Orso lui faisait lire des ouvrages français et italiens, et il était surpris tantôt de la justesse et du bon sens de ses observations, tantôt de son ignorance profonde des choses les plus vulgaires.

Un matin, après déjeuner, Colomba sortit un instant, et, au lieu de revenir avec un livre et du papier, parut avec son mezzaro sur la tête. Son air était plus sérieux encore que de coutume.

« Mon frère, dit-elle, je vous prierai de sortir avec moi.

— Où veux-tu que je t'accompagne ? dit Orso en lui offrant son bras.

— Je n'ai pas besoin de votre bras, mon frère, mais prenez votre fusil et votre boîte à cartouches. Un homme ne doit jamais sortir sans ses armes.

— A la bonne heure ! Il faut se conformer à la mode. Où allons-nous ? »

* *Pinsuto.* On appelle ainsi ceux qui portent le bonnet pointu, *barreta pinsuta.*

Colomba, sans répondre, serra le mezzaro autour de sa tête, appela le chien de garde, et sortit suivie de son frère. S'éloignant à grands pas du village, elle prit un chemin creux qui serpentait dans les vignes, après avoir envoyé devant elle le chien, à qui elle fit un signe qu'il semblait bien connaître ; car aussitôt il se mit à courir en zigzag, passant dans les vignes, tantôt d'un côté, tantôt de l'autre, toujours à cinquante pas de sa maîtresse, et quelquefois s'arrêtant au milieu du chemin pour la regarder en remuant la queue. Il paraissait s'acquitter parfaitement de ses fonctions d'éclaireur.

« Si Muschetto aboie, dit Colomba, armez votre fusil, mon frère, et tenez-vous immobile. »

A un demi-mille du village, après bien des détours, Colomba s'arrêta tout à coup dans un endroit où le chemin faisait un coude. Là s'élevait une petite pyramide de branchages, les uns verts, les autres desséchés, amoncelés à la hauteur de trois pieds environ. Du sommet on voyait percer l'extrémité d'une croix de bois peinte en noir. Dans plusieurs cantons de la Corse, surtout dans les montagnes, un usage extrêmement ancien, et qui se rattache peut-être à des superstitions du paganisme, oblige les passants à jeter une pierre ou un rameau d'arbre sur le lieu où un homme a péri de mort violente. Pendant de longues années, aussi longtemps que le souvenir de sa fin tragique demeure dans la mémoire des hommes, cette offrande singulière s'accumule ainsi de jour en jour. On appelle cela l'*amas*, le *mucchio* d'un tel.

Colomba s'arrêta devant ce tas de feuillage, et, arrachant une branche d'arbousier, l'ajouta à la pyramide.

« Orso, dit-elle, c'est ici que notre père est mort. Prions pour son âme, mon frère ! »

Et elle se mit à genoux. Orso l'imita aussitôt. En ce moment la cloche du village tinta lentement, car un homme était mort dans la nuit. Orso fondit en larmes.

Au bout de quelques minutes, Colomba se leva, l'œil sec, mais la figure animée. Elle fit du pouce à la hâte le signe de croix familier à ses compatriotes et qui accompagne d'ordinaire leurs serments solennels, puis, entraînant son frère, elle reprit le chemin du village. Ils rentrèrent en silence dans leur maison. Orso monta dans sa chambre. Un instant après, Colomba l'y suivit, portant une petite cassette qu'elle posa sur la table. Elle l'ouvrit et en tira une chemise couverte de larges taches de sang[1].

« Voici la chemise de votre père, Orso. »

Et elle la jeta sur ses genoux.

« Voici le plomb qui l'a frappé. »

Et elle posa sur la chemise deux balles oxydées.

« Orso, mon frère! cria-t-elle en se précipitant dans ses bras et l'étreignant avec force. Orso! tu le vengeras! »

Elle l'embrassa avec une espèce de fureur, baisa les balles et la chemise, et sortit de la chambre, laissant son frère comme pétrifié sur sa chaise.

Orso resta quelque temps immobile, n'osant éloigner de lui ces épouvantables reliques. Enfin, faisant un effort, il les remit dans la cassette et courut à l'autre bout de la chambre se jeter sur son lit, la tête tournée vers la muraille, enfoncée dans l'oreiller, comme s'il eût voulu se dérober à la vue d'un spectre. Les dernières paroles de sa sœur retentissaient sans cesse dans ses oreilles, et il lui semblait entendre un oracle fatal, inévitable, qui lui demandait du sang, et du sang innocent. Je n'essaierai pas de rendre les sensations du malheureux jeune homme, aussi confuses que celles qui bouleversent

---

1. *Chemise sanglante :* Mérimée donnait cette précision à propos du *voceru di Niolo :* « La chemise sanglante d'un homme assassiné est gardée dans une famille comme un souvenir de vengeance. On la montre aux parents pour les exciter à punir les meurtriers. Quelquefois, au lieu de chemise, on garde des morceaux de papier trempés dans le sang du mort, qu'on remet aux enfants lorsqu'ils sont d'âge à pouvoir manier un fusil », *Notes d'un voyage en Corse*, p. 89.

la tête d'un fou. Longtemps il demeura dans la même position, sans oser détourner la tête. Enfin il se leva, ferma la cassette, et sortit précipitamment de sa maison, courant la campagne et marchant devant lui sans savoir où il allait.

Peu à peu, le grand air le soulagea ; il devint plus calme et examina avec quelque sang-froid sa position et les moyens d'en sortir. Il ne soupçonnait point les Barricini de meurtre, on le sait déjà ; mais il les accusait d'avoir supposé[1] la lettre du bandit Agostini ; et cette lettre, il le croyait du moins, avait causé la mort de son père. Les poursuivre comme faussaires, il sentait que cela était impossible. Parfois, si les préjugés ou les instincts de son pays revenaient l'assaillir et lui montraient une vengeance facile au détour d'un sentier, il les écartait avec horreur en pensant à ses camarades de régiment, aux salons de Paris, surtout à Miss Nevil. Puis il songeait aux reproches de sa sœur, et ce qui restait de corse dans son caractère justifiait ces reproches et les rendait plus poignants. Un seul espoir lui restait dans ce combat entre sa conscience et ses préjugés, c'était d'entamer, sous un prétexte quelconque, une querelle avec un des fils de l'avocat et de se battre en duel avec lui. Le tuer d'une balle ou d'un coup d'épée conciliait ses idées corses et ses idées françaises. L'expédient accepté, et méditant les moyens d'exécution, il se sentait déjà soulagé d'un grand poids, lorsque d'autres pensées plus douces contribuèrent encore à calmer son agitation fébrile. Cicéron, désespéré de la mort de sa fille Tullia, oublia sa douleur en repassant dans son esprit toutes les belles choses qu'il pourrait dire à ce sujet[2]. En discourant de la

---

1. *Avoir supposé la lettre :* forger de toute pièce ; cet emploi est un archaïsme.
2. L'on ne possède pas cette consolation écrite par Cicéron après la mort de sa fille. Cette référence provient de Laurence Sterne : « Quand ce cher Tullius eut perdu Tullia, sa fille bien-aimée, il l'ensevelit d'abord dans son cœur, écouta la voix de la nature et y accorda la sienne (...) Mais dès qu'il eut exploré les

sorte sur la vie et la mort, M. Shandy[a] se consola de la perte de son fils. Orso se rafraîchit le sang en pensant qu'il pourrait faire à Miss Nevil un tableau de l'état de son âme, tableau qui ne pourrait manquer d'intéresser puissamment cette belle personne.

Il se rapprochait du village, dont il s'était fort éloigné sans s'en apercevoir, lorsqu'il entendit la voix d'une petite fille qui chantait, se croyant seule sans doute, dans un sentier au bord du maquis. C'était cet air lent et monotone consacré aux lamentations funèbres, et l'enfant chantait : « A mon fils, mon fils en lointain pays — gardez ma croix et ma chemise sanglante... »

« Que chantes-tu là, petite ? dit Orso d'un ton de colère, en paraissant[b] tout à coup.

— C'est vous, Ors' Anton' ! s'écria l'enfant un peu effrayée... C'est une chanson de Mlle Colomba...

— Je te défends de la chanter », dit Orso d'une voix terrible.

L'enfant, tournant la tête à droite et à gauche, semblait chercher de quel côté elle pourrait se sauver, et sans doute elle se serait enfuie si elle n'eût été retenue par le soin de conserver un gros paquet qu'on voyait sur l'herbe à ses pieds.

Orso eut honte de sa violence.

« Que portes-tu là, ma petite ? » lui demanda-t-il plus doucement qu'il put.

Et comme Chilina hésitait à répondre, il souleva le linge qui enveloppait le paquet, et vit qu'il contenait un pain et d'autres provisions.

---

magasins de la philosophie et vu combien l'on pouvait dire de choses excellentes, tout changea : "combien je me sentis alors heureux et joyeux, déclare le grand orateur, personne au monde ne peut le dire", *Vie et Opinions de Tristram Shandy*, V, 3. Tristram Shandy est un des ouvrages favoris de Mérimée, cité également dans *La Double Méprise* (chapitre III) à propos du *Lillibulero* de l'oncle Toby.

a. En discourant de la sorte sur la vie et la mort, M. Shandy (1842) : en discourant de la sorte, M. Shandy (*RDM* ; 1841).

b. *En* paraissant (1850) : paraissant.

« A qui portes-tu ce pain, ma mignonne ? lui demanda-t-il.

— Vous le savez bien, monsieur ; à mon oncle.

— Et ton oncle n'est-il pas bandit ?

— Pour vous servir, monsieur Ors' Anton'.

— Si les gendarmes te rencontraient, ils te demanderaient où tu vas...

— Je leur dirais, répondit l'enfant sans hésiter, que je porte à manger aux Lucquois qui coupent le maquis[1].

— Et si tu trouvais quelque chasseur affamé qui voulût dîner à tes dépens et te prendre tes provisions ?...

— On n'oserait. Je dirais que c'est pour mon oncle.

— En effet, il n'est point homme à se laisser prendre son dîner... Il t'aime bien, ton oncle ?

— Oh ! oui, Ors' Anton'. Depuis que mon papa est mort, il a soin de la famille : de ma mère, de moi et de ma petite sœur. Avant que maman fût malade, il la recommandait aux riches pour qu'on lui donnât de l'ouvrage. Le maire me donne une robe tous les ans, et le curé me montre le catéchisme et à lire depuis que mon oncle leur a parlé. Mais c'est votre sœur surtout qui est bonne pour nous. »

En ce moment, un chien parut dans le sentier. La petite fille, portant deux doigts à sa bouche, fit entendre un sifflement aigu : aussitôt le chien vint à elle et la caressa, puis s'enfonça brusquement dans le maquis. Bientôt deux hommes mal vêtus, mais bien armés, se levèrent derrière une cépée[2] à quelques pas d'Orso. On eût dit qu'ils s'étaient avancés en rampant comme des couleuvres au milieu du fourré de cistes et de myrtes[3] qui couvrait le terrain.

1. Ces ouvriers lucquois « viennent tous les ans exécuter dans l'île une partie des travaux de l'agriculture », Robiquet, *Recherches*, p. 511.

2. *Cépée* : jeunes taillis.

3. *Cistes et myrtes* : arbrisseaux odoriférants du maquis.

« Oh! Ors' Anton', soyez le bienvenu, dit le plus âgé de ces deux hommes. Eh quoi! vous ne me reconnaissez pas?

— Non, dit Orso le regardant fixement.

— C'est drôle comme une barbe et un bonnet pointu vous changent un homme! Allons, mon lieutenant, regardez bien. Avez-vous[a] donc oublié les anciens de Waterloo? Vous ne vous souvenez plus de Brando Savelli, qui a déchiré plus d'une cartouche à côté de vous dans ce jour de malheur?

— Quoi! c'est toi! dit Orso. Et tu as déserté en 1816!

— Comme vous dites, mon lieutenant. Dame, le service ennuie, et puis j'avais un compte à régler dans ce pays-ci. Ha! ha! Chili, tu es une brave fille. Sers-nous vite car nous avons faim. Vous n'avez pas d'idée, mon lieutenant, comme on a d'appétit dans le maquis. Qu'est-ce qui nous envoie cela, Mlle Colomba ou le maire?

— Non, mon oncle; c'est la meunière qui m'a donné cela pour vous et une couverture pour maman.

— Qu'est-ce qu'elle me veut?

— Elle dit que ses Lucquois, qu'elle a pris pour défricher, lui demandent maintenant trente-cinq sous et les châtaignes, à cause de la fièvre qui est dans le bas de Pietranera.

— Les fainéants!... Je verrai. — Sans façon, mon lieutenant, voulez-vous partager notre dîner? Nous avons fait de plus mauvais repas ensemble du temps de notre pauvre compatriote qu'on a réformé.

— Grand merci. — On m'a réformé aussi, moi.

— Oui, je l'ai entendu dire; mais vous n'en avez pas été bien fâché, je gage. Histoire de régler votre compte à vous. — Allons, curé, dit le bandit à son camarade, à table! Monsieur Orso, je vous présente monsieur le curé, c'est-à-dire, je ne sais pas trop[b] s'il est curé, mais il en a la science.

a. Avez-vous (1850) : *vous avez*.
b. Je ne sais *pas* trop (1842) : je ne sais trop (*RDM*; 1841).

— Un pauvre étudiant en théologie, monsieur, dit le second bandit, qu'on a empêché de suivre sa vocation. Qui sait ? J'aurais pu être pape, Brandolaccio[1].

— Quelle cause a donc privé l'Église de vos lumières ? demanda Orso[2].

— Un rien, un compte à régler, comme dit mon ami Bandolaccio, une sœur à moi qui avait fait des folies pendant que je dévorais les bouquins à l'université de Pise. Il me fallut retourner au pays pour la marier. Mais le futur, trop pressé, meurt de la fièvre trois jours avant mon arrivée. Je m'adresse alors, comme vous eussiez fait à ma place, au frère du défunt. On me dit qu'il était marié. Que faire ?

— En effet, cela était embarrassant. Que fîtes-vous ?

— Ce sont de ces cas où il faut en venir à la pierre à fusil*.

— C'est-à-dire que...

— Je lui mis une balle dans la tête », dit froidement le bandit.

Orso fit un mouvement d'horreur. Cependant la curiosité, et peut-être aussi le désir de retarder le moment où il faudrait rentrer chez lui, le firent rester à sa place, et continuer la conversation avec ces deux hommes, dont chacun avait au moins un assassinat sur la conscience.

Pendant que son camarade parlait, Brandolaccio mettait devant lui du pain et de la viande ; il se servit lui-même, puis il fit la part de son chien, qu'il présenta à Orso sous le nom de Brusco, comme doué du merveilleux instinct de reconnaître un voltigeur sous quelque déguisement que ce fût. Enfin il coupa un morceau de pain et une tranche de jambon cru qu'il donna à sa nièce.

* *La scaglia*, expression très usitée.
1. Mérimée avait trouvé ce nom dans l'ouvrage de Robiquet, qui citait un Brandolaccio tué par le bandit Pelegrini, *Recherches*, p. 432.
2. Il s'agit d'un personnage réel, Quastana, ancien séminariste d'Ajaccio, devenu bandit après avoir vengé son père.

« La belle vie que celle de bandit ! s'écria l'étudiant en théologie après avoir mangé quelques bouchées. Vous en tâterez peut-être un jour, monsieur della Rebbia, et vous verrez combien il est doux de ne connaître d'autre maître que son caprice. »

Jusque-là, le bandit s'était exprimé en italien ; il poursuivit en français :

« La Corse n'est pas un pays bien amusant pour un jeune homme ; mais pour un bandit, quelle différence ! Les femmes sont folles de nous. Tel que vous me voyez, j'ai trois maîtresses dans trois cantons différents. Je suis partout chez moi. Et il y en a une qui est la femme d'un gendarme.

— Vous savez bien des langues, monsieur, dit Orso d'un ton grave.

— Si je parle français, c'est que, voyez-vous, *maxima debetur pueris reverentia*[1]. Nous entendons, Brandolaccio et moi, que la petite tourne bien et marche droit.

— Quand viendront ses quinze ans, dit l'oncle de Chilina, je la marierai bien. J'ai déjà un parti en vue.

— C'est toi qui feras la demande ? dit Orso.

— Sans doute. Croyez-vous que si je dis à un richard du pays : « Moi, Brando Savelli, je verrais « avec plaisir que votre fils épousât Michelina « Savelli », croyez-vous qu'il se fera tirer les oreilles ?

— Je ne le lui conseillerais pas, dit l'autre bandit. Le camarade a la main un peu lourde[a].

— Si j'étais un coquin, poursuivit Brandolaccio, une canaille, un supposé, je n'aurais qu'à ouvrir ma besace, les pièces de cent sous y pleuvraient.

— Il y a donc dans ta besace, dit Orso, quelque chose qui les attire ?

— Rien ; mais si j'écrivais, comme il y en a qui

---

a. Un peu lourde. (1842) : *lourde, il sait se faire obéir* (*RDM* ; 1841).

1. « *Maxima debetur pueris reverentia* » : « On doit aux enfants le plus grand respect », cette citation est un souvenir de Juvénal, *Satires*, XIV, 47.

l'ont fait, à un riche : « J'ai besoin de cent francs », il se dépêcherait de me les envoyer. Mais je suis un homme d'honneur, mon lieutenant.

— Savez-vous, monsieur della Rebbia, dit le bandit que son camarade appelait le curé, savez-vous que, dans ce pays de mœurs simples[a], il y a pourtant quelques misérables qui profitent de l'estime que nous inspirons au moyen de nos passeports (il montrait son fusil), pour tirer des lettres de change en contrefaisant notre écriture ?

— Je le sais, dit Orso d'un ton brusque. Mais quelles lettres de change ?

— Il y a six mois, continua le bandit, que je me promenais du côté d'Orezza, quand vient à moi un manant qui de loin m'ôte son bonnet et me dit : « Ah ! monsieur le curé (ils m'appellent toujours « ainsi), excusez-moi, donnez-moi du temps ; je n'ai « pu trouver que cinquante-cinq francs ; mais, vrai, « c'est tout ce que j'ai pu amasser. » Moi, tout sur-pris : « Qu'est-ce à dire, maroufle ! cinquante-cinq « francs ? lui dis-je. — Je veux dire soixante-cinq, me « répondit-il ; mais pour cent que vous me deman-« dez, c'est impossible. — Comment, drôle ! je te « demande cent francs ! Je ne te connais pas. » — Alors il me remit une lettre, ou plutôt un chiffon tout sale, par lequel on l'invitait à déposer cent francs dans un lieu qu'on indiquait, sous peine de voir sa maison brûlée et ses vaches tuées par Giocanto Castriconi, c'est mon nom. Et l'on avait eu l'infamie de contrefaire ma signature ! Ce qui me piqua le plus, c'est que la lettre était écrite en patois, pleine de fautes d'orthographe... Moi faire des fautes d'ortho-graphe ! moi qui avais tous les prix à l'université ! Je commence par donner à mon vilain un soufflet qui le fait tourner deux fois sur lui-même. — « Ah ! tu me « prends pour un voleur, coquin que tu es ! » lui dis-je, et je lui donne un bon coup de pied où vous savez. Un peu soulagé, je lui dis : « Quand dois-tu

a. Pays de mœurs simples (1850) : pays à mœurs simples.

139

« porter cet argent au lieu désigné? — Aujourd'hui
« même. — Bien! va le porter. » C'était au pied d'un
pin, et le lieu était parfaitement indiqué. Il porte
l'argent, l'enterre au pied de l'arbre et revient me
trouver. Je m'étais embusqué aux environs. Je
demeurai là avec mon homme six mortelles heures.
Monsieur della Rebbia, je serais resté trois jours s'il
eût fallu. Au bout de six heures paraît un *Bastiaccio**, un infâme usurier. Il se baisse pour prendre
l'argent, je fais feu, et je l'avais si bien ajusté que sa
tête porta en tombant sur les écus qu'il déterrait.
« Maintenant, drôle! dis-je au paysan, reprends ton
« argent, et ne t'avise plus de soupçonner d'une bas-
« sesse Giocanto Castriconi. » Le pauvre diable, tout
tremblant, ramassa ses soixante-cinq francs sans
prendre la peine de les essuyer. Il me dit merci, je lui
allonge un bon coup de pied d'adieu, et il court
encore.

— Ah! curé, dit Brandolaccio, je t'envie ce coup
de fusil-là. Tu as dû bien rire?

— J'avais attrapé le *Bastiaccio* à la tempe, continua le bandit, et cela me rappela ces vers de Virgile :

> ... *Liquefacto tempora plumbo*
> *Diffidit, ac multà porrectum extendit arenà*[1]

Liquefacto! Croyez-vous, monsieur Orso, qu'une
balle de plomb se fonde par la rapidité de son trajet
dans l'air? Vous qui avez étudié la balistique, vous
devriez bien me dire si c'est une erreur ou une
vérité? »

Orso aimait mieux discuter cette question de physique que d'argumenter avec le licencié sur la mora-

---

* Les Corses montagnards détestent les habitants de Bastia,
qu'ils ne regardent pas comme des compatriotes. Jamais ils ne
disent *Bastiese*, mais *Bastiaccio* : on sait que la terminaison en
accio se prend d'ordinaire dans un sens de mépris.
1. « *Liquefacto tempora plumbo* » : « le plomb fondu lui crève la
tempe et l'étend de tout son long dans un flot de poussière », Virgile, *Énéide*, IX, v. 587-588. Le poète relate la mort d'un compagnon d'Énée, tué par un projectile de plomb lancé par une fronde.

lité de son action. Brandolaccio, que cette dissertation scientifique n'amusait guère, l'interrompit pour remarquer que le soleil allait se coucher :

« Puisque vous n'avez pas voulu dîner avec nous, Ors' Anton', lui dit-il, je vous conseille de ne pas faire attendre plus longtemps Mlle Colomba. Et puis il ne fait pas toujours bon à courir les chemins quand le soleil est couché. Pourquoi donc sortez-vous sans fusil ? Il y a de mauvaises gens dans ces environs ; prenez-y garde. Aujourd'hui vous n'avez rien à craindre ; les Barricini amènent le préfet chez eux ; ils l'ont rencontré sur la route, et il s'arrête un jour à Pietranera avant d'aller poser à Corte une première pierre, comme on dit..., une bêtise ! Il couche ce soir chez les Barricini ; mais demain ils seront libres. Il y a Vincentello, qui est un mauvais garnement, et Orlanduccio, qui ne vaut guère mieux... Tâchez de les trouver séparés, aujourd'hui l'un, demain l'autre ; mais méfiez-vous, je ne vous dis que cela.

— Merci du conseil, dit Orso ; mais nous n'avons rien à démêler ensemble ; jusqu'à ce qu'ils viennent me chercher, je n'ai rien à leur dire. »

Le bandit tira la langue de côté et la fit claquer contre sa joue d'un air ironique, mais il ne répondit rien. Orso se levait pour partir :

« A propos, dit Brandolaccio, je ne vous ai pas remercié de votre poudre ; elle m'est venue bien à propos. Maintenant rien ne me manque..., c'est-à-dire il me manque encore des souliers..., mais je m'en ferai de la peau d'un mouflon un de ces jours. »

Orso glissa deux pièces de cinq francs dans la main du bandit.

« C'est Colomba qui t'envoyait la poudre ; voici pour t'acheter des souliers.

— Pas de bêtises, mon lieutenant, s'écria Brandolaccio en lui rendant les deux pièces. Est-ce que vous me prenez pour un mendiant ? J'accepte le pain et la poudre, mais je ne veux rien autre chose.

— Entre vieux soldats, j'ai cru qu'on pouvait s'aider. Allons, adieu ! »

Mais, avant de partir, il avait mis de l'argent dans la besace du bandit, sans qu'il s'en fût aperçu.

« Adieu, Ors' Anton ! dit le théologien. Nous nous retrouverons peut-être au maquis un de ces jours, et nous continuerons nos études sur Virgile. »

Orso avait quitté ses honnêtes compagnons depuis un quart d'heure, lorsqu'il entendit un homme qui courait derrière lui de toutes ses forces. C'était Brandolaccio.

« C'est un peu fort, mon lieutenant, s'écria-t-il hors d'haleine, un peu trop fort ! voilà vos dix francs. De la part d'un autre, je ne passerais pas l'espièglerie. Bien des choses de ma part à Mlle Colomba. Vous m'avez tout essoufflé ! Bonsoir. »

CHAPITRE XII

Orso trouva Colomba un peu alarmée de sa longue absence ; mais, en le voyant, elle reprit cet air de sérénité triste qui était son expression habituelle. Pendant le repas du soir, ils ne parlèrent que de choses indifférentes, et Orso, enhardi par l'air calme de sa sœur, lui raconta sa rencontre avec les bandits et hasarda même quelques plaisanteries sur l'éducation morale et religieuse que recevait la petite Chilina par les soins de son oncle et de son honorable collègue, le sieur Castriconi.

« Brandolaccio est un honnête homme, dit Colomba ; mais, pour Castriconi, j'ai entendu dire que c'était un homme sans principes.

— Je crois, dit Orso, qu'il vaut tout autant que Brandolaccio, et Brandolaccio autant que lui. L'un et l'autre sont en guerre ouverte avec la société. Un premier crime les entraîne chaque jour à d'autres crimes ; et pourtant ils ne sont peut-être pas aussi coupables que bien des gens qui n'habitent pas le maquis. »

Un éclair de joie brilla sur le front de sa sœur.

« Oui, poursuivit Orso, ces misérables ont de l'honneur à leur manière. C'est un préjugé cruel et non une basse cupidité qui les a jetés dans la vie qu'ils mènent. »

Il y eut un moment de silence.

« Mon frère, dit Colomba en lui versant du café, vous savez peut-être que Charles-Baptiste Pietri[1] est mort la nuit passée ? Oui, il est mort de la fièvre des marais.

— Qui est ce Pietri ?

— C'est un homme de ce bourg, mari de Madeleine qui a reçu le portefeuille de notre père mourant. Sa veuve est venue me prier de paraître à sa veillée et d'y chanter quelque chose. Il convient que vous veniez aussi. Ce sont nos voisins, et c'est une politesse dont on ne peut se dispenser dans un petit endroit comme le nôtre.

— Au diable ta veillée, Colomba ! Je n'aime point à voir ma sœur se donner ainsi en spectacle au public.

— Orso, répondit Colomba, chacun honore ses morts à sa manière. La *ballata* nous vient de nos aïeux, et nous devons la respecter comme un usage antique. Madeleine n'a pas le *don*, et la vieille Fiordispina[2], qui est la meilleure vocératrice du pays, est malade. Il faut bien quelqu'un pour la *ballata*.

— Crois-tu que Charles-Baptiste ne trouvera pas son chemin dans l'autre monde si l'on ne chante de mauvais vers sur sa bière ? Va à la veillée si tu veux, Colomba ; j'irai avec toi, si tu crois que je le doive, mais n'improvise pas, cela est inconvenant à ton âge, et... je t'en prie, ma sœur.

— Mon frère, j'ai promis. C'est la coutume ici,

1. *Pietri* : Mérimée empruntait ce patronyme à un des protagonistes de la vendetta de Sartène, mort, quant à lui de *mala morte*.
2. *Fiordispina* : prénom emprunté à un personnage de l'*Orlando furioso* de l'Arioste, que Mérimée connaît bien ; voir son jugement dans une lettre à Mme de La Rochejaquelein du 5 septembre 1859, *Correspondance générale*, IX, p. 243. La « matière » corse de Mérimée est souvent italienne.

vous le savez, et, je vous le répète, il n'y a que moi pour improviser.

— Sotte coutume !

— Je souffre beaucoup de chanter ainsi. Cela me rappelle tous nos malheurs. Demain j'en serai malade ; mais il le faut. Permettez-le-moi, mon frère. Souvenez-vous qu'à Ajaccio vous m'avez dit d'improviser pour amuser cette demoiselle anglaise qui se moque de nos vieux usages. Ne pourrai-je donc improviser aujourd'hui pour de pauvres gens qui m'en sauront gré, et que cela aidera à supporter leur chagrin ?

— Allons, fais comme tu voudras. Je gage que tu as déjà composé ta *ballata*, et tu ne veux pas la perdre.

— Non, je ne pourrais pas composer cela d'avance, mon frère. Je me mets devant le mort, et je pense à ceux qui restent. Les larmes me viennent aux yeux et alors je chante ce qui me vient à l'esprit. »

Tout cela était dit avec une simplicité telle qu'il était impossible de supposer le moindre amour-propre poétique chez[b] la signorina[1] Colomba. Orso se laissa fléchir et se rendit avec sa sœur à la maison de Pietri. Le mort était couché sur une table, la figure découverte, dans la plus grande pièce de la maison. Portes et fenêtres étaient ouvertes, et plusieurs cierges brûlaient autour de la table. A la tête du mort se tenait sa veuve, et derrière elle un grand nombre de femmes occupaient tout un côté de la chambre ; de l'autre étaient rangés les hommes, debout, tête nue, l'œil fixé sur le cadavre, observant un profond silence. Chaque nouveau visiteur s'approchait de la table, embrassait le mort*, faisait un signe de tête à sa veuve et à son fils, puis prenait place dans le cercle sans proférer une parole. De

---

* Cet usage subsiste encore à Bocognano (1840)[a].
a. La date *(1840)* de la note n'apparaît qu'à partir de 1842.
b. Chez la signorina (1850) : *à* la signorina.
1. *Signorina :* mademoiselle, en italien.

temps en temps, néanmoins, un des assistants rompait le silence solennel pour adresser quelques mots au défunt. « Pourquoi as-tu quitté ta bonne femme ? disait une commère. N'avait-elle pas bien soin de toi ? Que te manquait-il ? Pourquoi ne pas attendre un mois encore, ta bru t'aurait donné un fils[1] ? »

Un grand jeune homme, fils de Pietri, serrant la main froide de son père, s'écria : « Oh ! pourquoi n'es-tu pas mort de la *malemort**? Nous t'aurions vengé ! »

Ce furent les premières paroles qu'Orso entendit en entrant. A sa vue le cercle s'ouvrit, et un faible murmure de curiosité annonça l'attente de l'assemblée excitée par la présence de la vocératrice. Colomba embrassa la veuve, prit une de ses mains et demeura quelques minutes recueillie et les yeux baissés. Puis elle rejeta son mezzaro en arrière, regarda fixement le mort, et, penchée sur ce cadavre, presque aussi pâle que lui, elle commença de la sorte :

« Charles-Baptiste ! le Christ reçoive ton âme ! — Vivre, c'est souffrir. Tu vas dans un lieu — où il n'y a ni soleil ni froidure. — Tu n'as plus besoin de ta serpe, — ni de ta lourde pioche. — Plus de travail pour toi. — Désormais tous tes jours sont des dimanches. — Charles-Baptiste, le Christ ait ton âme ! — Ton fils gouverne ta maison. — J'ai vu tomber le chêne — desséché par le Libeccio. — J'ai cru qu'il était mort. — Je suis repassée, et sa racine — avait poussé un rejeton. — Le rejeton est devenu un chêne, — au

* *La mala morte*, mort violente.
1. Le texte de Colomba est directement adapté des *Notes*, où Mérimée avait présenté cette coutume : « si le mort a succombé à une maladie, le *voceru*, n'est qu'un tissu de lieux communs sur ses vertus, etc. En général, c'est sa femme qui parle et qui lui dit : Que te manquait-il ? N'avait-tu pas une maison, un cheval ? etc., etc. — pourquoi nous as-tu quittés ? Un homme mourut dernièrement de la fièvre à Bocognano ; ses amis vinrent l'embrasser suivant l'usage de cette localité, et l'un d'eux lui dit : *O che tu fossi morto della mala morte, t'avremmo vendicato !* Que n'es-tu pas mort de la male mort (c'est-à-dire assassiné), nous t'aurions vengé ! On le voit, la Corse est encore loin de ressembler au continent. » *Notes d'un voyage en Corse*, p. 81.

vaste ombrage. — Sous ses fortes branches, Maddelé, repose-toi, — et pense au chêne qui n'est plus. »

Ici Madeleine commença à sangloter tout haut, et deux ou trois hommes qui, dans l'occasion, auraient tiré sur des chrétiens avec autant de sang-froid que sur des perdrix, se mirent à essuyer de grosses larmes sur leurs joues basanées.

Colomba continua de la sorte pendant quelque temps, s'adressant tantôt au défunt, tantôt à sa famille, quelquefois, par une prosopopée fréquente dans les *ballate*, faisant parler le mort lui-même pour consoler ses amis ou leur donner des conseils. A mesure qu'elle improvisait, sa figure prenait une expression sublime; son teint se colorait d'un rose transparent qui faisait ressortir davantage l'éclat de ses dents et le feu de ses prunelles dilatées. C'était la pythonisse sur son trépied[1]. Sauf quelques soupirs, quelques sanglots étouffés, on n'eût pas entendu le plus léger murmure dans la foule qui se pressait autour d'elle. Bien que moins accessible qu'un autre à cette poésie sauvage, Orso se sentit bientôt atteint par l'émotion générale. Retiré dans un coin obscur de la salle, il pleura comme pleurait le fils de Pietri.

Tout à coup un léger mouvement se fit dans l'auditoire : le cercle s'ouvrit, et plusieurs étrangers entrèrent. Au respect qu'on leur montra, à l'empressement qu'on mit à leur faire place, il était évident que c'étaient des gens d'importance dont la visite honorait singulièrement la maison. Cependant, par respect pour la *ballata* personne ne leur adressa la parole. Celui qui était entré le premier paraissait avoir une quarantaine d'années. Son habit noir, son ruban rouge à rosette, l'air d'autorité et de confiance qu'il portait sur sa figure, faisaient d'abord deviner le préfet. Derrière lui venait un vieillard voûté, au

1. *La pythonisse :* femme qui prédit l'avenir, comme la Pythie, prêtresse d'Apollon à Delphes, assise sur son trépied, enivrée des exhalaisons de soufre.

teint bilieux, cachant mal sous des lunettes vertes un regard timide et inquiet. Il avait un habit noir trop large pour lui, et qui, bien que tout neuf encore, avait été évidemment fait plusieurs années auparavant. Toujours à côté du préfet, on eût dit qu'il voulait se cacher dans son ombre. Enfin, après lui, entrèrent deux jeunes gens de haute taille, le teint brûlé par le soleil, les joues enterrées sous d'épais favoris, l'œil fier, arrogant, montrant une impertinente curiosité. Orso avait eu le temps d'oublier les physionomies des gens de son village ; mais la vue du vieillard en lunettes vertes réveilla sur-le-champ en son esprit de vieux souvenirs. Sa présence à la suite du préfet suffisait pour le faire reconnaître. C'était l'avocat Barricini, le maire de Pietranera, qui venait avec ses deux fils donner au préfet la représentation d'une *ballata*. Il serait difficile de définir ce qui se passa en ce moment dans l'âme d'Orso ; mais la présence de l'ennemi de son père lui causa une espèce d'horreur, et, plus que jamais, il se sentit accessible aux soupçons qu'il avait longtemps combattus.

Pour Colomba, à la vue de l'homme à qui elle avait voué une haine mortelle, sa physionomie mobile prit aussitôt une expression sinistre. Elle pâlit ; sa voix devint rauque, le vers commencé expira sur ses lèvres... Mais bientôt, reprenant sa *ballata*, elle poursuivit avec une nouvelle véhémence :

« Quand l'épervier se lamente — devant son nid vide, — les étourneaux voltigent alentour, — insultant à sa douleur. »

Ici on entendit un rire étouffé ; c'étaient les deux jeunes gens nouvellement arrivés qui trouvaient sans doute la métaphore trop hardie.

« L'épervier se réveillera, il déploiera ses ailes, — il lavera son bec dans le sang ! — Et toi, Charles-Baptiste, que tes amis — t'adressent leur dernier adieu. — Leurs larmes ont assez coulé. — La pauvre orpheline seule ne te pleurera pas. — Pourquoi te pleurerait-elle? — Tu t'es endormi plein de jours — au milieu de ta famille, — préparé à comparaître — devant le Tout-Puissant. — L'orpheline pleure son père, — surpris par de lâches assassins, — frappé par-derrière; — son père dont le sang est rouge — sous l'amas de feuilles vertes. — Mais elle a recueilli son sang, — ce sang noble et innocent; — elle l'a répandu sur Pietranera, — pour qu'il devînt un poison mortel. — Et Pietranera restera marquée, — jusqu'à ce qu'un sang coupable — ait effacé la trace du sang innocent[1]. »

En achevant ces mots, Colomba se laissa tomber sur une chaise, elle rabattit son mezzaro sur sa figure, et on l'entendit sangloter. Les femmes en pleurs s'empressèrent autour de l'improvisatrice; plusieurs hommes jetaient des regards farouches sur le maire et ses fils; quelques vieillards murmuraient contre le scandale qu'ils avaient occasionné par leur présence. Le fils du défunt fendit la presse et se disposait à prier le maire de vider la place au plus vite; mais celui-ci n'avait pas attendu cette invitation. Il gagnait la porte, et déjà ses deux fils étaient dans la rue. Le préfet adressa quelques compliments de condoléances au jeune Pietri, et les suivit presque aussitôt. Pour Orso, il s'approcha de sa sœur, lui prit le bras et l'entraîna hors de la salle.

« Accompagnez-les, dit le jeune Pietri à quelques-uns de ses amis. Ayez soin que rien ne leur arrive! »

1. Mérimée adapte dans le *voceru* ou plutôt la *ballata* de *Colomba* quelques vers du *Lamento de Béatrice di Piedicroce* :

Aujourd'hui, oui, votre sang
La terre le boit.
Mais, si je m'étais trouvée là,
Je l'aurais (*recueilli et*) mis dans mon sein
Pour le répandre ensuite dans les Piazzole,
(*Tant*) Qu'il devînt un poison (*pour vos meurtriers*)!

Notes d'un voyage en Corse, p. 93.

Deux ou trois jeunes gens mirent précipitamment leur stylet dans la manche gauche de leur veste, et escortèrent Orso et sa sœur jusqu'à la porte de leur maison.

CHAPITRE XIII

Colomba, haletante, épuisée, était hors d'état de prononcer une parole. Sa tête était appuyée sur l'épaule de son frère, et elle tenait une de ses mains serrée entre les siennes. Bien qu'il lui sût intérieurement assez mauvais gré de sa péroraison[1], Orso était trop alarmé pour lui adresser le moindre reproche. Il attendait en silence la fin de la crise nerveuse à laquelle elle semblait en proie, lorsqu'on frappa à la porte, et Saveria entra tout effarée annonçant : « Monsieur le préfet ! » A ce nom, Colomba se releva comme honteuse de sa faiblesse, et se tint debout, s'appuyant sur une chaise qui tremblait visiblement sous sa main.

Le préfet débuta par quelques excuses banales sur l'heure indue de sa visite, plaignit Mlle Colomba, parla du danger des émotions fortes, blâma la coutume des lamentations funèbres que le talent même de la vocératrice rendait encore plus pénibles pour les assistants ; il glissa avec adresse un léger reproche sur la tendance de la dernière improvisation. Puis, changeant de ton :

« Monsieur della Rebbia, dit-il, je suis chargé de bien des compliments pour vous par vos amis anglais : Miss Nevil fait mille amitiés à mademoiselle votre sœur. J'ai pour vous une lettre d'elle à vous remettre.

---

1. *Péroraison* : terme de rhétorique désignant le couronnement d'un discours ; la péroraison joue généralement sur toutes les ressources du pathétique.

— Une lettre de Miss Nevil? s'écria Orso.

— Malheureusement je ne l'ai pas sur moi, mais vous l'aurez dans cinq minutes. Son père a été souffrant. Nous avons craint un moment qu'il n'eût gagné nos terribles fièvres. Heureusement le voilà hors d'affaire, et vous en jugerez par vous-même, car vous le verrez bientôt, j'imagine.

— Miss Nevil a dû être bien inquiète?

— Par bonheur, elle n'a connu le danger que lorsqu'il était déjà loin. Monsieur della Rebbia, Miss Nevil m'a beaucoup parlé de vous et de mademoiselle votre sœur. »

Orso s'inclina.

« Elle a beaucoup d'amitié pour vous deux. Sous un extérieur plein de grâce, sous une apparence de légèreté, elle cache une raison parfaite.

— C'est une charmante personne, dit Orso.

— C'est presque à sa prière que je viens ici, monsieur. Personne ne connaît mieux que moi une fatale histoire que je voudrais bien n'être pas obligé de vous rappeler. Puisque M. Barricini est encore maire de Pietranera, et moi, préfet de ce département, je n'ai pas besoin de vous dire le cas que je fais de certains soupçons, dont, si je suis bien informé, quelques personnes imprudentes vous ont fait part, et que vous avez repoussés, je le sais, avec l'indignation qu'on devait attendre de votre position et de votre caractère.

— Colomba, dit Orso s'agitant sur sa chaise, tu es bien fatiguée. Tu devrais aller te coucher. »

Colomba fit un signe de tête négatif. Elle avait repris son calme habituel et fixait des yeux ardents sur le préfet.

« M. Barricini, continua le préfet, désirerait vivement voir cesser cette espèce d'inimitié..., c'est-à-dire cet état d'incertitude où vous vous trouvez l'un vis-à-vis de l'autre... Pour ma part, je serais enchanté de vous voir établir avec lui les rapports que doivent avoir ensemble des gens faits pour s'estimer...

— Monsieur, interrompit Orso d'une voix émue, je

n'ai jamais accusé l'avocat Barricini d'avoir assassiné mon père, mais il a fait une action qui m'empêchera toujours d'avoir aucune relation avec lui. Il a supposé une lettre menaçante, au nom d'un certain bandit... du moins il l'a sourdement attribuée à mon père. Cette lettre enfin, monsieur, a probablement été la cause indirecte de sa mort. »

Le préfet se recueillit un instant.

« Que monsieur votre père l'ait cru, lorsque, emporté par la vivacité de son caractère, il plaidait contre M. Barricini, la chose est excusable ; mais, de votre part, un semblable aveuglement n'est plus permis. Réfléchissez donc que Barricini n'avait point intérêt à supposer cette lettre... Je ne vous parle pas de son caractère..., vous ne le connaissez point, vous êtes prévenu contre lui..., mais vous ne supposez pas qu'un homme connaissant les lois...

— Mais, monsieur, dit Orso en se levant, veuillez songer que me dire que cette lettre n'est pas l'ouvrage de M. Barricini, c'est l'attribuer à mon père. Son honneur, monsieur, est le mien.

— Personne plus que moi, monsieur, poursuivit le préfet, n'est convaincu de l'honneur du colonel della Rebbia... mais... l'auteur de cette lettre est connu maintenant.

— Qui ? s'écria Colomba s'avançant vers le préfet.

— Un misérable, coupable de plusieurs crimes..., de ces crimes que vous ne pardonnez pas, vous autres Corses, un voleur, un certain Tomaso Bianchi, à présent détenu dans les prisons de Bastia, a révélé qu'il était l'auteur de cette fatale lettre.

— Je ne connais pas cet homme, dit Orso. Quel aurait pu être son but ?

— C'est un homme de ce pays, dit Colomba, frère d'un ancien meunier à nous. C'est un méchant et un menteur, indigne qu'on le croie.

— Vous allez voir, continua le préfet, l'intérêt qu'il avait dans l'affaire. Le meunier dont parle mademoiselle votre sœur, — il se nommait, je crois, Théodore, — tenait à loyer du colonel un moulin sur le cours d'eau dont M. Barricini contestait la possession à monsieur votre père. Le colonel, généreux à son habitude, ne tirait presque aucun profit de son moulin. Or, Tomaso a cru que, si M. Barricini obtenait le cours d'eau, il aurait un loyer considérable à lui payer, car on sait que M. Barricini aime assez l'argent. Bref, pour obliger son frère, Tomaso a contrefait la lettre du bandit, et voilà toute l'histoire. Vous savez que les liens de famille sont si puissants en Corse, qu'ils entraînent quelquefois au crime... Veuillez prendre connaissance de cette lettre que m'écrit le procureur général[a], elle vous confirmera ce que je viens de vous dire. »

Orso parcourut la lettre qui relatait en détail les aveux de Tomaso, et Colomba lisait en même temps par-dessus l'épaule de son frère.

Lorsqu'elle eut fini, elle s'écria :

« Orlanduccio Barricini est allé à Bastia il y a un mois, lorsqu'on a su que mon frère allait revenir. Il aura vu Tomaso et lui aura acheté ce mensonge.

— Mademoiselle, dit le préfet avec impatience, vous expliquez tout par des suppositions odieuses ; est-ce le moyen[b] de découvrir la vérité ? Vous, monsieur, vous êtes de sang-froid ; dites-moi, que pensez-vous maintenant ? Croyez-vous, comme mademoiselle, qu'un homme qui n'a qu'une condamnation assez légère à redouter se charge de gaieté de cœur d'un crime de faux pour obliger quelqu'un qu'il ne connaît pas ? »

Orso relut la lettre du procureur général, pesant chaque mot avec une attention extraordinaire ; car, depuis qu'il avait vu l'avocat Barricini, il se sentait plus difficile à convaincre qu'il ne l'eût été quelques jours auparavant. Enfin il se vit contraint d'avouer

a. Le procureur général (1850) : le *substitut du* procureur général.
b. Le moyen de découvrir la vérité ? : le moyen de *savoir* la vérité ? (*RDM*).

que l'explication lui paraissait satisfaisante. — Mais Colomba s'écria avec force :

« Tomaso Bianchi est un fourbe. Il ne sera pas condamné, ou il s'échappera de prison, j'en suis sûre. »

Le préfet haussa les épaules.

« Je vous ai fait part, monsieur, dit-il, des renseignements que j'ai reçus. Je me retire, et je vous abandonne à vos réflexions. J'attendrai que votre raison vous ait éclairé, et j'espère qu'elle sera plus puissante que les... suppositions de votre sœur. »

Orso, après quelques paroles pour excuser Colomba, répéta qu'il croyait maintenant que Tomaso était le seul coupable.

Le préfet s'était levé pour sortir.

« S'il n'était pas si tard, dit-il, je vous proposerais de venir avec moi prendre la lettre de Miss Nevil... Par la même occasion, vous pourriez dire à M. Barricini ce que vous venez de me dire, et tout serait fini.

— Jamais Orso della Rebbia n'entrera chez un Barricini ! s'écria Colomba avec impétuosité.

— Mademoiselle est le *tintinajo** de la famille ; à ce qu'il paraît, dit le préfet d'un air de raillerie.

— Monsieur, dit Colomba d'une voix ferme, on vous trompe. Vous ne connaissez pas l'avocat. C'est le plus rusé, le plus fourbe des hommes. Je vous en conjure, ne faites pas faire à Orso une action qui le couvrirait de honte.

— Colomba ! s'écria Orso, la passion te fait déraisonner.

— Orso ! Orso ! par la cassette que je vous ai remise, je vous en supplie, écoutez-moi. Entre vous et les Barricini il y a du sang ; vous n'irez pas chez eux !

— Ma sœur !

* On appelle ainsi le bélier porteur d'une sonnette qui conduit le troupeau, et, par métaphore, on donne le même nom au membre d'une famille qui la dirige dans toutes les affaires importantes.

« — Non, mon frère, vous n'irez point, ou je quitterai cette maison, et vous ne me reverrez plus... Orso, ayez pitié de moi. »

Et elle tomba à genoux.

« Je suis désolé, dit le préfet, de voir Mlle della Rebbia si peu raisonnable. Vous la convaincrez, j'en suis sûr. »

Il entrouvrit la porte et s'arrêta, paraissant attendre qu'Orso le suivît.

« Je ne puis la quitter maintenant, dit Orso... Demain, si...

— Je pars de bonne heure, dit le préfet.

— Au moins, mon frère, s'écria Colomba les mains jointes, attendez jusqu'à demain matin. Laissez-moi revoir les papiers de mon père... Vous ne pouvez me refuser cela !

— Eh bien, tu les verras ce soir, mais au moins tu ne me tourmenteras plus ensuite avec cette haine extravagante... Mille pardons, monsieur le préfet... Je me sens moi-même si mal à mon aise... Il vaut mieux que ce soit demain.

— La nuit porte conseil, dit le préfet en se retirant, j'espère que demain toutes vos irrésolutions auront cessé.

— Saveria, s'écria Colomba, prends la lanterne et accompagne M. le préfet. Il te remettra une lettre pour mon frère. »

Elle ajouta quelques mots que Saveria seule entendit.

« Colomba, dit Orso lorsque le préfet fut parti, tu m'as fait beaucoup[a] de peine. Te refuseras-tu donc toujours à l'évidence ?

— Vous m'avez donné jusqu'à demain, répondit-elle. J'ai bien peu de temps, mais j'espère encore. »

Puis elle prit un trousseau de clefs et courut dans une chambre de l'étage supérieur. Là, on l'entendit ouvrir précipitamment des tiroirs et fouiller dans un

a. Tu m'as fait beaucoup de peine (1850) : *bien de la* peine.

secrétaire où le colonel della Rebbia enfermait autrefois ses papiers importants.

CHAPITRE XIV

Saveria fut longtemps absente, et l'impatience d'Orso était à son comble lorsqu'elle reparut enfin, tenant une lettre, et suivie de la petite Chilina, qui se frottait les yeux, car elle avait été réveillée de son premier somme.

« Enfant, dit Orso, que viens-tu faire ici à cette heure ?

— Mademoiselle me demande », répondit Chilina.

« Que diable lui veut-elle ? » pensa Orso ; mais il se hâta de décacheter la lettre de Miss Lydia, et, pendant qu'il lisait, Chilina montait auprès de sa sœur.

« Mon père a été un peu malade, monsieur, disait Miss Nevil, et il est d'ailleurs si paresseux pour écrire, que je suis obligée de lui servir de secrétaire. L'autre jour, vous savez qu'il s'est mouillé les pieds sur le bord de la mer, au lieu d'admirer le paysage avec nous, et il n'en faut pas davantage pour donner la fièvre dans votre charmante île. Je vois d'ici la mine que vous faites ; vous cherchez sans doute votre stylet, mais j'espère que vous n'en avez plus. Donc, mon père a eu un peu là fièvre, et moi beaucoup de frayeur ; le préfet, que je persiste à trouver très aimable, nous a donné un médecin fort aimable aussi, qui, en deux jours, nous a tirés de peine : l'accès n'a pas reparu, et mon père veut retourner à la chasse ; mais je la lui défends encore. — Comment avez-vous trouvé votre château des montagnes ? Votre tour du nord est-elle toujours à la même place ? Y a-t-il bien des fantômes ? Je vous demande tout cela, parce que mon père se souvient que vous lui avez promis daims, sangliers, mouflons... Est-ce bien là le nom de cette bête étrange ? En allant nous embarquer à Bastia, nous comptons vous demander l'hospitalité, et j'espère que le château della Rebbia, que vous dites si vieux et si délabré, ne s'écroulera pas sur nos têtes. Quoique le préfet soit si aimable qu'avec lui on ne manque jamais de sujet de conversation, *by the bye*[1], je me flatte de lui avoir fait tourner la tête. — Nous avons parlé de votre seigneurie. Les gens de loi de Bastia lui ont envoyé certaines révélations d'un coquin qu'ils tiennent sous les verrous, et qui sont de nature à détruire vos derniers soupçons ; votre inimitié, qui parfois m'inquiétait, doit cesser dès lors. Vous n'avez pas d'idée comme cela m'a fait plaisir. Quand vous êtes parti avec la belle vocératrice, le[a] fusil à la main[b], le regard sombre, vous m'avez paru plus Corse qu'à l'ordinaire... trop Corse même. *Basta !* je vous en écris si long, parce que je m'ennuie. Le préfet va partir, hélas ! Nous vous enverrons un message lorsque nous nous mettrons en route pour vos montagnes, et je prendrai la liberté d'écrire à Mlle Colomba pour lui demander un bruccio, *ma solenne*[2]. En attendant, dites-lui mille tendresses. Je fais grand usage de son stylet, j'en coupe les feuillets d'un roman que j'ai apporté ; mais ce fer terrible s'indigne de cet usage et me déchire mon livre d'une façon pitoyable. Adieu, monsieur ; mon père vous envoie *his best love*[3]. Écoutez le préfet, il est homme de bon conseil, et se détourne de sa route, je crois, à cause de vous ; il va poser une première pierre à Corte ; je m'imagine que ce doit être une cérémonie bien imposante, et je regrette fort de n'y pas assister. Un monsieur en habit brodé, bas de soie, écharpe blanche, tenant

a. Le fusil (1850) : *votre* fusil.
b. Le regard (1850) : *et* le regard.
1. *By the bye* : soit dit en passant.
2. *Un bruccio, ma solenne* : un *bruccio*, mais de fête ; voir la note de Mérimée au chapitre VII.
3. *His best love* : ses meilleurs sentiments.

une truelle!... et un discours; la cérémonie se termi-
nera par les cris mille fois répétés de *vive le roi!* —
Vous allez être bien fat de m'avoir fait remplir les
quatre pages; mais je m'ennuie, monsieur, je vous le
répète, et, par cette raison, je vous permets de
m'écrire très longuement. A propos, je trouve extraordinaire que vous ne m'ayez pas encore mandé
votre heureuse arrivée dans Pietranera Castle.

LYDIA.

« *P.-S.* Je vous demande d'écouter le préfet, et de
faire ce qu'il vous dira. Nous avons arrêté ensemble
que vous deviez en agir ainsi, et cela me fera plaisir. »

Orso lut trois ou quatre fois cette lettre accompagnant mentalement[a] chaque lecture de commentaires sans nombre; puis il fit une longue réponse,
qu'il chargea Saveria de porter à un homme du village qui partait la nuit même pour Ajaccio. Déjà il ne
pensait guère à discuter avec sa sœur les griefs vrais
ou faux des Barricini, la lettre de Miss Lydia lui faisait tout voir en couleur de rose; il n'avait plus ni
soupçons, ni haine. Après avoir attendu quelque
temps que sa sœur redescendît, et ne la voyant pas
reparaître, il alla se coucher, le cœur plus léger qu'il
ne s'était senti depuis longtemps. Chilina ayant été
congédiée avec des instructions secrètes, Colomba
passa la plus grande partie de la nuit à lire de vieilles
paperasses. Un peu avant le jour, quelques petits
cailloux furent lancés contre sa fenêtre; à ce signal,
elle descendit au jardin, ouvrit une porte dérobée, et
introduisit dans sa maison deux hommes de fort
mauvaise mine; son premier soin fut de les mener à
la cuisine et de leur donner à manger. Ce qu'étaient
ces hommes, on le saura tout à l'heure.

a. Accompagnant *mentalement* chaque lecture (1842): accompagnant chaque lecture (*RDM*; 1841).

CHAPITRE XV

Le matin, vers six heures, un domestique du préfet frappait à la maison d'Orso. Reçu par Colomba, il lui dit que le préfet allait partir, et qu'il attendait son frère. Colomba répondit sans hésiter que son frère venait de tomber dans l'escalier et de se fouler le pied ; qu'étant hors d'état de faire un pas, il suppliait M. le préfet de l'excuser, et serait très reconnaissant s'il daignait prendre la peine de passer chez lui. Peu après ce message, Orso descendit et demanda à sa sœur si le préfet ne l'avait pas envoyé chercher.

« Il vous prie de l'attendre ici », dit-elle[a] avec la plus grande assurance.

Une demi-heure s'écoula sans qu'on aperçût le moindre mouvement du côté de la maison des Barricini ; cependant Orso demandait à Colomba si elle avait fait quelque découverte ; elle répondit qu'elle s'expliquerait devant le préfet. Elle affectait un grand calme, mais son teint et ses yeux annonçaient une agitation fébrile.

Enfin, on vit s'ouvrir la porte de la maison Barricini ; le préfet, en habit de voyage, sortit le premier, suivi du maire et de ses deux fils. Quelle fut la stupéfaction des habitants de Pietranera, aux aguets depuis le lever du soleil, pour assister au départ du premier magistrat du département, lorsqu'ils le virent, accompagné des trois Barricini, traverser la place en droite ligne et entrer dans la maison della Rebbia. « Ils font la paix ! » s'écrièrent les politiques du village.

« Je vous le disais bien, ajouta un vieillard, Orso Antonio a trop vécu sur le continent pour faire les choses comme un homme de cœur.

— Pourtant, répondit un rebbianiste, remarquez que ce sont les Barricini qui viennent le trouver. Ils demandent grâce.

a. Dit-elle (1850) : *répondit*-elle.

— C'est le préfet qui les a tous embobelinés[1], répliqua le vieillard ; on n'a plus de courage aujourd'hui, et les jeunes gens se soucient du sang de leur père comme s'ils étaient tous des bâtards. »

Le préfet ne fut pas médiocrement surpris de trouver Orso debout et marchant sans peine. En deux mots, Colomba s'accusa de son mensonge et lui en demanda pardon :

« Si vous aviez demeuré ailleurs, monsieur le préfet, dit-elle, mon frère serait allé hier vous présenter ses respects. »

Orso se confondait en excuses, protestant qu'il n'était pour rien dans cette ruse ridicule, dont il était profondément mortifié. Le préfet et le vieux Barricini parurent croire à la sincérité de ses regrets, justifiés d'ailleurs par sa confusion et les reproches qu'il adressait à sa sœur ; mais les fils du maire ne parurent pas satisfaits :

« On se moque de nous, dit Orlanduccio, assez haut pour être entendu.

— Si ma sœur me jouait de ces tours, dit Vincentello, je lui ôterais bien vite l'envie de recommencer. »

Ces paroles, et le ton dont elles furent prononcées, déplurent à Orso et lui firent perdre un peu de sa bonne volonté. Il échangea avec les jeunes Barricini des regards où ne se peignait nulle bienveillance.

Cependant, tout le monde étant[a] assis, à l'exception de Colomba, qui se tenait debout près de la porte de la cuisine, le préfet prit la parole, et, après quelques lieux communs sur les préjugés du pays, rappela que la plupart des inimitiés les plus invétérées n'avaient pour cause que des malentendus. Puis, s'adressant au maire, il lui dit que M. della Rebbia n'avait jamais cru que la famille Barricini eût pris une part directe ou indirecte dans l'événement déplorable qui l'avait privé de son père ; qu'à la vérité

a. Étant assis : *était* assis (1842).
1. *Embobelinés* : circonvenus par des paroles enjôleuses.

159

il avait conservé quelques doutes relatifs à une particularité du procès qui avait existé entre les deux familles ; que ce doute s'excusait par la longue absence de M. Orso et la nature des renseignements qu'il avait reçus ; qu'éclairé maintenant par des révélations récentes, il se tenait pour complètement satisfait, et désirait établir avec M. Barricini et ses fils[a] des relations d'amitié et de bon voisinage.

Orso s'inclina d'un air contraint ; M. Barricini balbutia quelques mots que personne n'entendit ; ses fils regardèrent les poutres du plafond. Le préfet, continuant sa harangue, allait adresser à Orso la contrepartie de ce qu'il venait de débiter à M. Barricini, lorsque Colomba, tirant de dessous son fichu quelques papiers, s'avança gravement entre les parties contractantes :

« Ce serait avec un bien vif plaisir, dit-elle, que je verrais finir la guerre entre nos deux familles ; mais pour que la réconciliation soit sincère, il faut s'expliquer et ne rien laisser dans le doute. — Monsieur le préfet, la déclaration de Tomaso Bianchi m'était à bon droit suspecte, venant d'un homme aussi mal famé. — J'ai dit que vos fils peut-être avaient vu cet homme dans la prison de Bastia.

— Cela est faux, interrompit Orlanduccio, je ne l'ai point vu. »

Colomba lui jeta un regard de mépris, et poursuivit avec beaucoup de calme en apparence :

« Vous avez expliqué l'intérêt que pouvait avoir Tomaso à menacer M. Barricini au nom d'un bandit redoutable, par le désir qu'il avait de conserver à son frère Théodore le moulin que mon père lui louait à bas prix ?...

— Cela est évident, dit le préfet.

— De la part d'un misérable comme paraît être ce Bianchi, tout s'explique, dit Orso, trompé par l'air de modération de sa sœur.

— La lettre contrefaite, continua Colomba, dont les yeux commençaient à briller d'un éclat plus vif,

a. M. Barricini et ses fils (1850) : et *sa famille* (*RDM* ; 1841 ; 1845).

est datée du 11 juillet. Tomaso était alors chez son frère au moulin.

— Oui, dit le maire un peu inquiet.

— Quel intérêt avait donc Tomaso Bianchi ? s'écria Colomba d'un air de triomphe. Le bail de son frère était expiré, mon père lui avait donné congé le 1er juillet. Voici le registre de mon père, la minute de congé, la lettre d'un homme d'affaires d'Ajaccio qui nous proposait un nouveau meunier. »

En parlant ainsi, elle remit au préfet les papiers qu'elle tenait à la main.

Il y eut un moment d'étonnement général. Le maire pâlit visiblement ; Orso, fronçant le sourcil, s'avança pour prendre connaissance des papiers que le préfet lisait avec beaucoup d'attention.

« On se moque de nous ! s'écria de nouveau Orlanduccio en se levant avec colère. Allons-nous-en, mon père, nous n'aurions jamais dû venir ici ! »

Un instant suffit à M. Barricini pour reprendre son sang-froid. Il demanda à examiner les papiers ; le préfet les lui remit sans dire un mot. Alors, relevant ses lunettes vertes sur son front, il les parcourut d'un air assez indifférent, pendant que Colomba l'observait avec les yeux d'une tigresse qui voit un daim s'approcher de la tanière de ses petits.

« Mais, dit M. Barricini rabaissant ses lunettes et rendant les papiers au préfet, — connaissant la bonté de feu M. le colonel... Tomaso a pensé... il a dû penser... que M. le colonel reviendrait sur sa résolution de lui donner congé... De fait, il est resté en possession du moulin, donc...

— C'est moi, dit Colomba d'un ton de mépris, qui le lui ai conservé. Mon père était mort, et dans ma position, je devais ménager les clients de ma famille.

— Pourtant, dit le préfet, ce Tomaso reconnaît qu'il a écrit la lettre..., cela est clair.

— Ce qui est clair pour moi, interrompit Orso, c'est qu'il y a de grandes infamies cachées[a] dans toute cette affaire.

a. De grandes infamies cachées : de grandes infamies *de* cachées (1842 ; 1845).

— J'ai encore à contredire une assertion de ces messieurs », dit Colomba.

Elle ouvrit la porte de la cuisine, et aussitôt entrèrent dans la salle Brandolaccio, le licencié en théologie et le chien Brusco. Les deux bandits étaient sans armes, au moins apparentes ; ils avaient la cartouchière à la ceinture, mais point le pistolet qui en est[a] le complément obligé. En entrant dans la salle, ils ôtèrent respectueusement leurs bonnets.

On peut concevoir l'effet que produisit leur subite apparition. Le maire pensa tomber à la renverse ; ses fils se jetèrent bravement devant lui, la main dans la poche de leur habit, cherchant leurs stylets[b]. Le préfet fit un mouvement vers la porte, tandis qu'Orso, saisissant Brandolaccio au collet lui cria :

« Que viens-tu faire ici, misérable ?

— C'est un guet-apens ! » s'écria le maire essayant d'ouvrir la porte ; mais Saveria l'avait fermée en dehors à double tour, d'après l'ordre des bandits, comme on le sut ensuite.

« Bonnes gens ! dit Brandolaccio, n'ayez pas peur de moi ; je ne suis pas si diable que je suis noir. Nous n'avons nulle mauvaise intention. Monsieur le préfet, je suis bien votre serviteur. — Mon lieutenant, de la douceur, vous m'étranglez. — Nous venons ici comme témoins. Allons, parle, toi, Curé, tu as la langue bien pendue.

— Monsieur le préfet, dit le licencié, je n'ai pas l'honneur d'être connu de vous. Je m'appelle Giocanto Castriconi, plus connu sous le nom du Curé... Ah ! vous me remettez ! Mademoiselle, que je n'avais pas l'avantage de connaître non plus, m'a fait prier de lui donner des renseignements sur un nommé Tomaso Bianchi, avec lequel j'étais détenu, il y a trois semaines, dans les prisons de Bastia. Voici ce que j'ai à vous dire...

---

a. En est le complément (1850) ; en *fait* le complément.
b. Leurs stylets (1850) ; *leur* stylet (*RDM* ; 1841) ; *un* stylet (1842).

— Ne prenez pas cette peine, dit le préfet ; je n'ai rien à entendre d'un homme comme vous... Monsieur della Rebbia, j'aime à croire que vous n'êtes pour rien dans cet odieux complot. Mais êtes-vous maître chez vous ? Faites ouvrir cette porte. Votre sœur aura peut-être à rendre compte des étranges relations qu'elle entretient avec des bandits.

— Monsieur le préfet, s'écria Colomba, daignez entendre ce que va dire cet homme. Vous êtes ici pour rendre justice à tous, et votre devoir est de rechercher la vérité. Parlez, Giocanto Castriconi.

— Ne l'écoutez pas ! s'écrièrent en chœur les trois Barricini.

— Si tout le monde parle à la fois, dit le bandit en souriant, ce n'est pas le moyen de s'entendre. Dans la prison donc, j'avais pour compagnon, non pour ami, ce Tomaso en question. Il recevait de fréquentes visites de M. Orlanduccio...

— C'est faux, s'écrièrent à la fois les deux frères.

— Deux négations valent une affirmation, observa froidement Castriconi. Tomaso avait de l'argent ; il mangeait et buvait du meilleur. J'ai toujours aimé la bonne chère (c'est là mon moindre défaut), et, malgré ma répugnance à frayer avec ce drôle, je me laissai aller à dîner plusieurs fois avec lui. Par reconnaissance, je lui proposai de s'évader avec moi... Une petite... pour qui j'avais eu des bontés, m'en avait fourni les moyens... Je ne veux compromettre personne. Tomaso refusa, me dit qu'il était sûr de son affaire, que l'avocat Barricini l'avait recommandé à tous les juges, qu'il sortirait de là blanc comme neige et avec de l'argent en poche. Quant à moi, je crus devoir prendre l'air. *Dixi*[1].

— Tout ce que dit cet homme est un tas de men-

---

1. Le discours pédant de Castriconi s'ouvre par le rappel parodique d'une règle de grammaire latine, se poursuit par une expression rabelaisienne passée en proverbe, « boire du meilleur », (*Gargantua*, XXVII) et par un écho à la fable de La Fontaine, *La Cigale et la Fourmi* : « C'est là son moindre défaut », s'achève par une clausule oratoire, « *dixi* », j'ai dit.

songes, répéta résolument Orlanduccio. Si nous étions en rase campagne, chacun avec notre fusil, il ne parlerait pas de la sorte.

— En voilà une de bêtise! s'écria Brandolaccio. Ne vous brouillez pas avec le Curé, Orlanduccio.

— Me laisserez-vous sortir enfin, monsieur della Rebbia? dit le préfet frappant du pied d'impatience.

— Saveria! Saveria! criait Orso, ouvrez la porte, de par le diable!

— Un instant, dit Brandolaccio. Nous avons d'abord à filer, nous, de notre côté. Monsieur le préfet, il est d'usage, quand on se rencontre chez des amis communs, de se donner une demi-heure de trêve en se quittant. »

Le préfet lui lança un regard de mépris.

« Serviteur à toute la compagnie », dit Brandolaccio. Puis étendant le bras horizontalement : « Allons, Brusco, dit-il à son chien, saute pour M. le préfet! »

Le chien sauta, les bandits reprirent à la hâte leurs armes dans la cuisine, s'enfuirent par le jardin, et à un coup de sifflet aigu la porte de la salle s'ouvrit comme par enchantement.

« Monsieur Barricini, dit Orso avec une fureur concentrée, je vous tiens pour un faussaire. Dès aujourd'hui j'enverrai ma plainte contre vous au procureur du roi, pour faux et pour complicité avec Bianchi. Peut-être aurai-je encore une plainte plus terrible à porter contre vous.

— Et moi, monsieur della Rebbia, dit le maire, je porterai ma plainte contre vous pour guet-apens et pour complicité avec des bandits. En attendant, M. le préfet vous recommandera à la gendarmerie.

— Le préfet fera son devoir, dit celui-ci d'un ton sévère. Il veillera à ce que l'ordre ne soit pas troublé à Pietranera, il prendra soin que justice soit faite. Je parle à vous tous, messieurs. »

Le maire et Vincentello étaient déjà hors de la salle, et Orlanduccio les suivait à reculons lorsque Orso lui dit à voix basse :

« Votre père est un vieillard que j'écraserais d'un

soufflet : c'est à vous que j'en destine, à vous et à votre frère. »

Pour réponse, Orlanduccio tira son stylet et se jeta sur Orso comme un furieux ; mais, avant qu'il pût faire usage de son arme, Colomba lui saisit le bras qu'elle tordit avec force pendant qu'Orso, le frappant du poing au visage, le fit reculer quelques pas et heurter rudement contre le chambranle de la porte. Le stylet échappa de la main d'Orlanduccio, mais Vincentello avait le sien et rentrait dans la chambre, lorsque Colomba, sautant sur un fusil, lui prouva que la partie n'était pas égale. En même temps le préfet se jeta entre les combattants.

« A bientôt, Ors'Anton' », cria Orlanduccio ; et, tirant violemment la porte de la salle, il la ferma à clef pour se donner le temps de faire retraite.

Orso et le préfet demeurèrent un quart d'heure sans parler, chacun à un bout de la salle. Colomba, l'orgueil du triomphe sur le front, les considérait tour à tour, appuyée sur le fusil qui avait décidé de la victoire.

« Quel pays ! quel pays ! s'écria enfin le préfet en se levant impétueusement. Monsieur della Rebbia, vous avez eu tort. Je vous demande votre parole d'honneur de vous abstenir de toute violence et d'attendre que la justice décide dans cette maudite affaire.

— Oui, monsieur le préfet, j'ai eu tort de frapper ce misérable ; mais enfin j'ai frappé, et je ne puis lui refuser la satisfaction qu'il m'a demandée.

— Eh ! non, il ne veut pas se battre avec vous !... Mais s'il vous assassine... Vous avez bien fait tout ce qu'il fallait pour cela.

— Nous nous garderons, dit Colomba.

— Orlanduccio, dit Orso, me paraît un garçon de courage et j'augure mieux que lui, monsieur le préfet. Il a été prompt à tirer son stylet, mais à sa place, j'en aurais peut-être agi de même ; et je suis heureux que ma sœur n'ait pas un poignet de petite-maîtresse.

— Vous ne vous battrez pas! s'écria le préfet; je vous le défends!

— Permettez-moi de vous dire, monsieur, qu'en matière d'honneur je ne reconnais d'autre autorité que celle de ma conscience.

— Je vous dis que vous ne vous battrez pas!

— Vous pouvez me faire arrêter, monsieur..., c'est-à-dire si je me laisse prendre. Mais, si cela arrivait, vous ne feriez que différer une affaire maintenant inévitable. Vous êtes homme d'honneur, monsieur le préfet, et vous savez bien qu'il n'en peut être autrement.

— Si vous faisiez arrêter mon frère, ajouta Colomba, la moitié du village prendrait son parti, et nous verrions une belle fusillade.

— Je vous préviens, monsieur, dit Orso, et je vous supplie de ne pas croire que je fais une bravade; je vous préviens que, si M. Barricini abuse de son autorité de maire pour me faire arrêter, je me défendrai.

— Dès aujourd'hui, dit le préfet, M. Barricini est suspendu de ses fonctions... Il se justifiera, je l'espère... Tenez, monsieur, vous m'intéressez. Ce que je vous demande est bien peu de chose : restez chez vous tranquille jusqu'à mon retour de Corte. Je ne serai que trois jours absent. Je reviendrai avec le procureur du roi, et nous débrouillerons alors complètement cette triste affaire. Me promettez-vous de vous abstenir jusque-là de toute hostilité[1]?

— Je ne puis le promettre, monsieur, si, comme je le pense, Orlanduccio me demande une rencontre.

— Comment! monsieur della Rebbia, vous, militaire français vous voulez vous battre avec un homme que vous soupçonnez d'un faux?

— Je l'ai frappé, monsieur.

— Mais, si vous aviez frappé un galérien[a] et qu'il

---

a. Frappé un galérien (1842); frappé *votre domestique* (*RDM*; 1841).
1. Ce passage est adapté de Robiquet, qui évoque l'affaire entre Poli et Podestà, et l'interdiction du duel, *Recherches*, p. 437.

vous en demandât raison, vous vous battriez donc avec lui? Allons, monsieur Orso! Eh bien, je vous demande encore moins : ne cherchez pas Orlanduccio... Je vous permets de vous battre s'il vous demande un rendez-vous.

— Il m'en demandera, je n'en doute point, mais je vous promets de ne pas lui donner d'autres soufflets pour l'engager à se battre.

— Quel pays! répétait le préfet en se promenant à grands pas. Quand donc reviendrai-je en France?

— Monsieur le préfet, dit Colomba de sa voix la plus douce, il se fait tard, nous feriez-vous l'honneur de déjeuner ici?

Le préfet ne put s'empêcher de rire.

« Je suis demeuré déjà trop longtemps ici... cela ressemble à de la partialité... Et cette maudite pierre!... Il faut que je parte... Mademoiselle della Rebbia..., que de malheurs vous avez préparés peut-être aujourd'hui!

— Au moins, monsieur le préfet, vous rendrez à ma sœur la justice de croire que ses convictions sont profondes; et, j'en suis sûr maintenant[a], vous les croyez vous-même bien établies.

— Adieu, monsieur, dit le préfet en lui faisant un signe de la main. Je vous préviens que je vais donner l'ordre au brigadier de gendarmerie de suivre toutes vos démarches. »

Lorsque le préfet fut sorti :

« Orso, dit Colomba, vous n'êtes point ici sur le continent. Orlanduccio n'entend rien à vos duels, et d'ailleurs ce n'est pas de la mort d'un brave que ce misérable doit mourir.

— Colomba, ma bonne, tu es la femme forte. Je t'ai de grandes obligations pour m'avoir sauvé un bon coup de couteau. Donne-moi ta petite main que je la baise. Mais, vois-tu, laisse-moi faire. Il y a certaines choses que tu n'entends pas. Donne-moi à

a. J'en suis sûr *maintenant*, vous les croyez (1842); j'en suis sûr, vous les croyez (*RDM*; 1841).

déjeuner; et, aussitôt que le préfet se sera mis en route, fais-moi venir la petite Chilina qui paraît s'acquitter à merveille des commissions qu'on lui donne. J'aurai besoin d'elle pour porter une lettre. »

Pendant que Colomba surveillait les apprêts du déjeuner, Orso monta dans sa chambre et écrivit le billet suivant :

« Vous devez être pressé de me rencontrer ; je ne le suis pas moins. Demain matin nous pourrons nous trouver à six heures dans la vallée d'Acquaviva. Je suis très adroit au pistolet, et je ne vous propose pas cette arme. On dit que vous tirez bien le fusil : prenons chacun un fusil à deux coups. Je viendrai accompagné d'un homme de ce village. Si votre frère veut vous accompagner, prenez un second témoin et prévenez-moi. Dans ce cas seulement j'aurai deux témoins.

« ORSO ANTONIO DELLA REBBIA. »

Le préfet, après être resté une heure chez l'adjoint du maire, après être entré pour quelques minutes chez les Barricini, partit pour Corte, escorté d'un seul gendarme. Un quart d'heure après, Chilina porta la lettre qu'on vient de lire et la remit à Orlanduccio en propres mains.

La réponse se fit attendre et ne vint que dans la soirée. Elle était signée de M. Barricini père, et il annonçait à Orso qu'il déférait au procureur du roi la lettre de menace adressée à son fils. « Fort de ma conscience, ajoutait-il en terminant, j'attends que la justice ait prononcé sur vos calomnies. »

Cependant cinq ou six bergers mandés par Colomba arrivèrent pour garnisonner[1] la tour des della Rebbia. Malgré les protestations d'Orso, on pratiqua des *archere* aux fenêtres donnant sur la place, et toute la soirée il reçut des offres de service

1. *Garnisonner* : assurer la défense par des troupes en garnison ; le terme est rare.

168

de différentes personnes du bourg. Une lettre arriva même du théologien bandit, qui promettait, en son nom et en celui de Brandolaccio, d'intervenir si le maire se faisait assister de la gendarmerie. Il finissait par ce *post scriptum* : « Oserai-je vous demander ce que pense M. le préfet de l'excellente éducation que mon ami donne au chien Brusco ? Après Chilina, je ne connais pas d'élève plus docile et qui montre de plus heureuses dispositions. »

CHAPITRE XVI

Le lendemain se passa sans hostilités. De part et d'autre on se tenait sur la défensive. Orso ne sortit pas de sa maison, et la porte des Barricini resta constamment fermée. On voyait les cinq gendarmes laissés en garnison à Pietranera se promener sur la place ou aux environs du village, assistés du garde champêtre, seul représentant de la milice urbaine. L'adjoint ne quittait pas son écharpe ; mais, sauf les *archere* aux fenêtres des deux maisons ennemies, rien n'indiquait la guerre. Un Corse seul aurait remarqué que sur la place, autour du chêne vert, on ne voyait que des femmes.

A l'heure du souper, Colomba montra d'un air joyeux à son frère la lettre suivante qu'elle venait de recevoir de Miss Nevil :

« Ma chère mademoiselle Colomba, j'apprends avec bien du plaisir, par une lettre de votre frère, que vos inimitiés sont finies. Recevez-en mes compliments. Mon père ne peut plus souffrir Ajaccio depuis que votre frère n'est plus là pour parler guerre et chasser avec lui. Nous partons aujourd'hui, et nous irons coucher chez votre parente, pour laquelle nous avons une lettre. Après-demain, vers onze heures, je viendrai vous demander à goûter de ce bruccio des montagnes, si supérieur, dites-vous, à celui de la ville.

« Adieu, chère mademoiselle Colomba.

« Votre amie,

« LYDIA NEVIL. »

« Elle n'a donc pas reçu ma seconde lettre ? s'écria Orso.

— Vous voyez, par la date de la sienne, que Mlle Lydia devait être en route quand votre lettre est arrivée à Ajaccio. Vous lui disiez donc de ne pas venir ?

— Je lui disais que nous étions en état de siège. Ce n'est pas, ce me semble, une situation à recevoir du monde.

— Bah ! ces Anglais sont des gens singuliers. Elle me disait, la dernière nuit que j'ai passée dans sa chambre, qu'elle serait fâchée de quitter la Corse sans avoir vu une belle vendette. Si vous le vouliez, Orso, on pourrait lui donner le spectacle d'un assaut contre la maison de nos ennemis ?

— Sais-tu, dit Orso, que la nature a eu tort de faire de toi une femme, Colomba ? Tu aurais été un excellent militaire.

— Peut-être. En tout cas je vais faire mon bruccio.

— C'est inutile. Il faut envoyer quelqu'un pour les prévenir et les arrêter avant qu'ils se mettent en route.

— Oui ? vous voulez envoyer un messager par le temps qu'il fait, pour qu'un torrent l'emporte avec votre lettre... Que je plains les pauvres bandits par cet orage ! Heureusement, ils ont de bons *piloni**. Savez-vous ce qu'il faut faire, Orso ? Si l'orage cesse, partez demain de très bonne heure, et arrivez chez notre parente avant que vos amis se soient mis en route. Cela vous sera facile, Miss Lydia se lève toujours tard ? Vous leur conterez ce qui s'est passé chez

* Manteau de drap très épais garni d'un capuchon.

170

nous ; et s'ils persistent à venir, nous aurons grand plaisir à les recevoir. »

Orso se hâta de donner son assentiment à ce projet, et Colomba, après quelques moments de silence :

« Vous croyez peut-être, Orso, reprit-elle, que je plaisantais lorsque je vous parlais d'un assaut contre la maison Barricini ? Savez-vous que nous sommes en force, deux contre un au moins ? Depuis que le préfet a suspendu le maire, tous les hommes d'ici sont pour nous. Nous pourrions les hacher. Il serait facile d'entamer l'affaire. Si vous le vouliez, j'irais à la fontaine, je me moquerais de leurs femmes ; ils sortiraient... Peut-être... car ils sont si lâches ! peut-être tireraient-ils[a] sur moi par leurs *archere* ; ils me manqueraient. Tout est dit alors : ce sont eux qui attaquent. Tant pis pour les vaincus : dans une bagarre où trouver ceux qui ont fait un bon coup ? Croyez-en votre sœur, Orso ; les robes noires qui vont venir saliront du papier, diront bien des mots inutiles. Il n'en résultera rien. Le vieux renard trouverait moyen de leur faire voir des étoiles en plein midi. Ah ! si le préfet ne s'était pas mis devant Vincentello, il y en avait un de moins. »

Tout cela était dit avec le même sang-froid qu'elle mettait l'instant d'auparavant[b] à parler des préparatifs du bruccio.

Orso, stupéfait, regardait sa sœur avec une admiration mêlée de crainte.

« Ma douce Colomba, dit-il en se levant de table, tu es, je le crains, le diable en personne ; mais sois tranquille. Si je ne parviens pas à faire pendre les Barricini, je trouverai moyen d'en venir à bout d'une autre manière. Balle chaude ou fer froid* ! Tu vois que je n'ai pas oublié le corse.

— Le plus tôt serait le mieux, dit Colomba en sou-

---

* *Palla calda u farru freddu*, locution très usitée.
a. Tireraient-ils (1850) ; ils tireraient.
b. L'instant d'auparavant (1842) : l'instant d'*avant* (*RDM* ; 1841).

pirant. Quel cheval monterez-vous demain, Ors'
Anton'?

— Le noir. Pourquoi me demandes-tu cela ?

— Pour lui faire donner de l'orge. »

Orso s'étant retiré dans sa chambre, Colomba
envoya coucher Saveria et les bergers, et demeura
seule dans la cuisine où se préparait le bruccio. De
temps en temps elle prêtait l'oreille et paraissait
attendre impatiemment que son frère se fût couché.
Lorsqu'elle le crut enfin endormi, elle prit un couteau, s'assura qu'il était tranchant, mit ses petits
pieds dans de gros souliers, et, sans faire le moindre
bruit, elle entra dans le jardin.

Le jardin, fermé de murs, touchait à un terrain
assez vaste, enclos de haies, où l'on mettait les chevaux, car les chevaux corses ne connaissent guère
l'écurie. En général on les lâches dans un champ et
l'on s'en rapporte à leur intelligence pour trouver à
se nourrir et à s'abriter contre le froid et la pluie.

Colomba ouvrit la porte du jardin avec la même
précaution, entra dans l'enclos, et en sifflant doucement elle attira près d'elle les chevaux, à qui elle portait souvent du pain et du sel. Dès que le cheval noir
fut à sa portée, elle le saisit fortement par la crinière
et lui fendit l'oreille avec son couteau. Le cheval fit
un bond terrible et s'enfuit en faisant entendre ce cri
aigu qu'une vive douleur arrache quelquefois aux
animaux de son espèce. Satisfaite alors, Colomba
rentrait dans le jardin, lorsque Orso ouvrit sa fenêtre
et cria : « Qui va là ? » En même temps elle entendit
qu'il armait son fusil. Heureusement pour elle, la
porte du jardin était dans une obscurité complète, et
un grand figuier la couvrait en partie. Bientôt, aux
lueurs intermittentes qu'elle vit briller dans la
chambre de son frère, elle conclut qu'il cherchait à
rallumer sa lampe. Elle s'empressa alors de fermer la
porte du jardin, et se glissant le long des murs, de
façon que son costume noir se confondît avec le
feuillage sombre des espaliers, elle parvint à rentrer
dans la cuisine quelques moments avant qu'Orso ne
parût.

« Qu'y a-t-il ? lui demanda-t-elle.

— Il m'a semblé, dit Orso, qu'on ouvrait la porte du jardin.

— Impossible. Le chien aurait aboyé. Au reste, allons voir. »

Orso fit le tour du jardin, et après avoir constaté que la porte extérieure était bien fermée, un peu honteux de cette fausse alerte, il se disposa à regagner sa chambre.

« J'aime à voir, mon frère, dit Colomba, que vous devenez prudent, comme on doit l'être dans votre position.

— Tu me formes, répondit Orso. Bonsoir. »

Le matin avec l'aube Orso s'était levé, prêt à partir. Son costume annonçait à la fois la prétention à l'élégance d'un homme qui va se présenter devant une femme à qui il veut plaire, et la prudence d'un Corse en vendette. Par-dessus une redingote bleue[a] bien serrée à la taille, il portait en bandoulière une petite boîte de fer-blanc contenant des cartouches, suspendue à un cordon de soie verte ; son stylet était placé dans une poche de côté, et il tenait à la main le beau fusil de Manton chargé à balles. Pendant qu'il prenait à la hâte une tasse de café versée par Colomba, un berger était sorti pour seller et brider le cheval. Orso et sa sœur le suivirent de près et entrèrent dans l'enclos. Le berger s'était emparé du cheval, mais il avait laissé tomber selle et bride, et paraissait saisi d'horreur, pendant que le cheval, qui se souvenait de la blessure de la nuit précédente et qui craignait pour son autre oreille, se cabrait, ruait, hennissait, faisait le diable à quatre.

« Allons, dépêche-toi, lui cria Orso.

— Ha ! Ors' Anton' ! ha ! Ors' Anton' ! s'écriait le berger, sang de la Madone ! etc. »

C'étaient des imprécations sans nombre et sans fin, dont la plupart ne pourraient se traduire.

a. Une redingote *bleue* bien serrée (1842) ; une redingote bien serrée (*RDM* ; 1841).

« Qu'est-il donc arrivé? » demanda Colomba.

Tout le monde s'approcha du cheval, et, le voyant sanglant et l'oreille fendue, ce fut une exclamation générale de surprise et d'indignation. Il faut savoir que mutiler le cheval de son ennemi est, pour les Corses, à la fois une vengeance, un défi et une menace de mort. « Rien qu'un coup de fusil n'est capable d'expier ce forfait[1]. » Bien qu'Orso, qui avait longtemps vécu sur le continent, sentît moins qu'un autre l'énormité de l'outrage, cependant, si dans ce moment quelque barriciniste se fût présenté à lui, il est probable qu'il lui eût fait immédiatement expier une insulte qu'il attribuait à ses ennemis.

« Les lâches coquins! s'écria-t-il, se venger sur une pauvre bête, lorsqu'ils n'osent me rencontrer en face!

— Qu'attendons-nous? s'écria Colomba impétueusement. Ils viennent nous provoquer, mutiler nos chevaux et nous ne leur répondrions pas! Êtes-vous hommes?

— Vengeance! répondirent les bergers. Promenons le cheval dans le village et donnons l'assaut à leur maison.

— Il y a une grange couverte de paille qui touche à leur tour, dit le vieux Polo Griffo, en un tour de main je la ferai flamber. »

Un autre proposait d'aller chercher les échelles du clocher de l'église; un troisième, d'enfoncer les portes de la maison Barricini au moyen d'une poutre déposée sur la place et destinée à quelque bâtiment en construction. Au milieu de toutes ces voix furieuses, on entendait celle de Colomba annonçant à ses satellites qu'avant de se mettre à l'œuvre chacun allait recevoir d'elle un grand verre d'anisette.

Malheureusement, ou plutôt heureusement, l'effet qu'elle s'était promis de sa cruauté envers le pauvre

1. *Rien qu'un coup de fusil* : citation parodique des *Animaux malades de la peste* (v. 61-62) de La Fontaine : « Rien que la mort n'était capable/ D'expier son forfait. »

cheval était perdu en grande partie pour Orso. Il ne doutait pas que cette mutilation sauvage ne fût l'œuvre d'un de ses ennemis, et c'était Orlanduccio qu'il soupçonnait particulièrement ; mais il ne croyait pas que ce jeune homme, provoqué et frappé par lui, eût effacé sa honte en fendant l'oreille à un cheval. Au contraire, cette basse et ridicule vengeance augmentait son mépris pour ses adversaires, et il pensait maintenant avec le préfet que de pareilles gens ne méritaient pas de se mesurer avec lui. Aussitôt qu'il put se faire entendre, il déclara à ses partisans confondus qu'ils eussent à renoncer à leurs intentions belliqueuses, et que la justice, qui allait venir, vengerait fort bien l'oreille de son cheval.

« Je suis le maître ici, ajouta-t-il d'un ton sévère, et j'entends qu'on m'obéisse. Le premier qui s'avisera de parler encore de tuer ou de brûler, je pourrai bien le brûler à son tour. Allons ! qu'on me selle le cheval gris.

— Comment, Orso, dit Colomba en le tirant à l'écart, vous souffrez qu'on nous insulte[a] ! Du vivant de notre père, jamais les Barricini n'eussent osé mutiler une bête à nous.

— Je te promets qu'ils auront lieu de s'en repentir ; mais c'est aux gendarmes et aux geôliers à punir des misérables qui n'ont de courage que contre des animaux. Je te l'ai dit, la justice me vengera d'eux... ou sinon... tu n'auras besoin de me rappeler de qui je suis fils...

— Patience ! dit Colomba en soupirant.

— Souviens-toi bien, ma sœur, poursuivit Orso, que si à mon retour, je trouve qu'on a fait quelque démonstration contre les Barricini, jamais je ne te le pardonnerai. » Puis, d'un ton plus doux : « Il est fort possible, fort probable même, ajouta-t-il, que je reviendrai ici avec le colonel et sa fille ; fais en sorte que leurs chambres soient en ordre, que le déjeuner soit bon, enfin que nos hôtes soient le moins mal

a. Qu'on nous insulte : qu'on nous insulte *de la sorte* (RDM).

175

possible. C'est très bien, Colomba, d'avoir du courage, mais il faut encore qu'une femme sache tenir une maison. Allons, embrasse-moi, sois sage ; voilà le cheval gris sellé.

— Orso, dit Colomba, vous ne partirez point seul.

— Je n'ai besoin de personne, dit Orso, et je te réponds que je ne me laisserai pas couper l'oreille.

— Oh ! jamais je ne vous laisserai partir seul en temps de guerre. Ho ! Polo Griffo ! Gian Francè ! Memmo ! prenez vos fusils ; vous allez accompagner mon frère. »

Après une discussion assez vive, Orso dut se résigner à se faire suivre d'une escorte. Il prit parmi ses bergers les plus animés ceux qui avaient conseillé le plus haut de commencer la guerre ; puis, après avoir renouvelé ses injonctions à sa sœur et aux bergers restants, il se mit en route, prenant cette fois un détour pour éviter la maison Barricini.

Déjà ils étaient loin de Pietranera, et marchaient de grande hâte, lorsque au passage d'un petit ruisseau qui se perdait dans un marécage le vieux Polo Griffo aperçut plusieurs cochons confortablement couchés dans la boue, jouissant à la fois du soleil et de la fraîcheur de l'eau. Aussitôt, ajustant le plus gros, il lui tira un coup de fusil dans la tête et le tua sur la place. Les camarades du mort se levèrent et s'enfuirent avec une légèreté surprenante ; et bien que l'autre berger fît feu à son tour, ils gagnèrent sains et saufs un fourré où ils disparurent.

« Imbéciles ! s'écria Orso ; vous prenez des cochons pour des sangliers.

— Non pas, Ors' Anton', répondit Polo Griffo ; mais ce troupeau appartient à l'avocat, et c'est pour lui apprendre à mutiler nos chevaux.

— Comment, coquins ! s'écria Orso transporté de fureur, vous imitez les infamies de nos ennemis ! Quittez-moi, misérables ! Je n'ai pas besoin de vous. Vous n'êtes bons qu'à vous battre contre des cochons. Je jure bien que si vous osez me suivre je vous casse la tête ! »

Les deux bergers s'entre-regardèrent interdits. Orso donna des éperons à son cheval et disparut au galop.

« Eh bien, dit Polo Griffo, en voilà d'une bonne ! Aimez donc les gens pour qu'ils vous traitent comme cela ! Le colonel, son père, t'en a voulu parce que tu as une fois couché en joue l'avocat... Grande bête, de ne pas tirer !... Et le fils... tu vois ce que j'ai fait pour lui... Il parle de me casser la tête, comme on fait d'une gourde qui ne tient plus le vin. Voilà ce qu'on apprend sur le continent, Memmo !

— Oui, et si l'on sait que tu as tué un cochon, on te fera un procès, et Ors' Anton' ne voudra pas parler aux juges ni payer l'avocat. Heureusement personne ne t'a vu, et sainte Nega est là pour te tirer d'affaire. »

Après une courte délibération, les deux bergers conclurent que le plus prudent était de jeter le porc dans une fondrière, projet qu'ils mirent à exécution, bien entendu après avoir pris chacun quelques grillades sur l'innocente victime de la haine des della Rebbia et des Barricini.

CHAPITRE XVII

Débarrassé de son escorte indisciplinée, Orso continuait sa route, plus préoccupé du plaisir de revoir Miss Nevil que de la crainte de rencontrer ses ennemis. « Le procès que je vais avoir avec ces misérables Barricini, se disait-il, va m'obliger d'aller à Bastia. Pourquoi n'accompagnerais-je pas Miss Nevil ? Pourquoi, de Bastia, n'irions-nous pas ensemble aux eaux d'Orezza[1] ? » Tout à coup des

1. *Orezza* : station thermale, près de Piedicroce, dans la commune de Rapaggio ; Robiquet indique qu'« il n'existe aux eaux acidulées d'Orezza aucun établissement spécial, mais le village de Piedicroce offre aux buveurs toutes les ressources désirables », *Recherches*, p. 570.

souvenirs d'enfance lui rappelèrent nettement ce site pittoresque. Il se crut transporté sur une verte pelouse au pied des[a] châtaigniers séculaires. Sur un gazon d'une herbe lustrée, parsemé de fleurs bleues ressemblant à des yeux qui lui souriaient, il voyait Miss Lydia assise auprès de lui. Elle avait ôté son chapeau, et ses cheveux blonds, plus fins et plus doux que la soie, brillaient comme de l'or au soleil qui pénétrait au travers du feuillage. Ses yeux, d'un bleu si pur, lui paraissaient plus bleus que le firmament. La joue appuyée sur une main, elle écoutait toute pensive les paroles d'amour qu'il lui adressait en tremblant. Elle avait cette robe de mousseline qu'elle portait le dernier jour qu'il l'avait vue à Ajaccio. Sous les plis de cette robe s'échappait un petit pied dans un soulier de satin noir. Orso se disait qu'il serait bien heureux de baiser ce pied; mais une des mains de Miss Lydia n'était pas gantée, et elle tenait une pâquerette. Orso lui prenait cette pâquerette, et la main de Lydia serrait la sienne; et il baisait la pâquerette, et puis la main, et on ne se fâchait pas... Et toutes ces pensées l'empêchaient de faire attention à la route qu'il suivait, et cependant il trottait toujours. Il allait pour la seconde fois baiser en imagination la main blanche de Miss Nevil, quand il pensa baiser en réalité la tête de son cheval qui s'arrêta tout à coup. C'est que la petite Chilina lui barrait le chemin et lui saisissait la bride.

« Où allez-vous ainsi, Ors' Anton'? disait-elle. Ne savez-vous pas que votre ennemi est près d'ici?

— Mon ennemi! s'écria Orso furieux de se voir interrompu dans un moment aussi intéressant. Où est-il?

— Orlanduccio est près d'ici. Il vous attend. Retournez, retournez.

— Ah! il m'attend! Tu l'as vu?

— Oui, Ors' Anton', j'étais couchée dans la fougère

___

a. Au pied des châtaigniers (1850) : *de* châtaigniers.

quand il a passé. Il regardait de tous les côtés avec sa lunette.

— De quel côté allait-il ?

— Il descendait par là, du côté où vous allez.

— Merci.

— Ors' Anton', ne feriez-vous pas bien d'attendre mon oncle ? Il ne peut tarder, et avec lui vous seriez en sûreté.

— N'aie pas peur, Chili, je n'ai pas besoin de ton oncle.

— Si vous vouliez, j'irais devant vous.

— Merci, merci. »

Et Orso, poussant son cheval, se dirigea rapidement du côté que la petite fille lui avait indiqué.

Son premier mouvement avait été un aveugle transport de fureur, et il s'était dit que la fortune lui offrait une excellente occasion de corriger ce lâche qui mutilait un cheval pour se venger d'un soufflet. Puis, tout en avançant, l'espèce de promesse qu'il avait faite au préfet, et surtout la crainte de manquer la visite de Miss Nevil, changeaient ses dispositions et lui faisaient presque désirer de ne pas rencontrer Orlanduccio. Bientôt le souvenir de son père, l'insulte faite à son cheval, les menaces des Barricini[a] rallumaient sa colère, et l'excitaient à chercher son ennemi pour le provoquer et l'obliger à se battre. Ainsi agité par des résolutions contraires, il continuait de marcher en avant, mais, maintenant, avec précaution, examinant les buissons et les haies, et quelquefois même s'arrêtant pour écouter les bruits vagues qu'on entend dans la campagne. Dix minutes après avoir quitté la petite Chilina (il était alors environ neuf heures du matin), il se trouva au bord d'un coteau extrêmement rapide. Le chemin, ou plutôt le sentier à peine tracé qu'il suivait, traversait un maquis récemment brûlé. En ce lieu la terre était chargée de cendres blanchâtres, et çà et là des

a. Les menaces des Barricini (1850) : les menaces *de ses enne-mis*.

arbrisseaux et quelques gros arbres noircis par le feu et entièrement dépouillés de leurs feuilles se tenaient debout, bien qu'ils eussent cessé de vivre. En voyant un maquis brûlé, on se croit transporté dans un site du Nord au milieu de l'hiver, et le contraste de l'aridité des lieux que la flamme a parcourus avec la végétation luxuriante d'alentour les fait paraître encore plus tristes et désolés. Mais dans ce paysage Orso ne voyait en ce moment qu'une chose, importante il est vrai, dans sa position : la terre étant nue ne pouvait cacher une embuscade, et celui qui peut craindre à chaque instant de voir sortir d'un fourré un canon de fusil dirigé contre sa poitrine, regarde comme une espèce d'oasis un terrain uni où rien n'arrête la vue. Au maquis brûlé succédaient plusieurs champs en culture, enclos, selon l'usage du pays, de murs en pierres sèches à hauteur d'appui. Le sentier passait entre ces enclos, où d'énormes châtaigniers, plantés confusément, présentaient de loin l'apparence d'un bois touffu.

Obligé par la roideur de la pente à mettre pied à terre, Orso, qui avait laissé la bride sur le cou de son cheval, descendait rapidement en glissant sur la cendre ; et il n'était guère qu'à vingt-cinq pas d'un de ces enclos en pierre à droite du chemin, lorsqu'il aperçut, précisément en face de lui, d'abord un canon de fusil, puis une tête dépassant la crête du mur. Le fusil s'abaissa, et il reconnut Orlanduccio prêt à faire feu. Orso fut prompt à se mettre en défense, et tous les deux, se couchant en joue, se regardèrent quelques secondes avec cette émotion poignante que le plus brave éprouve au moment de donner ou de recevoir la mort.

« Misérable lâche ! » s'écria Orso...

Il parlait encore quand il vit la flamme du fusil d'Orlanduccio, et presque en même temps un second coup partit à sa gauche, de l'autre côté du sentier, tiré par un homme qu'il n'avait point aperçu, et qui l'ajustait posté derrière un autre mur. Les deux balles l'atteignirent : l'une, celle d'Orlanduccio, lui traversa le bras gauche, qu'il lui présentait en le couchant en joue; l'autre le frappa à la poitrine, déchira son habit, mais, rencontrant heureusement la lame de son stylet, s'aplatit dessus et ne lui fit qu'une contusion légère. Le bras gauche d'Orso tomba immobile le long de sa cuisse, et le canon de son fusil s'abaissa un instant; mais il le releva aussitôt, et dirigeant son arme de sa seule main droite, il fit feu sur Orlanduccio. La tête[a] de son ennemi, qu'il ne découvrait que jusqu'aux yeux[b], disparut derrière le mur. Orso, se tournant à sa gauche, lâcha son second coup sur un homme entouré de fumée qu'il apercevait à peine. A son tour, cette figure disparut. Les quatre coups de fusil s'étaient succédé avec une rapidité incroyable, et jamais soldats exercés ne mirent moins d'intervalle dans un feu de file. Après le dernier coup d'Orso, tout rentra dans le silence. La fumée sortie de son arme montait lentement vers le ciel; aucun mouvement derrière le mur, pas le plus léger bruit. Sans la douleur qu'il ressentait au bras, il aurait pu croire que ces hommes sur qui il venait de tirer étaient des fantômes de son imagination.

S'attendant à une seconde décharge, Orso fit quelques pas pour se placer derrière un de ces arbres brûlés restés debout dans le maquis. Derrière cet abri, il plaça son fusil entre ses genoux et le rechargea à la hâte. Cependant son bras gauche le faisait cruellement souffrir, et il lui semblait qu'il soutenait un poids énorme. Qu'étaient devenus ses adversaires? Il ne pouvait le comprendre. S'ils s'étaient enfuis, s'ils avaient été blessés, il aurait assurément entendu quelque bruit, quelque mouvement dans le feuillage. Étaient-ils donc morts, ou bien plutôt n'attendaient-ils pas, à l'abri de leur mur, l'occasion de tirer de nouveau sur lui? Dans cette incertitude,

a. La tête de son ennemi (1842): le *visage* de son ennemi (*RDM*; 1841).
b. Qu'il ne découvrait que jusqu'aux yeux (1842): dont il découvrait *à peine* les yeux (*RDM*; 1841).

et sentant ses forces diminuer, il mit en terre le genou droit, appuya sur l'autre son bras blessé et se servit d'une branche qui partait du tronc de l'arbre brûlé pour soutenir son fusil. Le doigt sur la détente, l'œil fixé sur le mur, l'oreille attentive au moindre bruit, il demeura immobile pendant quelques minutes, qui lui parurent un siècle. Enfin, bien loin derrière lui, un cri éloigné se fit entendre, et bientôt un chien, descendant le coteau avec la rapidité d'une flèche, s'arrêta auprès de lui en remuant la queue. C'était Brusco, le disciple et le compagnon des bandits, annonçant sans doute l'arrivée de son maître ; et jamais honnête homme ne fut plus impatiemment attendu. Le chien, le museau en l'air, tourné du côté de l'enclos le plus proche, flairait avec inquiétude. Tout à coup il fit entendre un grognement sourd, franchit le mur d'un bond, et presque aussitôt remonta sur la crête, d'où il regarda fixement Orso, exprimant dans ses yeux la surprise aussi clairement que chien le peut faire ; puis il se remit le nez au vent, cette fois dans la direction de l'autre enclos, dont il sauta encore le mur. Au bout d'une seconde, il reparaissait sur la crête, montrant le même air d'étonnement et d'inquiétude ; puis il sauta dans le maquis, la queue entre les jambes, regardant toujours Orso et s'éloignant de lui à pas lents, par une marche de côté, jusqu'à ce qu'il s'en trouvât à quelque distance. Alors, reprenant sa course, il remonta le coteau presque aussi vite qu'il l'avait descendu, à la rencontre d'un homme qui s'avançait rapidement malgré la roideur de la pente.

« A moi, Brando ! s'écria Orso dès qu'il le crut à portée de voix.

— Ho ! Ors' Anton' ! vous êtes blessé ? lui demanda Brandolaccio accourant tout essoufflé. Dans le corps ou dans les membres ?...

— Au bras.

— Au bras ! ce n'est rien. Et l'autre ?

— Je crois l'avoir touché. »

Brandolaccio, suivant son chien, courut à l'enclos le plus proche et se pencha pour regarder de l'autre côté du mur. Là, ôtant son bonnet :

« Salut au seigneur Orlanduccio », dit-il. Puis, se tournant du côté d'Orso, il le salua à son tour d'un air grave :

« Voilà, dit-il, ce que j'appelle un homme proprement accommodé.

— Vit-il encore ? demanda Orso respirant avec peine.

— Oh! il s'en garderait ; il a trop de chagrin de la balle que vous lui avez mise dans l'œil. Sang de la Madone, quel trou! Bon fusil, ma foi! Quel calibre! Ça vous écrabouille une cervelle! Dites donc, Ors' Anton', quand j'ai entendu d'abord pif! pif! je me suis dit : « Sacrebleu! ils escofient[2] mon lieutenant. » Puis j'entends boum! boum! « Ah! je dis, voilà le fusil anglais qui parle : il riposte... » Mais Brusco, qu'est-ce que tu me veux donc? »

Le chien le mena à l'autre enclos.

« Excusez! s'écria Brandolaccio stupéfait. Coup double! rien que cela! Peste! on voit bien que la poudre est chère, car vous l'économisez.

— Qu'y a-t-il, au nom de Dieu? demanda Orso.

— Allons! ne faites donc pas le farceur, mon lieutenant! vous jetez le gibier par terre, et vous voulez qu'on vous le ramasse... En voilà un qui va en avoir un drôle de dessert aujourd'hui! c'est l'avocat Barricini. De la viande de boucherie[3], en veux-tu, en voilà! Maintenant qui diable héritera?

— Quoi! Vincentello mort aussi?

— Très mort. Bonne santé à nous autres[*]! Ce qu'il y a de bon avec vous, c'est que vous ne les faites pas

---

[*] *Salute à noi!* Exclamation qui accompagne ordinairement le mot de *mort*, et qui lui sert de correctif[a][1].

a. Et qui lui sert de correctif : ajout de 1841.

1. *Salute a noi* : expression napolitaine plutôt que corse ; Mérimée, en 1844, reprit cette note dans un autre texte et lui donna ce commentaire : « Aujourd'hui même encore il est rare qu'un Italien prononce le mot de mort sans y ajouter comme correctif *salute a noi* », *Études sur l'Histoire romaine*, II, Paris, 1844, p. 239.

2. *Escofier* : tuer ; de l'espagnol *escofiar*, enlever la coiffe, décapiter.

3. *Viande de boucherie* : voir la note 3, p. 77.

souffrir. Venez donc voir Vincentello : il est encore à
genoux, la tête appuyée contre le mur. Il a l'air de
dormir. C'est là le cas de dire : Sommeil de plomb.
Pauvre diable ! »

Orso détourna la tête avec horreur.

« Es-tu sûr qu'il soit mort ?

— Vous êtes comme Sampiero Corso, qui ne donnait jamais qu'un coup. Voyez-vous, là..., dans la poitrine, à gauche ? tenez, comme Vincileone fut attrapé
à Waterloo. Je parierais bien que la balle n'est pas
loin du cœur. Coup double ! Ah ! je ne me mêle plus
de tirer. Deux en deux coups !... À balle !... Les deux
frères !... S'il avait eu un troisième coup, il aurait tué
le papa... On fera mieux une autre fois... Quel coup,
Ors' Anton' !... Et dire que cela n'arrivera jamais à un
brave garçon comme moi de faire coup double sur
des gendarmes ! »

Tout en parlant, le bandit examinait le bras d'Orso
et fendait sa manche avec son stylet.

« Ce n'est rien, dit-il. Voilà une redingote qui donnera de l'ouvrage à Mlle Colomba... Hein ! qu'est-ce
que je vois ? cet accroc sur la poitrine ?... Rien n'est
entré par là ? Non, vous ne seriez pas si gaillard.
Voyons, essayez de remuer les doigts... Sentez-vous
mes dents quand je vous mords le petit doigt ?... Pas
trop ?... C'est égal, ce ne sera rien. Laissez-moi
prendre votre mouchoir et votre cravate... Voilà
votre redingote perdue... Pourquoi diable vous faire
si beau ? Alliez-vous à la noce ?... Là, buvez une
goutte de vin... Pourquoi donc ne portez-vous pas de
gourde ? Est-ce qu'un Corse sort jamais sans
gourde ? »

Puis, au milieu du pansement, il s'interrompait
pour s'écrier :

« Coup double ! tous les deux roides morts !... C'est
le curé qui va rire... Coup double ! Ah ! voici enfin
cette petite tortue de Chilina. »

Orso ne répondait pas. Il était pâle comme un
mort et tremblait de tous ses membres.

« Chili, cria Brandolaccio, va regarder derrière ce
mur. Hein ? »

L'enfant, s'aidant des pieds et des mains, grimpa sur le mur, et aussitôt qu'elle eut aperçu le cadavre d'Orlanduccio, elle fit le signe de la croix.

« Ce n'est rien, continua le bandit ; va voir plus loin, là-bas. »

L'enfant fit un nouveau signe de croix.

« Est-ce vous, mon oncle ? demanda-t-elle timidement.

— Moi ! est-ce que je ne suis pas devenu un vieux bon à rien ? Chili, c'est de l'ouvrage de monsieur. Fais-lui ton compliment.

— Mademoiselle en aura bien de la joie, dit Chilina, et elle sera bien fâchée de vous savoir blessé, Ors' Anton'.

— Allons, Ors' Anton', dit le bandit après avoir achevé le pansement, voilà Chilina qui a rattrapé votre cheval. Montez et venez avec moi au maquis de la Stazzona[1]. Bien avisé qui vous y trouverait. Nous vous y traiterons de notre mieux. Quand nous serons à la croix de Sainte-Christine[2], il faudra mettre pied à terre. Vous donnerez votre cheval à Chilina, qui s'en ira prévenir mademoiselle, et, chemin faisant, vous la chargerez de vos commissions. Vous pouvez tout dire à la petite, Ors' Anton' : elle se ferait plutôt hacher que de trahir ses amis. » Et d'un ton de tendresse : « Va, coquine, disait-il, sois excommuniée, sois maudite, friponne ! » Brandolaccio, superstitieux, comme beaucoup de bandits, craignait de fasciner les enfants en leur adressant des bénédictions ou des éloges, car on sait que les puissances mysté-

---

1. Mérimée précise que *Stazzona*, qui est le « nom générique de tous les dolmens corses, signifie forge dans le dialecte des paysans » ; il décrit les *stazzone* du Taravo et de la vallée de Cauria, cite celles de Bezzico Nuovo et du Niolo. *Notes d'un voyage en Corse*, p. 20.
2. *Croix de Sainte-Christine* : aucun document ne mentionne cette croix, qui est de l'invention de l'auteur. Mérimée, en revanche avait été frappé, lors de son voyage, par l'église de Sainte Christine de Valle di Campoloro, près de Cervione, dont il avait noté le plan en Tau.

rieuses qui président à l'*Annocchiatura** ont la mauvaise habitude d'exécuter le contraire de nos souhaits.

« Où veux-tu que j'aille, Brando? dit Orso d'une voix éteinte.

— Parbleu! vous avez à choisir : en prison ou bien au maquis. Mais un della Rebbia ne connaît pas le chemin de la prison. Au maquis, Ors' Anton'!

— Adieu donc toutes mes espérances! s'écria douloureusement le blessé.

— Vos espérances? Diantre! espériez-vous faire mieux avec un fusil à deux coups?... Ah çà! comment diable vous ont-ils touché? Il faut que ces gaillards-là[a] aient la vie plus dure que les chats.

— Ils ont tiré les premiers, dit Orso.

— C'est vrai, j'oubliais... Pif! pif! boum! boum!... coup double d'une main**... Quand on fera mieux, je m'irai pendre! Allons, vous voilà monté... avant de partir, regardez donc un peu votre ouvrage. Il n'est pas poli de quitter ainsi la compagnie sans lui dire adieu. »

Orso donna des éperons à son cheval ; pour rien au

---

* Fascination involontaire qui s'exerce, soit par les yeux, soit par la parole. [Mérimée s'était déjà intéressé à cette superstition dans *La Guzla* ; il étudie en Corse « l'idée antique qu'on peut jeter un sort, soit par le regard, soit par les éloges. Cela s'appelle *innochiare, annochiare*. Tout le monde n'a pas le pouvoir de nuire par les yeux ; il faut avoir le mauvais œil, et celui qui l'a fait souvent du mal sans le vouloir. L'*annochiatura*, par les éloges, atteint surtout les enfants. Plus d'une mère lorsqu'on loue la beauté de son fils vous dira : *nun me l'annochiate*, ne me le fascinez pas. Et il n'est pas rare d'entendre des Corses dire d'un air de tendresse à un enfant : *che tu sia maladetto — scommunicato*, etc., sois maudit, excommunié, parce que le charme opère en sens contraire. On fait ainsi un souhait heureux, sans compromettre celui à qui il s'adresse », *Notes d'un voyage en Corse*, p. 73.]

** Si quelque chasseur incrédule me contestait le coup double de M. della Rebbia, je l'engagerais à aller à Sartène, et à se faire raconter comment un des habitants les plus distingués et les plus aimables de cette ville se tira seul, et le bras gauche cassé, d'une position au moins aussi dangereuse.

a. Ces gaillards-*là* aient (1850) : ces gaillards aient.

monde il n'eût voulu voir les malheureux à qui il venait de donner la mort.

« Tenez, Ors' Anton', dit le bandit s'emparant de la bride du cheval, voulez-vous que je vous parle franchement ? Eh bien, sans vous offenser, ces deux pauvres jeunes gens me font de la peine. Je vous prie de m'excuser... Si beaux... si forts... si jeunes !... Orlanduccio avec qui j'ai chassé tant de fois... Il m'a donné, il y a quatre jours, un paquet de cigares... Vincentello, qui était toujours de si belle humeur !... C'est vrai que vous avez fait ce que vous deviez faire... et d'ailleurs le coup est trop beau pour qu'on le regrette... Mais moi, je n'étais pas dans votre vengeance... Je sais que vous avez raison ; quand on a un ennemi, il faut s'en défaire. Mais les Barricini, c'est une vieille famille... En voilà encore une qui fausse compagnie !... et par un coup double ! c'est piquant. »

Faisant ainsi l'oraison funèbre des Barricini, Brandolaccio conduisait en hâte Orso, Chilina, et le chien Brusco vers le maquis de la Stazzona.

CHAPITRE XVIII

Cependant Colomba, peu après le départ d'Orso, avait appris par ses espions que les Barricini tenaient la campagne, et, dès ce moment, elle fut en proie à une vive inquiétude. On la voyait parcourir la maison en tous sens, allant de la cuisine aux chambres préparées pour ses hôtes, ne faisant rien et toujours occupée, s'arrêtant sans cesse pour regarder si elle n'apercevait pas dans le village un mouvement inusité. Vers onze heures une cavalcade assez nombreuse entra dans Pietranera ; c'étaient le colonel, sa fille, leurs domestiques et leur guide. En les recevant, le premier mot de Colomba fut : « Avez-vous vu mon frère ? » Puis elle demanda au guide quel chemin ils avaient pris, à quelle heure ils étaient partis ; et, sur ses réponses, elle ne pouvait comprendre qu'ils ne se fussent pas rencontrés.

« Peut-être que votre frère aura pris par le haut, dit le guide ; nous, nous sommes venus par le bas. »

Mais Colomba secoua la tête et renouvela ses questions. Malgré sa fermeté naturelle, augmentée encore par l'orgueil de cacher toute faiblesse à des étrangers, il lui était impossible de dissimuler ses inquiétudes, et bientôt elle les fit partager au colonel et surtout à Miss Lydia, lorsqu'elle les eut mis au fait de la tentative de réconciliation qui avait eu une si malheureuse issue. Miss Nevil s'agitait, voulait qu'on envoyât des messagers dans toutes les directions, et son père offrait de remonter à cheval et d'aller avec le guide à la recherche d'Orso. Les craintes de ses hôtes rappelèrent à Colomba ses devoirs de maîtresse de maison. Elle s'efforça de sourire, pressa le colonel de se mettre à table, et trouva pour expliquer le retard de son frère vingt motifs plausibles qu'au bout d'un instant elle détruisait elle-même. Croyant qu'il était de son devoir d'homme de chercher à rassurer des femmes, le colonel proposa son explication aussi.

« Je gage, dit-il, que della Rebbia aura rencontré du gibier ; il n'a pu résister à la tentation, et nous allons le voir revenir la[a] carnassière toute pleine. Parbleu ! ajouta-t-il, nous avons entendu sur la route quatre coups de fusil. Il y en avait deux plus forts que les autres, et j'ai dit à ma fille : « Je parie que « c'est della Rebbia qui chasse. Ce ne peut être que « mon fusil qui fait tant de bruit. »

Colomba pâlit, et Lydia, qui l'observait avec attention, devina sans peine quels soupçons la conjecture du colonel venait de lui suggérer. Après un silence de quelques minutes, Colomba demanda vivement si les deux fortes détonations avaient précédé ou suivi les

a. La carnassière (1850) : *sa* carnassière.

autres. Mais ni le colonel, ni sa fille, ni le guide, n'avaient fait grande attention[a] à ce point capital.

Vers une heure, aucun des messagers envoyés par Colomba n'étant encore revenu, elle rassembla tout son courage et força ses hôtes à se mettre à table ; mais, sauf le colonel, personne ne put manger. Au moindre bruit sur la place, Colomba courait à la fenêtre, puis revenait s'asseoir tristement, et, plus tristement encore, s'efforçait de continuer avec ses amis une conversation insignifiante à laquelle personne ne prêtait la moindre attention et qu'interrompaient de longs intervalles de silence.

Tout d'un coup on entendit le galop d'un cheval.

« Ah ! cette fois, c'est mon frère », dit Colomba en se levant.

Mais à la vue de Chilina montée à califourchon sur le cheval d'Orso :

« Mon frère est mort ! » s'écria-t-elle d'une voix déchirante.

Le colonel laissa tomber son verre, Miss Nevil poussa un cri, tous coururent à la porte de la maison. Avant que Chilina pût sauter à bas de sa monture, elle était enlevée comme une plume par Colomba qui la serrait à l'étouffer. L'enfant comprit son terrible regard, et sa première parole fut celle du chœur d'*Otello*[1] : « Il vit ! » Colomba cessa de l'étreindre, et Chilina tomba à terre aussi lestement qu'une jeune chatte.

« Les autres ? » demanda Colomba d'une voix rauque.

a. N'avaient fait *grande* attention (1850) : n'avaient fait attention.
1. Référence parodique à l'opéra de Rossini, *Otello*, composé sur un livret de Francesco Berio, d'après Shakespeare, créé à Naples en 1816, représenté à Paris en 1823, aux Italiens, avec la Pasta et Garcia, et en avril 1829, avec la Malibran ; Mérimée assista à ces représentations (lettre du 9 mai 1829 au baron de Mareste), et fait à nouveau allusion à *Otello*, toujours sous forme comique, dans *Arsène Guillot* (chapitre I) : « j'ai peur pour le rôti, et nous manquerons le premier acte d'*Otello* ».

Chilina fit le signe de la croix avec l'index et le doigt du milieu. Aussitôt une vive rougeur succéda, sur la figure de Colomba, à sa pâleur mortelle. Elle jeta un regard ardent sur la maison des Barricini, et dit en souriant à ses hôtes :

« Rentrons prendre le café. »

L'Iris[1] des bandits en avait long à raconter. Son patois, traduit par Colomba en italien tel quel, puis en anglais par Miss Nevil, arracha plus d'une imprécation au colonel, plus d'un soupir à Miss Lydia ; mais Colomba écoutait d'un air impassible ; seulement elle tordait sa serviette damassée de façon à la mettre en pièces. Elle interrompit l'enfant cinq ou six fois pour se faire répéter que Brandolaccio disait que la blessure n'était pas dangereuse et qu'il en avait vu bien d'autres. En terminant, Chilina rapporta qu'Orso demandait avec insistance du papier pour écrire, et qu'il chargeait sa sœur de supplier une dame qui peut-être se trouverait dans sa maison, de n'en point partir avant d'avoir reçu une lettre de lui. « C'est, ajouta l'enfant, ce qui le tourmentait le plus ; et j'étais déjà en route quand il m'a rappelée pour me recommander cette commission. C'était la troisième fois qu'il me la répétait. » A cette injonction de son frère, Colomba sourit légèrement et serra fortement la main de l'Anglaise, qui fondit en larmes et ne jugea pas à propos de traduire à son père cette partie de la narration.

« Oui, vous resterez avec moi, ma chère amie, s'écria Colomba, en embrassant Miss Nevil, et vous nous aiderez. »

Puis, tirant d'une armoire quantité de vieux linge, elle se mit à couper, pour faire des bandes et de la charpie. En voyant ses yeux étincelants, son teint animé, cette alternative de préoccupation et de sang-froid, il eût été difficile de dire si elle était plus touchée de la blessure de son frère qu'enchantée de la

---

1. *Iris* : dans la mythologie grecque, messagère des dieux de l'Olympe.

mort de ses ennemis. Tantôt elle versait du café au colonel et lui vantait son talent à le préparer; tantôt, distribuant de l'ouvrage à Miss Nevil et à Chilina, elle les exhortait à coudre les bandes et à les rouler; elle demandait pour la vingtième fois si la blessure d'Orso le faisait beaucoup souffrir. Continuellement elle s'interrompait au milieu de son travail pour dire au colonel :

« Deux hommes si adroits! si terribles!... Lui seul, blessé, n'ayant qu'un bras... il les a abattus tous les deux. Quel courage, colonel! N'est-ce pas un héros? Ah! Miss Nevil, qu'on est heureux de vivre dans un pays tranquille comme le vôtre!... Je suis sûre que vous ne connaissiez pas encore mon frère!... Je l'avais dit : l'épervier déploiera ses ailes!... Vous vous trompiez à son air doux... C'est qu'auprès de vous, Miss Nevil... Ah! s'il vous voyait travailler pour lui... Pauvre Orso! »

Miss Lydia ne travaillait guère et ne trouvait pas une parole. Son père demandait pourquoi l'on ne se hâtait pas de porter plainte devant un magistrat. Il parlait de l'enquête du *coroner*[1] et de bien d'autres choses également inconnues en Corse. Enfin il voulait savoir si la maison de campagne de ce bon M. Brandolaccio, qui avait donné des secours au blessé, était fort éloignée de Pietranera, et s'il ne pourrait pas aller lui-même voir son ami.

Et Colomba répondait avec son calme accoutumé qu'Orso était dans le maquis; qu'il avait un bandit pour le soigner; qu'il courait grand risque s'il se montrait avant qu'on se fût assuré des dispositions du préfet et des juges; enfin qu'elle ferait en sorte qu'un chirurgien habile se rendît en secret auprès de lui.

« Surtout, monsieur le colonel, souvenez-vous bien, disait-elle, que vous avez entendu les quatre coups de fusil, et que vous m'avez dit qu'Orso avait tiré le second. »

1. *Coroner :* magistrat anglais, sorte de juge d'instruction.

Le colonel ne comprenait rien à l'affaire, et sa fille ne faisait que soupirer et s'essuyer les yeux.

Le jour était déjà fort avancé lorsqu'une triste procession entra dans le village. On rapportait à l'avocat Barricini les cadavres de ses enfants, chacun couché en travers d'une mule que conduisait un paysan. Une foule de clients[1] et d'oisifs suivait le lugubre cortège. Avec eux on voyait les gendarmes qui arrivent toujours trop tard, et l'adjoint, qui levait les bras au ciel, répétant sans cesse : « Que dira monsieur le préfet ! » Quelques femmes, entre autres une nourrice d'Orlanduccio, s'arrachaient les cheveux et poussaient des hurlements sauvages. Mais leur douleur bruyante produisait moins d'impression que le désespoir muet d'un personnage qui attirait tous les regards. C'était le malheureux père, qui, allant d'un cadavre à l'autre, soulevait leurs têtes souillées de terre, baisait leurs lèvres violettes, soutenait leurs membres déjà roidis, comme pour leur éviter les cahots de la route. Parfois on le voyait ouvrir la bouche pour parler, mais il n'en sortait pas un cri, pas une parole. Toujours les yeux fixés sur les cadavres, il se heurtait contre les pierres, contre les arbres, contre tous les obstacles qu'il rencontrait.

Les lamentations des femmes, les imprécations des hommes redoublèrent lorsqu'on se trouva en vue de la maison d'Orso. Quelques bergers rebbianistes ayant osé faire entendre une acclamation de triomphe, l'indignation de leurs adversaires ne put se contenir. « Vengeance ! vengeance ! » crièrent quelques voix. On lança des pierres, et deux coups de fusil dirigés contre les fenêtres de la salle où se trouvaient Colomba et ses hôtes percèrent les contrevents et firent voler des éclats de bois jusque sur la table près de laquelle les deux femmes étaient assises. Miss Lydia poussa des cris affreux, le colonel

---

1. *Clients :* protégés d'un patron ; ici, tous les hommes liés au chef du clan Barricini.

saisit un fusil, et Colomba, avant qu'il pût la retenir, s'élança vers la porte de la maison et l'ouvrit avec impétuosité. Là, debout sur le seuil élevé, les deux mains étendues pour maudire ses ennemis :

« Lâches ! s'écria-t-elle, vous tirez sur des femmes, sur des étrangers ! Êtes-vous Corses ? êtes-vous hommes ? Misérables qui ne savez qu'assassiner par-derrière, avancez ! je vous défie. Je suis seule ; mon frère est loin. Tuez-moi, tuez mes hôtes ; cela est digne de vous... Vous n'osez, lâches que vous êtes ! vous savez que nous nous vengeons. Allez, allez pleurer comme des femmes, et remerciez-nous de ne pas vous demander plus de sang ! »

Il y avait dans la voix et dans l'attitude de Colomba quelque chose d'imposant et de terrible ; à sa vue, la foule recula épouvantée, comme à l'apparition de ces malfaisantes dont on raconte en Corse plus d'une histoire effrayante dans les veillées d'hiver. L'adjoint, les gendarmes et un certain nombre de femmes profitèrent de ce mouvement pour se jeter entre les deux partis ; car les bergers rebbianistes préparaient déjà leurs armes, et l'on put craindre un moment qu'une lutte générale ne s'engageât sur la place. Mais les deux factions étaient privées de leurs chefs, et les Corses, disciplinés dans leurs fureurs, en viennent rarement aux mains dans l'absence des principaux auteurs de leurs guerres intestines. D'ailleurs, Colomba, rendue prudente par le succès, contint sa petite garnison :

« Laissez pleurer ces pauvres gens, disait-elle ; laissez ce vieillard emporter sa chair. A quoi bon tuer ce vieux renard qui n'a plus de dents pour mordre ? — Giudice Barricini ! souviens-toi du deux août ! Souviens-toi du portefeuille sanglant où tu as écrit de ta main de faussaire ! Mon père y avait inscrit ta dette ; tes fils l'ont payée. Je te donne quittance, vieux Barricini ! »

Colomba, les bras croisés, le sourire du mépris sur les lèvres, vit porter les cadavres dans la maison de ses ennemis, puis la foule se dissiper lentement. Elle

193

referma sa porte, et rentrant dans la salle à manger dit au colonel :

« Je vous demande bien pardon pour mes compatriotes, monsieur. Je n'aurais jamais cru que des Corses tirassent sur une maison où il y a des étrangers, et je suis honteuse pour mon pays. »

Le soir, Miss Lydia s'étant retirée dans sa chambre, le colonel l'y suivit, et lui demanda s'ils ne feraient pas bien de quitter dès le lendemain un village où l'on était exposé à chaque instant à recevoir une balle dans la tête, et le plus tôt possible un pays où l'on ne voyait que meurtres et trahisons.

Miss Nevil fut quelque temps sans répondre, et il était évident que la proposition de son père ne lui causait pas un médiocre embarras. Enfin elle dit :

« Comment pourrions-nous quitter cette malheureuse jeune personne dans un moment où elle a tant besoin de consolation ? Ne trouvez-vous pas, mon père, que cela serait cruel à nous ?

— C'est pour vous que je parle, ma fille, dit le colonel ; et si je vous savais en sûreté dans l'hôtel d'Ajaccio, je vous assure que je serais fâché de quitter cette île maudite sans avoir serré la main à ce brave della Rebbia.

— Eh bien, mon père, attendons encore et, avant de partir, assurons-nous bien que nous ne pouvons leur rendre aucun service !

— Bon cœur ! dit le colonel en baisant sa fille au front. J'aime à te voir ainsi te sacrifier pour adoucir le malheur des autres. Restons ; on ne se repent jamais d'avoir fait une bonne action. »

Miss Lydia s'agitait dans son lit sans pouvoir dormir. Tantôt les bruits vagues qu'elle entendait lui paraissaient les préparatifs d'une attaque contre la maison ; tantôt, rassurée pour elle-même, elle pensait au pauvre blessé, étendu probablement à cette heure sur la terre froide, sans autre secours que ceux qu'il pouvait attendre de la charité d'un bandit. Elle se le représentait couvert de sang, se débattant dans des souffrances horribles ; et ce qu'il y a de singulier, c'est que, toutes les fois que l'image d'Orso se présentait à son esprit, il lui apparaissait toujours tel qu'elle l'avait vu au moment de son départ, pressant sur ses lèvres le talisman qu'elle lui avait donné... Puis elle songeait à sa bravoure. Elle se disait que le danger terrible auquel il venait d'échapper, c'était à cause d'elle, pour la voir un peu plus tôt, qu'il s'y était exposé. Peu s'en fallait qu'elle ne se persuadât que c'était pour la défendre qu'Orso s'était fait casser le bras. Elle se reprochait sa blessure, mais elle l'en admirait davantage; et si le fameux coup double n'avait pas, à ses yeux, autant de mérite qu'à ceux de Brandolaccio et de Colomba, elle trouvait cependant que peu de héros de roman auraient montré autant d'intrépidité, autant de sang-froid dans un aussi grand péril.

La chambre qu'elle occupait était celle de Colomba. Au-dessus d'une espèce de prie-Dieu en chêne, à côté d'une palme bénite, était suspendu à la muraille un portrait en miniature d'Orso en uniforme de sous-lieutenant. Miss Nevil détacha ce portrait, le considéra longtemps et le posa enfin auprès de son lit, au lieu de le remettre à sa place. Elle ne s'endormit qu'à la pointe du jour, et le soleil était déjà fort élevé au-dessus de l'horizon lorsqu'elle s'éveilla. Devant son lit elle aperçut Colomba, qui attendait immobile le moment où elle ouvrirait les yeux.

« Eh bien, mademoiselle, n'êtes-vous pas bien mal dans notre pauvre maison? lui dit Colomba. Je crains que vous n'ayez guère dormi.

— Avez-vous de ses nouvelles, ma chère amie? » dit Miss Nevil en se levant sur son séant.

Elle aperçut le portrait d'Orso, et se hâta de jeter un mouchoir pour le cacher.

« Oui, j'ai des nouvelles », dit Colomba en souriant.

Et, prenant le portrait :

« Le trouvez-vous ressemblant? Il est mieux que cela.

— Mon Dieu!... dit Miss Nevil toute honteuse, j'ai

détaché... par distraction... ce portrait... J'ai le défaut de toucher à tout... et de ne ranger rien... Comment est votre frère ?

— Assez bien. Giocanto est venu ici ce matin avant quatre heures. Il m'apportait une lettre... pour vous, Miss Lydia ; Orso ne m'a pas écrit, à moi. Il y a bien sur l'adresse : A Colomba : mais plus bas : Pour Miss N... Les sœurs ne sont point jalouses. Giocanto dit qu'il a bien souffert pour écrire. Giocanto, qui a une main superbe, lui avait offert d'écrire sous sa dictée. Il n'a pas voulu. Il écrivait avec un crayon, couché sur le dos. Brandolaccio tenait le papier. A chaque instant mon frère voulait se lever, et alors, au moindre mouvement, c'étaient dans son bras des douleurs atroces, c'était pitié, disait Giocanto. Voici sa lettre. »

Miss Nevil lut la lettre, qui était écrite en anglais, sans doute par surcroît de précaution. Voici ce qu'elle contenait :

    « Mademoiselle,

« Une malheureuse fatalité m'a poussé ; j'ignore ce que diront mes ennemis, quelles calomnies ils inventeront. Peu m'importe, si vous, mademoiselle, vous n'y donnez point créance. Depuis que je vous ai vue, je m'étais bercé de rêves insensés. Il a fallu cette catastrophe pour me montrer ma folie ; je suis raisonnable maintenant. Je sais quel est l'avenir qui m'attend, et il me trouvera résigné. Cette bague que vous m'avez donnée et que je croyais un talisman de bonheur, je n'ose la garder. Je crains, Miss Nevil, que vous n'ayez du regret d'avoir si mal placé vos dons, ou plutôt, je crains qu'elle me rappelle le temps où j'étais fou. Colomba vous la remettra... Adieu, mademoiselle, vous allez quitter la Corse, et je ne vous verrai plus : mais dites à ma sœur que j'ai encore votre estime, et, je le dis avec assurance, je le mérite toujours.

                          « O.D.R. »

Miss Lydia s'était détournée pour lire cette lettre,

et Colomba, qui l'observait attentivement, lui remit la bague égyptienne en lui demandant du regard ce que cela signifiait. Mais Miss Lydia n'osait lever la tête, et elle considérait tristement la bague, qu'elle mettait à son doigt et qu'elle retirait alternativement.

« Chère Miss Nevil, dit Colomba, ne puis-je savoir ce que vous dit mon frère ? Vous parle-t-il de son état ?

— Mais... dit Miss Lydia en rougissant, il n'en parle pas... Sa lettre est en anglais... Il me charge de dire à mon père... Il espère que le préfet pourra arranger... »

Colomba, souriant avec malice, s'assit sur le lit, prit les deux mains de Miss Nevil, et la regardant avec ses yeux pénétrants :

« Serez-vous bonne ? lui dit-elle. N'est-ce pas que vous répondrez à mon frère ? Vous lui ferez tant de bien ! Un moment l'idée m'est venue de vous réveiller lorsque sa lettre est arrivée, et puis je n'ai pas osé.

— Vous avez eu bien tort, dit Miss Nevil, si un mot de moi pouvait le...

— Maintenant je ne puis lui envoyer de lettres. Le préfet est arrivé, et Pietranera est pleine de ses estafiers[1]. Plus tard nous verrons. Ah ! si vous connaissiez mon frère, Miss Nevil, vous l'aimeriez comme je l'aime... Il est si bon ! si brave ! songez donc à ce qu'il a fait ! Seul contre deux et blessé ! »

Le préfet était de retour. Instruit par un exprès de l'adjoint, il était venu accompagné de gendarmes et de voltigeurs, amenant de plus procureur du roi, greffier et le reste pour instruire sur la nouvelle et terrible catastrophe qui compliquait, ou si l'on veut qui terminait les inimitiés des familles de Pietranera. Peu après son arrivée, il vit le colonel Nevil et sa fille, et ne leur cacha pas qu'il craignait que l'affaire ne prît une mauvaise tournure.

« Vous savez, dit-il, que le combat n'a pas eu de témoins ; et la réputation d'adresse et de courage de

1. *Estafiers* : laquais armés.

197

ces deux malheureux jeunes gens était si bien établie, que tout le monde se refuse à croire que M. della Rebbia ait pu les tuer sans l'assistance des bandits auprès desquels on le dit réfugié.

— C'est impossible, s'écria le colonel; Orso della Rebbia est un garçon plein d'honneur; je réponds de lui.

— Je le crois, dit le préfet, mais le procureur du roi (ces messieurs soupçonnent toujours) ne me paraît pas très favorablement disposé. Il a entre les mains une pièce fâcheuse pour votre ami. C'est une lettre menaçante adressée à Orlanduccio, dans laquelle il lui donne un rendez-vous... et ce rendez-vous lui paraît une embuscade.

— Cet Orlanduccio, dit le colonel, a refusé de se battre comme un galant homme.

— Ce n'est pas l'usage ici. On s'embusque, on se tue par-derrière, c'est la façon du pays. Il y a bien une déposition favorable; c'est celle d'une enfant qui affirme avoir entendu quatre détonations, dont les deux dernières, plus fortes que les autres, provenaient d'une arme de gros calibre comme le fusil de M. della Rebbia. Malheureusement cette enfant est la nièce de l'un des bandits que l'on soupçonne de complicité et elle a sa leçon faite.

— Monsieur, interrompit Miss Lydia, rougissant jusqu'au blanc des yeux, nous étions sur la route quand les coups de fusil ont été tirés, et nous avons entendu la même chose.

— En vérité? Voilà qui est important. Et vous, colonel, vous avez sans doute fait la même remarque?

— Oui, reprit vivement Miss Nevil; c'est mon père, qui a l'habitude des armes, qui a dit : « Voilà « M. della Rebbia qui tire avec mon fusil. »

— Et ces coups de fusil que vous avez reconnus, c'étaient bien les derniers?

— Les deux derniers, n'est-ce pas, mon père? »

Le colonel n'avait pas très bonne mémoire; mais en toute occasion il n'avait garde de contredire sa fille.

« Il faut sur-le-champ parler de cela au procureur du roi, colonel. Au reste, nous attendons ce soir un chirurgien qui examinera les cadavres et vérifiera si les blessures ont été faites avec l'arme en question.

— C'est moi qui l'ai donnée à Orso, dit le colonel, et je voudrais la savoir au fond de la mer... C'est-à-dire... le brave garçon, je suis bien aise qu'il l'ait eue entre les mains; car, sans mon Manton, je ne sais trop comment il s'en serait tiré. »

CHAPITRE XIX

Le chirurgien arriva un peu tard. Il avait eu son aventure sur la route. Rencontré par Giocanto Castriconi, il avait été sommé avec la plus grande politesse de venir donner ses soins à un homme blessé. On l'avait conduit auprès d'Orso, et il avait mis le premier appareil[1] à sa blessure. Ensuite le bandit l'avait reconduit assez loin, et l'avait fort édifié en lui parlant des plus fameux professeurs de Pise[2], qui, disait-il, étaient ses intimes amis.

« Docteur, dit le théologien en le quittant, vous m'avez inspiré trop d'estime pour que je croie nécessaire de vous rappeler qu'un médecin doit être aussi discret qu'un confesseur. » Et il faisait jouer la batterie de son fusil. « Vous avez oublié le lieu où nous avons eu l'honneur de vous voir. Adieu, enchanté d'avoir fait votre connaissance. »

Colomba supplia le colonel d'assister à l'autopsie des cadavres.

« Vous connaissez mieux que personne le fusil de

1. *Appareil :* pansement, attelle pour réduire une fracture.
2. Durant tout l'ancien régime et jusqu'au milieu du XIXᵉ siècle, les élites corses fréquentaient l'université de Pise, la *Sapienza* ; Orso, comme Castriconi, y a fait ses études; voir le chapitre II.

mon frère, dit-elle, et votre présence sera fort utile. D'ailleurs il y a tant de méchantes gens ici que nous courrions de grands risques si nous n'avions personne pour défendre nos intérêts. »

Restée seule avec Miss Lydia, elle se plaignit d'un grand mal de tête, et lui proposa une promenade à quelques pas du village.

« Le grand air me fera du bien, disait-elle. Il y a si longtemps que je ne l'ai respiré. » Tout en marchant elle parlait de son frère : et Miss Lydia, que ce sujet intéressait assez vivement, ne s'apercevait pas qu'elle s'éloignait beaucoup de Pietranera. Le soleil se couchait quand elle en fit l'observation et engagea Colomba à rentrer. Colomba connaissait une traverse qui, disait-elle, abrégeait beaucoup le retour : et, quittant le sentier qu'elle suivait, elle en prit un autre en apparence beaucoup moins fréquenté. Bientôt elle se mit à gravir un coteau tellement escarpé qu'elle était obligée continuellement pour se soutenir de s'accrocher d'une main à des branches d'arbres, pendant que de l'autre elle tirait sa compagne auprès d'elle. Au bout d'un grand quart d'heure de cette pénible ascension elles se trouvèrent sur un petit plateau couvert de myrtes et d'arbousiers[1], au milieu de grandes masses[a] de granit qui perçaient le sol de tous côtés. Miss Lydia était très fatiguée, le village ne paraissait pas, et il faisait presque nuit.

« Savez-vous, ma chère Colomba, dit-elle, que je crains que nous ne soyons égarées ?

— N'ayez pas peur, répondit Colomba. Marchons toujours, suivez-moi.

— Mais je vous assure que vous vous trompez ; le village ne peut pas être de ce côté-là. Je parierais que nous lui tournons le dos. Tenez, ces lumières que nous voyons si loin, certainement, c'est là qu'est Pietranera.

a. D'arbousiers, au milieu de grandes masses : d'arbousiers, *mêlé* de grandes masses (*RDM*).
1. *Arbousiers :* arbustes persistants du maquis.

— Ma chère amie, dit Colomba d'un air agité, vous avez raison ; mais à deux cents pas d'ici... dans ce maquis...

— Eh bien ?

— Mon frère y est ; je pourrais le voir et l'embrasser si vous vouliez. »

Miss Nevil fit un mouvement de surprise.

« Je suis sortie de Pietranera, poursuivit Colomba, sans être remarquée, parce que j'étais avec vous... autrement on m'aurait suivie... Être si près de lui et ne pas le voir !... Pourquoi ne viendriez-vous pas avec moi voir mon pauvre frère ? Vous lui feriez tant de plaisir !

— Mais, Colomba... ce ne serait pas convenable de ma part.

— Je comprends. Vous autres femmes des villes, vous vous inquiétez toujours de ce qui est convenable ; nous autres femmes de village, nous ne pensons qu'à ce qui est bien.

— Mais il est tard !... Et votre frère, que pensera-t-il de moi ?

— Il pensera qu'il n'est point abandonné par ses amis, et cela lui donnera du courage pour souffrir.

— Et mon père, il sera inquiet...

— Il vous sait avec moi... Eh bien, décidez-vous... Vous regardiez son portrait ce matin, ajouta-t-elle avec un sourire de malice.

— Non... vraiment, Colomba, je n'ose... ces bandits qui sont là...

— Eh bien, ces bandits ne vous connaissent pas, qu'importe ? Vous désiriez en voir !...

— Mon Dieu !

— Voyez, mademoiselle, prenez un parti. Vous laisser seule ici, je ne le puis pas ; on ne sait pas ce qui pourrait arriver. Allons voir Orso, ou bien retournons ensemble au village... Je verrai mon frère... Dieu sait quand... peut-être jamais...

— Que dites-vous, Colomba ?... Eh bien, allons ! mais pour une minute seulement, et nous reviendrons aussitôt. »

Colomba lui serra la main et, sans répondre, elle se mit à marcher avec une telle rapidité, que Miss Lydia avait peine à la suivre. Heureusement Colomba s'arrêta bientôt en disant à sa compagne :

« N'avançons pas davantage avant de les avoir prévenus ; nous pourrions peut-être attraper un coup de fusil. »

Elle se mit à siffler entre ses doigts ; bientôt après on entendit un chien aboyer, et la sentinelle avancée des bandits ne tarda pas à paraître. C'était notre vieille connaissance, le chien Brusco, qui reconnut aussitôt Colomba, et se chargea de lui servir de guide. Après maints détours dans les sentiers étroits du maquis, deux hommes armés jusqu'aux dents se présentèrent à leur rencontre.

« Est-ce vous, Brandolaccio ? demanda Colomba. Où est mon frère ?

— Là-bas ! répondit le bandit. Mais avancez doucement ; il dort, et c'est la première fois que cela lui arrive depuis son accident. Vive Dieu, on voit bien que par où passe le diable une femme passe bien aussi. »

Les deux femmes s'approchèrent avec précaution, et auprès d'un feu dont on avait prudemment masqué l'éclat en construisant autour un petit mur en pierres sèches, elles aperçurent Orso couché sur un tas de fougères et couvert d'un pilone. Il était fort pâle et l'on entendait sa respiration oppressée. Colomba s'assit auprès de lui, et le contemplait en silence les mains jointes, comme si elle priait mentalement. Miss Lydia, se couvrant le visage de son mouchoir, se serra contre elle ; mais de temps en temps elle levait la tête pour voir le blessé par-dessus l'épaule de Colomba. Un quart d'heure se passa sans que personne ouvrît la bouche. Sur un signe du théologien, Brandolaccio s'était enfoncé avec lui dans le maquis, au grand contentement de Miss Lydia, qui, pour la première fois, trouvait que les grandes barbes et l'équipement des bandits avaient trop de couleur locale.

Enfin Orso fit un mouvement. Aussitôt Colomba se pencha sur lui et l'embrassa à plusieurs reprises, l'accablant de questions sur sa blessure, ses souffrances, ses besoins. Après avoir répondu qu'il était aussi bien que possible, Orso lui demanda à son tour si Miss Nevil était encore à Pietranera, et si elle lui avait écrit. Colomba, courbée sur son frère, lui cachait complètement sa compagne, que l'obscurité, d'ailleurs, lui aurait difficilement permis de reconnaître. Elle tenait une main de Miss Nevil, et de l'autre elle soulevait légèrement la tête du blessé.

« Non, mon frère, elle ne m'a pas donné de lettre pour vous... ; mais vous pensez toujours à Miss Nevil, vous l'aimez donc bien ?

— Si je l'aime, Colomba !... Mais elle, elle me méprise peut-être à présent ! »

En ce moment, Miss Nevil fit un effort pour retirer sa main ; mais il n'était pas facile de faire lâcher prise à Colomba ; et, quoique petite et bien formée, sa main possédait une force dont on a vu quelques preuves.

« Vous mépriser ! s'écria Colomba, après ce que vous avez fait... Au contraire, elle dit du bien de vous... Ah ! Orso, j'aurais bien des choses d'elle à vous conter. »

La main voulait toujours s'échapper mais Colomba l'attirait toujours plus près d'Orso.

« Mais enfin, dit le blessé, pourquoi ne pas me répondre ?... Une seule ligne, et j'aurais été content. »

A force de tirer la main de Miss Nevil, Colomba finit par la mettre dans celle de son frère. Alors, s'écartant tout à coup en éclatant de rire :

« Orso, s'écria-t-elle, prenez garde de dire du mal de Miss Lydia, car elle entend très bien le corse. »

Miss Lydia retira aussitôt sa main et balbutia quelques mots inintelligibles. Orso croyait rêver.

« Vous ici, Miss Nevil ! Mon Dieu ! comment avez-vous osé ? Ah ! que vous me rendez heureux ! »

Et, se soulevant avec peine, il essaya de se rapprocher d'elle.

« J'ai accompagné votre sœur, dit Miss Lydia... pour qu'on ne pût soupçonner où elle allait... et puis, je voulais aussi... m'assurer... Hélas! que vous êtes mal ici! »

Colomba s'était assise derrière Orso. Elle le souleva avec précaution et de manière à lui soutenir la tête sur ses genoux. Elle lui passa les bras autour du cou, et fit signe à Miss Lydia de s'approcher.

« Plus près! plus près! disait-elle : il ne faut pas qu'un malade élève trop la voix. » Et comme Miss Lydia hésitait, elle lui prit la main et la força de s'asseoir tellement près, que sa robe touchait Orso, et que sa main, qu'elle tenait toujours, reposait sur l'épaule du blessé.

« Il est très bien comme cela, dit Colomba d'un air gai. N'est-ce pas, Orso, qu'on est bien dans le maquis, au bivouac, par une belle nuit comme celle-ci ?

— Oh oui! la belle nuit! dit Orso. Je ne l'oublierai jamais!

— Que vous devez souffrir! dit Miss Nevil.

— Je ne souffre plus, dit Orso, et je voudrais mourir ici. »

Et sa main droite se rapprochait de celle de Miss Lydia, que Colomba tenait toujours emprisonnée.

« Il faut absolument qu'on vous transporte quelque part où l'on pourra vous donner des soins, monsieur della Rebbia, dit Miss Nevil. Je ne pourrai plus dormir, maintenant que je vous ai vu si mal couché... en plein air...

— Si je n'eusse craint de vous rencontrer, Miss Nevil, j'aurais essayé de retourner à Pietranera, et je me serais constitué prisonnier.

— Et pourquoi craigniez-vous de la rencontrer, Orso ? demanda Colomba.

— Je vous avais désobéi, Miss Nevil... et je n'aurais pas osé vous voir en ce moment.

— Savez-vous, Miss Lydia que vous faites faire à mon frère tout ce que vous voulez ? dit Colomba en riant. Je vous empêcherai de le voir.

— J'espère, dit Miss Nevil, que cette malheureuse affaire va s'éclaircir, et que bientôt vous n'aurez plus rien à craindre... Je serai bien contente si, lorsque nous partirons, je sais qu'on vous a rendu justice et qu'on a reconnu votre loyauté comme votre bravoure.

— Vous partez, Miss Nevil ! Ne dites pas encore ce mot-là.

— Que voulez-vous... mon père ne peut pas chasser toujours... Il veut partir. »

Orso laissa retomber sa main qui touchait celle de Miss Lydia, et il y eut un moment de silence.

« Bah ! reprit Colomba, nous ne vous laisserons pas partir si vite[a]. Nous avons encore bien des choses à vous montrer à Pietranera... D'ailleurs, vous m'avez promis de faire mon portrait, et vous n'avez pas encore commencé... Et puis je vous ai promis de vous faire une *serenata* en soixante et quinze couplets[1]... Et puis... Mais qu'a donc Brusco à grogner ?... Voilà Brandolaccio qui court après lui... Voyons ce que c'est. »

Aussitôt elle se leva, et posant sans cérémonie la tête d'Orso sur les genoux de Miss Nevil, elle courut auprès des bandits.

Un peu étonnée de se trouver ainsi soutenant un beau jeune homme, en tête à tête avec lui au milieu d'un maquis, Miss Nevil ne savait trop que faire, car, en se retirant brusquement, elle craignait de faire mal au blessé. Mais Orso quitta lui-même le doux appui que sa sœur venait de lui donner, et, se soulevant sur son bras droit :

a. Nous ne vous laisserons pas partir si vite (1850) : nous ne vous laisserons pas *encore* partir.
1. *Serenata :* poème d'amour, généralement en octaves, chanté avec un accompagnement musical. Mérimée transcrit la *Serenata d'un pastore di Zicavu*, et précise : « l'usage des sérénades se passe. Il y a peu d'années encore elles étaient très fréquentes ; on chantait avec un accompagnement de guimbarde, et entre chaque couplet, tous les musiciens faisaient une décharge de leurs armes à feu », *Notes d'un voyage en Corse*, p. 83.

« Ainsi, vous partez bientôt, Miss Lydia ? Je n'avais jamais pensé que vous dussiez prolonger votre séjour dans ce malheureux pays..., et pourtant... depuis que vous êtes venue ici, je souffre cent fois plus en songeant qu'il faut vous dire adieu... Je suis un pauvre lieutenant... sans avenir..., proscrit maintenant... Quel moment, Miss Lydia, pour vous dire que je vous aime... mais c'est sans doute la seule fois que je pourrai vous le dire, et il me semble que je suis moins malheureux, maintenant que j'ai soulagé mon cœur. »

Miss Lydia détourna la tête, comme si l'obscurité ne suffisait pas pour cacher sa rougeur :

« Monsieur della Rebbia, dit-elle d'une voix tremblante, serais-je venue en ce lieu si... » Et, tout en parlant, elle mettait dans la main d'Orso le talisman égyptien. Puis, faisant un effort violent pour reprendre le ton de plaisanterie qui lui était habituel :

« C'est bien mal à vous, monsieur Orso, de parler ainsi... Au milieu du maquis, entourée de vos bandits, vous savez bien que je n'oserais jamais me fâcher contre vous. »

Orso fit un mouvement pour baiser la main qui lui rendait le talisman ; et comme Miss Lydia la retirait un peu vite, il perdit l'équilibre et tomba sur son bras blessé. Il ne put retenir un gémissement douloureux.

« Vous vous êtes fait mal, mon ami ? s'écria-t-elle, en le soulevant ; c'est ma faute ! pardonnez-moi... » Ils se parlèrent encore quelque temps à voix basse, et fort rapprochés l'un de l'autre. Colomba, qui accourait précipitamment, les trouva précisément dans la position où elle les avait laissés.

« Les voltigeurs[1] ! s'écria-t-elle. Orso, essayez de vous lever et de marcher, je vous aiderai.

---

1. *Voltigeurs* : soldats d'infanterie. Mérimée consacrait à ce terme une note dans *Mateo Falcone* : « C'est un corps levé depuis peu d'années par le gouvernement, et qui sert concurremment avec la gendarmerie au maintien de la police » ; le général Couture avait organisé ce corps en 1822.

— Laissez-moi, dit Orso. Dis aux bandits de se sauver...; qu'on me prenne, peu m'importe; mais emmène Miss Lydia : au nom de Dieu, qu'on ne la voie pas ici !

— Je ne vous laisserai pas, dit Brandolaccio qui suivait Colomba. Le sergent des voltigeurs est un filleul de l'avocat; au lieu de vous arrêter, il vous tuera, et puis il dira qu'il ne l'a pas fait exprès. »

Orso essaya de se lever, il fit même quelques pas; mais, s'arrêtant bientôt :

« Je ne puis marcher, dit-il. Fuyez, vous autres. Adieu, Miss Nevil; donnez-moi la main, et adieu !

— Nous ne vous quitterons pas ! s'écrièrent les deux femmes.

— Si vous ne pouvez marcher, dit Brandolaccio, il faudra que je vous porte. Allons, mon lieutenant, un peu de courage; nous aurons le temps de décamper par le ravin, là derrière. M. le curé va leur donner de l'occupation.

— Non, laissez-moi, dit Orso en se couchant à terre. Au nom de Dieu, Colomba, emmène Miss Nevil !

— Vous êtes forte, mademoiselle Colomba, dit Brandolaccio; empoignez-le par les épaules, moi je teins les pieds; bon ! en avant, marche ! »

Ils commencèrent à le porter rapidement, malgré ses protestations; Miss Lydia les suivait, horriblement effrayée, lorsqu'un coup de fusil se fit entendre, auquel cinq ou six autres répondirent aussitôt. Miss Lydia poussa un cri, Brandolaccio une imprécation, mais il redoubla de vitesse, et Colomba, à son exemple, courait au travers du maquis, sans faire attention aux branches qui lui fouettaient la figure ou qui déchiraient sa robe.

« Baissez-vous, baissez-vous, ma chère, disait-elle à sa compagne, une balle peut vous attraper. »

On marcha ou plutôt on courut environ cinq cents pas de la sorte, lorsque Brandolaccio déclara qu'il n'en pouvait plus, et se laissa tomber à terre, malgré les exhortations et les reproches de Colomba.

« Où est Miss Nevil ? » demandait Orso.

Miss Nevil, effrayée par les coups de fusil, arrêtée à chaque instant par l'épaisseur du maquis, avait bientôt perdu la trace des fugitifs, et était demeurée seule en proie aux plus vives angoisses.

« Elle est restée en arrière, dit Brandolaccio, mais elle n'est pas perdue, les femmes se retrouvent toujours. Écoutez donc, Ors' Anton', comme le curé fait du tapage avec votre fusil. Malheureusement on n'y voit goutte, et l'on ne se fait pas grand mal à se tirailler de nuit.

— Chut ! s'écria Colomba ; j'entends un cheval, nous sommes sauvés. »

En effet, un cheval qui paissait dans le maquis, effrayé par le bruit de la fusillade, s'approchait de leur côté.

« Nous sommes sauvés ! » répéta Brandolaccio.

Courir au cheval, le saisir par les crins, lui passer dans la bouche un nœud de corde en guise de bride, fut pour le bandit, aidé de Colomba, l'affaire d'un moment.

« Prévenons maintenant le curé », dit-il.

Il siffla deux fois ; un sifflet éloigné répondit à ce signal, et le fusil de Manton cessa de faire entendre sa grosse voix. Alors Brandolaccio sauta sur le cheval. Colomba plaça son frère devant le bandit, qui d'une main le serra fortement, tandis que de l'autre, il dirigeait sa monture. Malgré sa double charge, le cheval, excité par deux bons coups de pied dans le ventre, partit lestement et descendit au galop un coteau escarpé où tout autre qu'un cheval corse se serait tué cent fois.

Colomba revint alors sur ses pas, appelant Miss Nevil de toutes ses forces, mais aucune voix ne répondait à la sienne... Après avoir marché quelque temps à l'aventure, cherchant à retrouver le chemin qu'elle avait suivi, elle rencontra dans un sentier deux voltigeurs qui lui crièrent : « Qui vive ? »

« Eh bien, messieurs, dit Colomba d'un ton railleur, voilà bien du tapage. Combien de morts ?

— Vous étiez avec les bandits, dit un des soldats, vous allez venir avec nous.

— Très volontiers, répondit-elle ; mais j'ai une amie ici, et il faut que nous la trouvions d'abord.

— Votre amie est déjà prise, et vous irez avec elle coucher en prison.

— En prison ? c'est ce qu'il faudra voir ; mais, en attendant, menez-moi auprès d'elle. »

Les voltigeurs la conduisirent alors dans le campement des bandits, où ils rassemblaient les trophées de leur expédition, c'est-à-dire le pilone qui couvrait Orso, une vieille marmite et une cruche pleine d'eau. Dans le même lieu se trouvait Miss Nevil, qui, rencontrée par les soldats à demi morte de peur, répondait par des larmes à toutes leurs questions sur le nombre des bandits et la direction qu'ils avaient prise.

Colomba se jeta dans ses bras et lui dit à l'oreille : « Ils sont sauvés. »

Puis, s'adressant au sergent des voltigeurs :

« Monsieur, lui dit-elle, vous voyez bien que mademoiselle ne sait rien de ce que vous lui demandez. Laissez-nous revenir au village, où l'on nous attend avec impatience.

— On vous y mènera, et plus tôt que vous ne le désirez, ma mignonne, dit le sergent, et vous aurez à expliquer ce que vous faisiez dans le maquis à cette heure avec les brigands qui viennent de s'enfuir. Je ne sais quel sortilège emploient ces coquins, mais ils fascinent sûrement les filles, car partout où il y a des bandits on est sûr d'en trouver de jolies.

— Vous êtes galant, monsieur le sergent, dit Colomba, mais vous ne ferez pas mal de faire attention à vos paroles. Cette demoiselle est une parente du préfet, et il ne faut pas badiner avec elle.

— Parente du préfet ! murmura un voltigeur à son chef ; en effet, elle a un chapeau.

— Le chapeau n'y fait rien, dit le sergent. Elles étaient toutes les deux avec le curé, qui est le plus grand enjôleur du pays, et mon devoir est de les emmener. Aussi bien, n'avons-nous plus rien à faire ici. Sans ce maudit caporal Taupin..., l'ivrogne de Français s'est montré avant que je n'eusse cerné le maquis... sans lui nous les prenions comme dans un filet.

— Vous êtes sept? demanda Colomba. Savez-vous, messieurs, que si par hasard les trois frères Gambini, Sarocchi et Théodore Poli se trouvaient à la croix de Sainte-Christine avec Brandolaccio et le curé, ils pourraient vous donner bien des affaires. Si vous devez avoir une conversation avec le *Commandant de la campagne** je ne me soucierais pas de m'y trouver. Les balles ne connaissent personne la nuit. »

La possibilité d'une rencontre avec les redoutables bandits que Colomba venait de nommer parut faire impression sur les voltigeurs. Toujours pestant contre le caporal Taupin, le chien de Français, le sergent donna l'ordre de la retraite, et sa petite troupe prit le chemin de Pietranera, emportant le pilone et la marmite. Quant à la cruche, un coup de pied en fit justice. Un voltigeur voulut prendre le bras de Miss Lydia; mais Colomba le repoussant aussitôt :

« Que personne ne la touche! dit-elle. Croyez-vous que nous avons envie de nous enfuir! Allons, Lydia, ma chère, appuyez-vous sur moi, et ne pleurez pas comme un enfant. Voilà une aventure, mais elle ne finira pas mal; dans une demi-heure nous serons à souper. Pour ma part, j'en meurs d'envie.

— Que pensera-t-on de moi? disait tout bas Miss Nevil.

— On pensera que vous vous êtes engagée dans le maquis, voilà tout.

— Que dira le préfet?... que dira mon père surtout?

---

* C'était le titre que prenait Théodore Poli[1].
1. *Commandant de la campagne* : Mérimée reprend ces termes d'un article du *Globe*, du 6 mars 1827 faisant l'éloge du bandit Théodore Poli, qu'évoqua encore Flaubert. Les noms Gambini, Sarocchi, Poli sont ceux de bandits réels.

— Le préfet?... vous lui répondrez qu'il se mêle de sa préfecture. Votre père?... à la manière dont vous causiez avec Orso, j'aurais cru que vous aviez quelque chose à dire à votre père. »

Miss Nevil lui serra le bras sans répondre.

« N'est-ce pas, murmura Colomba dans son oreille, que mon frère mérite qu'on l'aime? Ne l'aimez-vous pas un peu?

— Ah! Colomba, répondit Miss Nevil souriant malgré sa confusion, vous m'avez trahie, moi qui avais tant de confiance en vous! »

Colomba lui passa un bras autour de la taille, et l'embrassant sur le front :

« Ma petite sœur, dit-elle bien bas, me pardonnez-vous?

— Il le faut bien, ma terrible sœur », répondit Lydia en lui rendant son baiser.

Le préfet et le procureur du roi logeaient chez l'adjoint de Pietranera, et le colonel, fort inquiet de sa fille, venait pour la vingtième fois leur en demander des nouvelles, lorsqu'un voltigeur, détaché en courrier par le sergent, leur fit le récit du terrible combat livré contre les brigands, combat dans lequel il n'y avait eu, il est vrai, ni morts ni blessés, mais où l'on avait pris une marmite, un pilone et deux filles qui étaient, disait-il, les maîtresses ou les espionnes des bandits. Ainsi annoncées comparurent les deux prisonnières au milieu de leur escorte armée. On devine la contenance radieuse de Colomba, la honte de sa compagne, la surprise du préfet, la joie et l'étonnement du colonel. Le procureur du roi se donna le malin plaisir de faire subir à la pauvre Lydia une espèce d'interrogatoire qui ne se termina que lorsqu'il lui eut fait perdre toute contenance.

« Il me semble, dit le préfet, que nous pouvons bien mettre tout le monde en liberté. Ces demoiselles ont été se promener, rien de plus naturel par un beau temps; elles ont rencontré par hasard un aimable jeune homme blessé, rien de plus naturel encore. »

Puis, prenant à part Colomba :

« Mademoiselle, dit-il, vous pouvez mander à votre frère que son affaire tourne mieux que je ne l'espérais. L'examen des cadavres, la déposition du colonel, démontrent qu'il n'a fait que riposter, et qu'il était seul au moment du combat. Tout s'arrangera, mais il faut qu'il quitte le maquis au plus vite, et qu'il se constitue prisonnier. »

Il était près de onze heures lorsque le colonel, sa fille et Colomba se mirent à table devant un souper refroidi. Colomba mangeait de bon appétit, se moquant du préfet, du procureur du roi et des voltigeurs. Le colonel mangeait mais ne disait mot, regardant toujours sa fille qui ne levait pas les yeux de dessus son assiette. Enfin, d'une voix douce, mais grave :

« Lydia, lui dit-il en anglais, vous êtes donc engagée[1] avec della Rebbia ?

— Oui, mon père, depuis aujourd'hui », répondit-elle en rougissant, mais d'une voix ferme.

Puis elle leva les yeux, et, n'apercevant sur la physionomie de son père aucun signe de courroux, elle se jeta dans ses bras et l'embrassa, comme les demoiselles bien élevées font en pareille occasion.

« A la bonne heure, dit le colonel, c'est un brave garçon ; mais, par Dieu ! nous ne demeurerons pas dans son pays ! ou je refuse mon consentement.

— Je ne sais pas l'anglais, dit Colomba, qui les regardait avec une extrême curiosité ; mais je parie que j'ai deviné ce que vous dites.

— Nous disons, répondit le colonel, que nous vous mènerons faire voyage en Irlande.

— Oui, volontiers, et je serai la *surella Colomba*[2]. Est-ce fait, colonel ? Nous frappons-nous dans la main ?

— On s'embrasse dans ce cas-là », dit le colonel.

1. Anglicisme : « *engaged* », lié par une promesse d'amour.
2. *La surella Colomba* : la petite sœur Colomba.

CHAPITRE XX

Quelques mois après le coup double qui plongea la commune de Pietranera dans la consternation (comme dirent les journaux[a]), un jeune homme, le bras gauche en écharpe, sortit à cheval de Bastia dans l'après-midi, et se dirigea vers le village de Cardo[1], célèbre par sa fontaine, qui, en été, fournit aux gens délicats de la ville une eau délicieuse. Une jeune femme, d'une taille élevée et d'une beauté remarquable, l'accompagnait montée sur un petit cheval noir dont un connaisseur eût admiré la force et l'élégance, mais qui malheureusement avait une oreille déchiquetée par un accident bizarre. Dans le village, la jeune femme sauta lestement à terre, et, après avoir aidé son compagnon à descendre de sa monture, détacha d'assez lourdes sacoches attachées à l'arçon de sa selle. Les chevaux furent remis à la garde d'un paysan, et la femme chargée des sacoches qu'elle cachait sous son mezzaro, le jeune homme portant un fusil double, prirent le chemin de la montagne en suivant un sentier fort raide et qui ne semblait conduire à aucune habitation[b]. Arrivés à un des gradins élevés du mont Quercio[2], ils s'arrêtèrent, et tous les deux s'assirent sur l'herbe. Ils paraissaient attendre quelqu'un, car ils tournaient sans cesse les yeux vers la montagne, et la jeune femme consultait souvent une jolie montre d'or, peut-être autant pour contempler un bijou qu'elle semblait posséder depuis peu de temps que pour savoir si l'heure d'un rendez-vous était arrivée. Leur attente ne fut pas longue. Un chien sortit du maquis, et, au nom de Brusco prononcé par la jeune femme, il s'empressa

a. (Comme disent les journaux) (1850) : (*style de journaux*).
b. A aucune habitation (1850) : habitation *voisine*.
1. *Cardo* : village proche du village réel de Pietranera, situé à trois kilomètres de Bastia, dont Valéry louait déjà « la source pittoresque », I, p. 31.
2. *Quercio* : montagne au nord de Cardo.

de venir les caresser. Peu après parurent deux hommes barbus, le fusil sous le bras, la cartouchière à la ceinture, le pistolet au côté. Leurs habits déchirés et couverts de pièces contrastaient avec leurs armes brillantes et d'une fabrique renommée du continent. Malgré l'inégalité apparente de leur position, les quatre personnages de cette scène s'abordèrent familièrement et comme de vieux amis.

« Eh bien, Ors' Anton', dit le plus âgé des bandits au jeune homme, voilà votre affaire finie. Ordonnance de non-lieu. Mes compliments. Je suis fâché que l'avocat ne soit plus dans l'île pour le voir enrager. Et votre bras ?

— Dans quinze jours, répondit le jeune homme, on me dit que je pourrai quitter mon écharpe. — Brando, mon brave, je vais partir demain pour l'Italie, et j'ai voulu te dire adieu, ainsi qu'à M. le curé. C'est pourquoi je vous ai priés de venir.

— Vous êtes bien pressés, dit Brandolaccio : vous êtes acquitté d'hier et vous partez demain ?

— On a des affaires, dit gaiement la jeune femme. Messieurs, je vous ai apporté à souper : mangez, et n'oubliez pas mon ami Brusco.

— Vous gâtez Brusco, mademoiselle Colomba, mais il est reconnaissant. Vous allez voir. Allons, Brusco, dit-il, étendant son fusil horizontalement, saute pour les Barricini. »

Le chien demeura immobile, se léchant le museau et regardant son maître.

« Saute pour les della Rebbia ! »

Et il sauta deux pieds plus haut qu'il n'était nécessaire.

« Écoutez, mes amis, dit Orso, vous faites un vilain métier ; et s'il ne vous arrive pas de terminer votre carrière sur cette place que nous voyons là-bas*, le mieux qui vous puisse advenir, c'est de tomber dans un maquis sous la balle d'un gendarme.

— Eh bien, dit Castriconi, c'est une mort comme

---

* La place où se font les exécutions à Bastia.

une autre, et qui vaut mieux que la fièvre qui vous tue dans un lit, au milieu des larmoiements plus ou moins sincères de vos héritiers. Quand on a, comme nous, l'habitude du grand air, il n'y a rien de tel que de mourir dans ses souliers, comme disent nos gens de village.

— Je voudrais, poursuivit Orso, vous voir quitter ce pays... et mener une vie plus tranquille. Par exemple, pourquoi n'iriez-vous pas vous établir en Sardaigne, ainsi qu'ont fait plusieurs de vos camarades ? Je pourrais vous en faciliter les moyens.

— En Sardaigne ! s'écria Brandolaccio. *Istos Sardos*[1] ! que le diable les emporte avec leur patois. C'est trop mauvaise compagnie pour nous.

— Il n'y a pas de ressource en Sardaigne, ajouta le théologien. Pour moi, je méprise les Sardes. Pour donner la chasse aux bandits, ils ont une milice à cheval ; cela fait la critique à la fois des bandits et du pays*. Fi de la Sardaigne ! C'est une chose qui m'étonne, monsieur della Rebbia, que vous, qui êtes un homme de goût et de savoir, vous n'ayez pas adopté notre vie du maquis, en ayant goûté comme vous avez fait.

— Mais, dit Orso en souriant, lorsque j'avais l'avantage d'être votre commensal[2], je n'étais pas trop en état d'apprécier les charmes de votre position, et les côtes me font mal encore quand je me rappelle la course que je fis une belle nuit, mis en travers comme un paquet sur un cheval sans selle que conduisait mon ami Brandolaccio.

---

* Je dois cette observation critique sur la Sardaigne à un ex-bandit de mes amis, et c'est à lui seul qu'en appartient la responsabilité[a]. Il veut dire que des bandits qui se laissent prendre par des cavaliers sont des imbéciles, et qu'une milice qui poursuit à cheval les bandits n'a guère de chances de les rencontrer.

a. *Il veut dire que des bandits...* (1850) : dans les éditions antérieures, la note s'arrêtait à *responsabilité*.

1. *Istos Sardos* : cette racaille de Sardes ; le démonstratif a valeur péjorative.

2. *Commensal* : hôte.

— Et le plaisir d'échapper à la poursuite, reprit Castriconi, le comptez-vous pour rien? Comment pouvez-vous être insensible au charme d'une liberté absolue sous un beau climat comme le nôtre? Avec ce porte-respect (il montrait son fusil), on est roi partout, aussi loin qu'il peut porter la balle. On commande, on redresse les torts... C'est un divertissement très moral, monsieur, et très agréable, que nous ne nous refusons point. Quelle plus belle vie que celle de chevalier errant, quand on est mieux armé et plus sensé que don Quichotte? Tenez, l'autre jour, j'ai su que l'oncle de la petite Luigi, le vieux ladre qu'il est, ne voulait pas lui donner une dot, je lui ai écrit, sans menaces, ce n'est pas ma manière; eh bien, voilà un homme à l'instant convaincu; il l'a mariée. J'ai fait le bonheur de deux personnes. Croyez-moi, monsieur Orso, rien n'est comparable à la vie de bandit. Bah! vous deviendriez peut-être des nôtres sans une certaine Anglaise que je n'ai fait qu'entrevoir, mais dont ils parlent tous, à Bastia, avec admiration.

— Ma belle-sœur future n'aime pas le maquis, dit Colomba en riant, elle y a eu trop peur.

— Enfin, dit Orso, voulez-vous rester ici[a]? Soit. Dites-moi si je puis faire quelque chose pour vous.

— Rien, dit Brandolaccio, que de nous conserver un petit souvenir. Vous nous avez comblés. Voilà Chilina qui a une dot, et qui, pour bien s'établir, n'aura pas besoin que mon ami le curé écrive des lettres de menaces. Nous savons que votre fermier nous donnera du pain et de la poudre en nos nécessités : ainsi, adieu. J'espère vous revoir en Corse un de ces jours.

— Dans un moment pressant, dit Orso, quelques pièces d'or font grand bien. Maintenant que nous sommes de vieilles connaissances, vous ne me refuserez pas cette petite cartouche qui peut vous servir à vous en procurer d'autres.

a. Voulez-vous rester (1842) : *vous voulez* rester (*RDM*; 1841).

— Pas d'argent entre nous, lieutenant, dit Brandolaccio d'un ton résolu.

— L'argent fait tout dans le monde, dit Castriconi; mais dans le maquis on ne fait cas que d'un cœur brave et d'un fusil qui ne rate pas.

— Je ne voudrais pas vous quitter, reprit Orso, sans vous laisser quelque souvenir. Voyons, que puis-je te laisser, Brando? »

Le bandit se gratta la tête, et, jetant sur le fusil d'Orso un regard oblique :

« Dame, mon lieutenant... si j'osais... mais non, vous y tenez trop.

— Qu'est-ce que tu veux?

— Rien... la chose n'est rien... Il faut encore la manière de s'en servir. Je pense toujours à ce diable de coup double et d'une seule main... Oh! cela ne se fait pas deux fois.

— C'est ce fusil que tu veux?... Je te l'apportais; mais sers-t'en le moins que tu pourras.

— Oh! je ne vous promets pas de m'en servir comme vous; mais, soyez tranquille, quand un autre l'aura, vous pourrez bien dire que Brando Savelli a passé l'arme à gauche.

— Et vous, Castriconi, que vous donnerai-je?

— Puisque vous voulez absolument me laisser un souvenir matériel de vous, je vous demanderai sans façon de m'envoyer un Horace du plus petit format possible. Cela me distraira et m'empêchera d'oublier mon latin. Il y a une petite qui vend des cigares, à Bastia, sur le port; donnez-le-lui, et elle me le remettra.

— Vous aurez un Elzévir[1], monsieur le savant; il y en a précisément un parmi les livres que je voulais emporter. — Eh bien, mes amis, il faut nous séparer. Une poignée de main. Si vous pensez un jour à la

1. *Un Elzévir* : libraires hollandais du XVIIᵉ siècle, les Elzévir étaient célèbres pour leurs éditions de classiques en très petit format, superbement imprimés. L'expression désigne une édition « de poche ».

Sardaigne, écrivez-moi; l'avocat N. vous donnera mon adresse sur le continent.

— Mon lieutenant, dit Brando, demain, quand vous serez hors du port, regardez sur la montagne, à cette place; nous y serons, et nous vous ferons signe avec nos mouchoirs. »

Ils se séparèrent alors : Orso et sa sœur prirent le chemin de Cardo, et les bandits, celui de la montagne.

CHAPITRE XXI

Par une belle matinée d'avril, le colonel Sir Thomas Nevil, sa fille, mariée, depuis peu de jours, Orso et Colomba sortirent de Pise en calèche pour aller visiter un hypogée étrusque[1], nouvellement découvert, que tous les étrangers allaient voir. Descendus dans l'intérieur du monument, Orso et sa femme tirèrent des crayons et se mirent en devoir d'en dessiner les peintures; mais le colonel et Colomba, l'un et l'autre assez indifférents pour l'archéologie, les laissèrent seuls et se promenèrent aux environs.

« Ma chère Colomba, dit le colonel, nous ne reviendrons jamais à Pise à temps pour notre *luncheon*[2]. Est-ce que vous n'avez pas faim? Voilà Orso et sa femme dans les antiquités; quand ils se mettent à dessiner ensemble, ils n'en finissent pas.

1. *Hypogée étrusque :* construction funéraire souterraine; la région de Pise, située à l'extrémité nord du territoire des Étrusques, était pauvre en édifices de qualité; des nécropoles étrusques toutefois avaient été mises au jour au début du XIXᵉ siècle sur les collines de San Giuliano et de Vecchiano. Lors de son voyage en Italie, Mérimée acheta à Civitavecchia des vases étrusques provenant du tombeau de Corneto, *Correspondance générale*, II, p. 295.

2. *Luncheon :* collation, en anglais.

— Oui, dit Colomba, et pourtant ils ne rapportent pas un bout de dessin.

— Mon avis serait, continua le colonel, que nous allassions à cette petite ferme là-bas. Nous y trouverons[a] du pain, et peut-être de l'*alealico*[1], qui sait? même de la crème et des fraises, et nous attendrons patiemment nos dessinateurs.

— Vous avez raison, colonel. Vous et moi, qui sommes les gens raisonnables de la maison, nous aurions bien tort de nous faire les martyrs de ces amoureux, qui ne vivent que de poésie. Donnez-moi le bras. N'est-ce pas que je me forme? Je prends le bras, je mets des chapeaux, des robes à la mode; j'ai des bijoux; j'apprends je ne sais combien de belles choses; je ne suis plus du tout une sauvagesse. Voyez un peu la grâce que j'ai à porter ce châle... Ce blondin, cet officier de votre régiment, qui était au mariage... mon Dieu! je ne puis pas retenir son nom; un grand frisé, que je jetterais par terre d'un coup de poing...

— Chatworth? dit le colonel.

— A la bonne heure! mais je ne le prononcerai jamais. Eh bien, il est amoureux fou de moi.

— Ah! Colomba, vous devenez bien coquette. Nous aurons dans peu un autre mariage.

— Moi! me marier? Et qui donc élèverait mon neveu... quand Orso m'en aura donné un? qui donc lui apprendrait à parler corse?... Oui, il parlera corse, et je lui ferai un bonnet pointu pour vous faire enrager.

— Attendons d'abord que vous ayez un neveu; et puis vous lui apprendrez à jouer du stylet, si bon vous semble.

— Adieu les stylets, dit gaiement Colomba; maintenant j'ai un éventail, pour vous en donner sur les doigts quand vous direz du mal de mon pays. »

a. Nous y trouverons (1842) : nous trouverons (*RDM*; 1841).
1. *Alealico* : vin rouge, doux, à forte teneur en alcool, produit en Toscane.

Causant ainsi, ils entrèrent dans la ferme où ils trouvèrent vin, fraises et crème. Colomba aida la fermière à cueillir des fraises pendant que le colonel buvait de l'*alealico*. Au détour d'une allée, Colomba aperçut un vieillard assis au soleil sur une chaise de paille, malade, comme il semblait; car il avait les joues creuses, les yeux enfoncés; il était d'une maigreur extrême, et son immobilité, sa pâleur, son regard fixe, le faisaient ressembler à un cadavre plutôt qu'à un être vivant. Pendant plusieurs minutes, Colomba le contempla avec tant de curiosité qu'elle attira l'attention de la fermière.

« Ce pauvre vieillard, dit-elle, c'est un de vos compatriotes, car je connais bien à votre parler que vous êtes de la Corse, mademoiselle. Il a eu des malheurs dans son pays; ses enfants sont morts d'une façon terrible. On dit, je vous demande pardon, mademoiselle, que vos compatriotes ne sont pas tendres dans leurs inimitiés. Pour lors, ce pauvre monsieur, resté seul, s'en est venu à Pise, chez une parente éloignée, qui est la propriétaire de cette ferme. Le brave homme est un peu timbré; c'est le malheur et le chagrin... C'est gênant pour madame, qui reçoit beaucoup de monde; elle l'a donc envoyé ici. Il est bien doux, pas gênant; il ne dit pas trois paroles dans un jour. Par exemple, la tête a déménagé. Le médecin vient toutes les semaines, et il dit qu'il n'en a pas pour longtemps.

— Ah! il est condamné? dit Colomba. Dans sa position, c'est un bonheur d'en finir.

— Vous devriez, mademoiselle, lui parler un peu corse; cela le ragaillardirait peut-être d'entendre le langage de son pays.

— Il faut voir », dit Colomba avec un sourire ironique.

Et elle s'approcha du vieillard jusqu'à ce que son ombre vînt lui ôter le soleil. Alors le pauvre idiot leva la tête et regarda fixement Colomba, qui le regardait de même, souriant toujours. Au bout d'un instant, le vieillard passa la main sur son front, et ferma les yeux comme pour échapper au regard de Colomba. Puis il les rouvrit, mais démesurément; ses lèvres tremblaient; il voulait étendre les mains; mais, fasciné par Colomba, il demeurait cloué sur sa chaise, hors d'état de parler ou de se mouvoir. Enfin de grosses larmes coulèrent de ses yeux, et quelques sanglots s'échappèrent de sa poitrine.

« Voilà la première fois que je le vois ainsi, dit la jardinière. Mademoiselle est une demoiselle de votre pays; elle est venue pour vous voir, dit-elle au vieillard.

— Grâce! s'écria celui-ci d'une voix rauque; grâce! n'es-tu pas satisfaite? Cette feuille... que j'avais brûlée... comment as-tu fait pour la lire?... Mais pourquoi tous les deux?... Orlanduccio, tu n'as rien pu lire contre lui... il fallait m'en laisser un... un seul... Orlanduccio... tu n'as pas lu son nom...

— Il me les fallait tous les deux, lui dit Colomba à voix basse et dans le dialecte corse. Les rameaux sont coupés; et, si la souche n'était pas pourrie, je l'eusse arrachée. Va, ne te plains pas; tu n'as pas longtemps à souffrir. Moi, j'ai souffert deux ans! »

Le vieillard poussa un cri, et sa tête tomba sur sa poitrine. Colomba lui tourna le dos, et revint à pas lents vers la maison en chantant quelques mots incompréhensibles d'une ballata : « Il me faut la main qui a tiré, l'œil qui a visé, le cœur qui a pensé... »

Pendant que la jardinière s'empressait à secourir le vieillard, Colomba, le teint animé, l'œil en feu, se mettait à table devant le colonel.

« Qu'avez-vous donc? dit-il, je vous trouve l'air que vous aviez à Pietranera, ce jour où, pendant notre dîner, on nous envoya des balles.

— Ce sont des souvenirs de la Corse qui me sont revenus en tête. Mais voilà qui est fini. Je serai marraine, n'est-ce pas? Oh! quels beaux noms je lui donnerai : Ghilfuccio-Tomaso-Orso-Leone! »

La jardinière rentrait en ce moment.

« Eh bien, demanda Colomba du plus grand sang-froid, est-il mort, ou évanoui seulement?

— Ce n'était rien, mademoiselle ; mais c'est singulier comme votre vue lui a fait de l'effet.

— Et le médecin dit qu'il n'en a pas pour long-temps ?

— Pas pour deux mois, peut-être.

— Ce ne sera pas une grande perte, observa Colomba.

— De qui diable parlez-vous ? demanda le colonel.

— D'un idiot de mon pays, dit Colomba d'un air d'indifférence, qui est en pension ici. J'enverrai savoir de temps en temps de ses nouvelles. Mais, colonel Nevil, laissez donc des fraises pour mon frère et pour Lydia. »

Lorsque Colomba sortit de la ferme pour remonter dans la calèche, la fermière la suivit des yeux quelque temps.

« Tu vois bien cette demoiselle si jolie, dit-elle à sa fille, eh bien, je suis sûre qu'elle a le mauvais œil. »

1840.

Appendice

1

Prosper Mérimée

MATEO FALCONE

En sortant de Porto-Vecchio et se dirigeant au nord-ouest, vers l'intérieur de l'île, on voit le terrain s'élever assez rapidement, et après trois heures de marche par des sentiers tortueux, obstrués par de gros quartiers de rocs, et quelquefois coupés par des ravins, on se trouve sur le bord d'un *maquis* très étendu. Le maquis est la patrie des bergers corses et de quiconque s'est brouillé avec la justice. Il faut savoir que le laboureur corse, pour s'épargner la peine de fumer son champ, met le feu à une certaine étendue de bois : tant pis si la flamme se répand plus loin que besoin n'est; arrive que pourra; on est sûr d'avoir une bonne récolte en semant sur cette terre fertilisée par les cendres des arbres qu'elle portait. Les épis enlevés, car on laisse la paille, qui donnerait de la peine à recueillir, les racines qui sont restées en terre sans se consumer poussent au printemps suivant, des cépées très épaisses qui, en peu d'années, parviennent à une hauteur de sept ou huit pieds. C'est cette manière de taillis fourré que l'on nomme maquis. Différentes espèces d'arbres et d'arbrisseaux le composent, mêlés et confondus comme il plaît à Dieu. Ce n'est que la hache à la main que l'homme s'y ouvrirait un passage, et l'on voit des maquis si épais et si touffus, que les mouflons eux-mêmes ne peuvent y pénétrer.

Si vous avez tué un homme, allez dans le maquis

de Porto-Vecchio, et vous y vivrez en sûreté, avec un bon fusil, de la poudre et des balles ; n'oubliez pas un manteau brun garni d'un capuchon*, qui sert de couverture et de matelas. Les bergers vous donnent du lait, du fromage et des châtaignes, et vous n'aurez rien à craindre de la justice ou des parents du mort, si ce n'est quand il vous faudra descendre à la ville pour y renouveler vos munitions.

Mateo Falcone, quand j'étais en Corse en 18.., avait sa maison à une demi-lieue de ce maquis. C'était un homme assez riche pour le pays ; vivant noblement, c'est-à-dire sans rien faire, du produit de ses troupeaux, que des bergers, espèces de nomades, menaient paître çà et là sur les montagnes. Lorsque je le vis, deux années après l'événement que je vais raconter, il me parut âgé de cinquante ans tout au plus. Figurez-vous un homme petit, mais robuste, avec des cheveux crépus, noirs comme le jais, un nez aquilin, les lèvres minces, les yeux grands et vifs, et un teint couleur de revers de botte. Son habileté au tir du fusil passait pour extraordinaire, même dans son pays, où il y a tant de bons tireurs. Par exemple, Mateo n'aurait jamais tiré sur un mouflon avec des chevrotines ; mais, à cent vingt pas, il l'abattait d'une balle dans la tête ou dans l'épaule, à son choix. La nuit, il se servait de ses armes aussi facilement que le jour, et l'on m'a cité de lui ce trait d'adresse qui paraîtra peut-être incroyable à qui n'a pas voyagé en Corse. A quatre-vingts pas, on plaçait une chandelle allumée derrière un transparent de papier, large comme une assiette. Il mettait en joue, puis on éteignait la chandelle, et, au bout d'une minute dans l'obscurité la plus complète, il tirait et perçait le transparent trois fois sur quatre.

Avec un mérite aussi transcendant Mateo Falcone s'était attiré une grande réputation. On le disait aussi bon ami que dangereux ennemi : d'ailleurs serviable et faisant l'aumône, il vivait en paix avec tout le

* Pilone.

monde dans le district de Porto-Vecchio. Mais on contait de lui qu'à Corte, où il avait pris femme, il s'était débarrassé fort vigoureusement d'un rival qui passait pour aussi redoutable en guerre qu'en amour : du moins on attribuait à Mateo certain coup de fusil qui surprit ce rival comme il était à se raser devant un petit miroir pendu à sa fenêtre. L'affaire assoupie, Mateo se maria. Sa femme Giuseppa lui avait donné d'abord trois filles (dont il enrageait), et enfin un fils, qu'il nomma Fortunato : c'était l'espoir de sa famille, l'héritier du nom. Les filles étaient bien mariées : leur père pouvait compter au besoin sur les poignards et les escopettes de ses gendres. Le fils n'avait que dix ans, mais il annonçait déjà d'heureuses dispositions.

Un certain jour d'automne, Mateo sortit de bonne heure avec sa femme pour aller visiter un de ses troupeaux dans une clairière du maquis. Le petit Fortunato voulait l'accompagner, mais la clairière était trop loin ; d'ailleurs, il fallait bien que quelqu'un restât pour garder la maison ; le père refusa donc : on verra s'il n'eut pas lieu de s'en repentir.

Il était absent depuis quelques heures et le petit Fortunato était tranquillement étendu au soleil, regardant les montagnes bleues, et pensant que, le dimanche prochain, il irait dîner à la ville, chez son oncle le *caporal**, quand il fut soudainement interrompu dans ses méditations par l'explosion d'une arme à feu. Il se leva et se tourna du côté de la plaine d'où partait ce bruit. D'autres coups de fusil se succédèrent, tirés à intervalles inégaux, et toujours de

* Les caporaux furent autrefois les chefs que se donnèrent les communes corses quand elles s'insurgèrent contre les seigneurs féodaux. Aujourd'hui, on donne encore quelquefois ce nom à un homme qui, par ses propriétés, ses alliances et sa clientèle, exerce une influence et une sorte de magistrature effective sur une *pieve* ou un canton. Les Corses se divisent, par une ancienne habitude, en cinq castes : les *gentilshommes* (dont les uns sont *magnifiques*, les autres *signori*), les *caporali*, les *citoyens*, les *plébéiens* et les *étrangers*.

plus en plus rapprochés ; enfin, dans le sentier qui menait de la plaine à la maison de Mateo parut un homme, coiffé d'un bonnet pointu comme en portent les montagnards, barbu, couvert de haillons, et se traînant avec peine en s'appuyant sur son fusil. Il venait de recevoir un coup de feu dans la cuisse.

Cet homme était un bandit*, qui, étant parti de nuit pour aller chercher de la poudre à la ville, était tombé en route dans une embuscade de voltigeurs corses**. Après une vigoureuse défense, il était parvenu à faire sa retraite, vivement poursuivi et tiraillant de rocher en rocher. Mais il avait peu d'avance sur les soldats et sa blessure le mettait hors d'état de gagner le maquis avant d'être rejoint.

Il s'approcha de Fortunato et lui dit :

« Tu es le fils de Mateo Falcone ?

— Oui.

— Moi, je suis Gianetto Sanpiero. Je suis poursuivi par les collets jaunes***. Cache-moi, car je ne puis aller plus loin.

— Et que dira mon père si je te cache sans sa permission ?

— Il dira que tu as bien fait.

— Qui sait ?

— Cache-moi vite ; ils viennent.

— Attends que mon père soit revenu.

— Que j'attende ? malédiction ! Ils seront ici dans cinq minutes. Allons, cache-moi, ou je te tue. »

Fortunato lui répondit avec le plus grand sang-froid :

« Ton fusil est déchargé, et il n'y a plus de cartouches dans ta carchera****.

— J'ai mon stylet.

* Ce mot est ici synonyme de proscrit.
** C'est un corps levé depuis peu d'années par le gouvernement, et qui sert concurremment avec la gendarmerie au maintien de la police.
*** L'uniforme des voltigeurs était alors un habit brun avec un collet jaune.
**** Ceinture de cuir qui sert de giberne et de portefeuille.

— Mais courras-tu aussi vite que moi ? »

Il fit un saut, et se mit hors d'atteinte.

« Tu n'es pas le fils de Mateo Falcone ! Me laisseras-tu donc arrêter devant ta maison ? »

L'enfant parut touché.

« Que me donneras-tu si je te cache ? » dit-il en se rapprochant.

Le bandit fouilla dans une poche de cuir qui pendait à sa ceinture, et il en tira une pièce de cinq francs qu'il avait réservée sans doute pour acheter de la poudre. Fortunato sourit à la vue de la pièce d'argent ; il s'en saisit, et dit à Gianetto :

« Ne crains rien. »

Aussitôt il fit un grand trou dans un tas de foin placé auprès de la maison. Gianetto s'y blottit, et l'enfant le recouvrit de manière à lui laisser un peu d'air pour respirer, sans qu'il fût possible cependant de soupçonner que ce foin cachât un homme. Il s'avisa, de plus, d'une finesse de sauvage assez ingénieuse. Il alla prendre une chatte et ses petits, et les établit sur le tas de foin pour faire croire qu'il n'avait pas été remué depuis peu. Ensuite, remarquant des traces de sang sur le sentier près de la maison, il les couvrit de poussière avec soin, et, cela fait, il se recoucha au soleil avec la plus grande tranquillité.

Quelques minutes après, six hommes en uniforme brun à collet jaune, et commandés par un adjudant, étaient devant la porte de Mateo. Cet adjudant était quelque peu parent de Falcone. (On sait qu'en Corse on suit les degrés de parenté beaucoup plus loin qu'ailleurs.) Il se nommait Tiodoro Gamba : c'était un homme actif, fort redouté des bandits dont il avait déjà traqué plusieurs.

« Bonjour, petit cousin, dit-il à Fortunato en l'abordant ; comme te voilà grandi ! As-tu vu passer un homme tout à l'heure ?

— Oh ! je ne suis pas encore si grand que vous, mon cousin, répondit l'enfant d'un air niais.

— Cela viendra. Mais n'as-tu pas vu passer un homme, dis-moi ?

— Si j'ai vu passer un homme?

— Oui, un homme avec un bonnet pointu en velours noir, et une veste brodée de rouge et de jaune?

— Un homme avec un bonnet pointu, et une veste brodée de rouge et de jaune?

— Oui, réponds vite, et ne répète pas mes questions.

— Ce matin, M. le curé est passé devant notre porte, sur son cheval Piero. Il m'a demandé comment papa se portait, et je lui ai répondu...

— Ah! petit drôle, tu fais le malin! Dis-moi vite par où est passé Gianetto, car c'est lui que nous cherchons; et, j'en suis certain, il a pris par ce sentier.

— Qui sait?

— Qui sait? C'est moi qui sais que tu l'as vu.

— Est-ce qu'on voit les passants quand on dort?

— Tu ne dormais pas, vaurien; les coups de fusil t'ont réveillé.

— Vous croyez donc, mon cousin, que vos fusils font tant de bruit? L'escopette de mon père en fait bien davantage.

— Que le diable te confonde, maudit garnement! Je suis bien sûr que tu as vu le Gianetto. Peut-être même l'as-tu caché. Allons, camarades, entrez dans cette maison, et voyez si notre homme n'y est pas. Il n'allait plus que d'une patte, et il a trop de bon sens, le coquin, pour avoir cherché à gagner le maquis en clopinant. D'ailleurs, les traces de sang s'arrêtent ici.

— Et que dira papa? demanda Fortunato en ricanant; que dira-t-il s'il sait qu'on est entré dans sa maison pendant qu'il était sorti?

— Vaurien! dit l'adjudant Gamba en le prenant par l'oreille, sais-tu qu'il ne tient qu'à moi de te faire changer de note? Peut-être qu'en te donnant une vingtaine de coups de plat de sabre tu parleras enfin. »

Et Fortunato ricanait toujours.

« Mon père est Mateo Falcone! dit-il avec emphase.

— Sais-tu bien, petit drôle, que je puis t'emmener à Corte ou à Bastia. Je te ferai coucher dans un cachot, sur la paille, les fers aux pieds, et je te ferai guillotiner si tu ne dis où est Gianetto Sanpiero. »

L'enfant éclata de rire à cette ridicule menace. Il répéta :

« Mon père est Mateo Falcone !

— Adjudant, dit tout bas un des voltigeurs, ne nous brouillons pas avec Mateo. »

Gamba paraissait évidemment embarrassé. Il causait à voix basse avec ses soldats, qui avaient déjà visité toute la maison. Ce n'était pas une opération fort longue, car la cabane d'un Corse ne consiste qu'en une seule pièce carrée. L'ameublement se compose d'une table, de bancs, de coffres et d'ustensiles de chasse ou de ménage. Cependant le petit Fortunato caressait sa chatte, et semblait jouir malignement de la confusion des voltigeurs et de son cousin.

Un soldat s'approcha du tas de foin. Il vit la chatte, et donna un coup de baïonnette dans le foin avec négligence, en haussant les épaules, comme s'il sentait que sa précaution était ridicule. Rien ne remua ; et le visage de l'enfant ne trahit pas la plus légère émotion.

L'adjudant et sa troupe se donnaient au diable ; déjà ils regardaient sérieusement du côté de la plaine, comme disposés à s'en retourner par où ils étaient venus, quand leur chef, convaincu que les menaces ne produiraient aucune impression sur le fils de Falcone, voulut faire un dernier effort et tenter le pouvoir des caresses et des présents.

« Petit cousin, dit-il, tu me parais un gaillard bien éveillé ! Tu iras loin. Mais tu joues un vilain jeu avec moi ; et, si je ne craignais de faire de la peine à mon cousin Mateo, le diable m'emporte ! je t'emmènerais avec moi.

— Bah !

— Mais, quand mon cousin sera revenu, je lui conterai l'affaire, et, pour ta peine d'avoir menti, il te donnera le fouet jusqu'au sang.

— Savoir?

— Tu verras... Mais tiens... sois brave garçon, et je te donnerai quelque chose.

— Moi, mon cousin, je vous donnerai un avis : c'est que, si vous tardez davantage, le Gianetto sera dans le maquis, et alors il faudra plus d'un luron comme vous pour aller l'y chercher. »

L'adjudant tira de sa poche une montre d'argent qui valait bien dix écus ; et, remarquant que les yeux du petit Fortunato étincelaient en la regardant, il lui dit en tenant la montre suspendue au bout de sa chaîne d'acier :

« Fripon ! tu voudrais bien avoir une montre comme celle-ci suspendue à ton col, et tu te promènerais dans les rues de Porto-Vecchio, fier comme un paon ; et les gens te demanderaient : "Quelle heure est-il ?" et tu leur dirais : "Regardez à ma montre."

— Quand je serai grand, mon oncle le caporal me donnera une montre.

— Oui ; mais le fils de ton oncle en a déjà une... pas aussi belle que celle-ci, à la vérité... Cependant il est plus jeune que toi. »

L'enfant soupira.

« Eh bien, la veux-tu cette montre, petit cousin ? »

Fortunato, lorgnant la montre du coin de l'œil, ressemblait à un chat à qui l'on présente un poulet tout entier. Et comme il sent qu'on se moque de lui, il n'ose y porter la griffe, et de temps en temps il détourne les yeux pour ne pas s'exposer à succomber à la tentation ; mais il se lèche les babines à tout moment, et il a l'air de dire à son maître : « Que votre plaisanterie est cruelle ! »

Cependant l'adjudant Gamba semblait de bonne foi en présentant sa montre. Fortunato n'avança pas la main ; mais il lui dit avec un sourire amer :

« Pourquoi vous moquez-vous de moi* ?

— Par Dieu ! je ne me moque pas. Dis-moi seulement où est Gianetto, et cette montre est à toi. »

* _Perchè me c...?_

230

Fortunato laissa échapper un sourire d'incrédulité ; et, fixant ses yeux noirs sur ceux de l'adjudant, il s'efforçait d'y lire la foi qu'il devait avoir en ses paroles.

« Que je perde mon épaulette, s'écria l'adjudant, si je ne te donne pas la montre à cette condition ! Les camarades sont témoins ; et je ne puis m'en dédire. »

En parlant ainsi, il approchait toujours la montre, tant qu'elle touchait presque la joue pâle de l'enfant. Celui-ci montrait bien sur sa figure le combat que se livraient en son âme la convoitise et le respect dû à l'hospitalité. Sa poitrine nue se soulevait avec force, et il semblait près d'étouffer. Cependant la montre oscillait, tournait, et quelquefois lui heurtait le bout du nez. Enfin, peu à peu, sa main droite s'éleva vers la montre : le bout de ses doigts la toucha ; et elle pesait tout entière dans sa main sans que l'adjudant lâchât pourtant le bout de la chaîne,... le cadran était azuré... la boîte nouvellement fourbie... ; au soleil, elle paraissait toute de feu... La tentation était trop forte.

Fortunato éleva aussi sa main gauche, et indiqua du pouce, par-dessus son épaule, le tas de foin auquel il était adossé. L'adjudant le comprit aussitôt. Il abandonna l'extrémité de la chaîne ; Fortunato se sentit seul possesseur de la montre. Il se leva avec l'agilité d'un daim, et s'éloigna de dix pas du tas de foin, que les voltigeurs se mirent aussitôt à culbuter.

On ne tarda pas à voir le foin s'agiter ; et un homme sanglant, le poignard à la main, en sortit ; mais, comme il essayait de se lever en pied, sa blessure refroidie ne lui permit plus de se tenir debout. Il tomba. L'adjudant se jeta sur lui et lui arracha son stylet. Aussitôt on le garrotta fortement malgré sa résistance.

Gianetto, couché par terre et lié comme un fagot, tourna la tête vers Fortunato qui s'était rapproché.

« Fils de... ! » lui dit-il avec plus de mépris que de colère.

L'enfant lui jeta la pièce d'argent qu'il en avait

reçue, sentant qu'il avait cessé de la mériter ; mais le proscrit n'eut pas l'air de faire attention à ce mouvement. Il dit avec beaucoup de sang-froid à l'adjudant :

« Mon cher Gamba, je ne puis marcher ; vous allez être obligé de me porter à la ville.

— Tu courais tout à l'heure plus vite qu'un chevreuil, repartit le cruel vainqueur ; mais sois tranquille : je suis si content de te tenir, que je te porterais une lieue sur mon dos sans être fatigué. Au reste, mon camarade, nous allons te faire une litière avec des branches et ta capote ; et à la ferme de Crespoli nous trouverons des chevaux.

— Bien, dit le prisonnier ; vous mettrez aussi un peu de paille sur votre litière, pour que je sois plus commodément. »

Pendant que les voltigeurs s'occupaient, les uns à faire une espèce de brancard avec des branches de châtaignier, les autres à panser la blessure de Gianetto, Mateo Falcone et sa femme parurent tout d'un coup au détour d'un sentier qui conduisait au maquis. La femme s'avançait courbée péniblement sous le poids d'un énorme sac de châtaignes, tandis que son mari se prélassait, ne portant qu'un fusil à la main et un autre en bandoulière ; car il est indigne d'un homme de porter d'autre fardeau que ses armes.

A la vue des soldats, la première pensée de Mateo fut qu'ils venaient pour l'arrêter. Mais pourquoi cette idée ? Mateo avait-il donc quelques démêlés avec la justice ? Non. Il jouissait d'une bonne réputation. C'était, comme on dit, *un particulier bien famé* ; mais il était Corse et montagnard, et il y a peu de Corses montagnards qui, en scrutant bien leur mémoire, n'y trouvent quelque peccadille, telle que coups de fusil, coups de stylet et autres bagatelles. Mateo, plus qu'un autre, avait la conscience nette ; car depuis plus de dix ans il n'avait dirigé son fusil contre un homme ; mais toutefois il était prudent, et il se mit en posture de faire une belle défense, s'il en était besoin.

« Femme, dit-il à Giuseppa, mets bas ton sac et tiens-toi prête. »

Elle obéit sur-le-champ. Il lui donna le fusil qu'il avait en bandoulière et qui aurait pu le gêner. Il arma celui qu'il avait à la main, et il s'avança lentement vers sa maison, longeant les arbres qui bordaient le chemin, et prêt, à la moindre démonstration hostile, à se jeter derrière le plus gros tronc, d'où il aurait pu faire feu à couvert. Sa femme marchait sur ses talons, tenant son fusil de rechange et sa giberne. L'emploi d'une bonne ménagère, en cas de combat, est de charger les armes de son mari.

D'un autre côté, l'adjudant était fort en peine en voyant Mateo s'avancer ainsi, à pas comptés, le fusil en avant et le doigt sur la détente.

« Si par hasard, pensa-t-il, Mateo se trouvait parent de Gianetto, ou s'il était son ami, et qu'il voulût le défendre, les bourres de ses deux fusils arriveraient à deux d'entre nous, aussi sûr qu'une lettre à la poste, et s'il me visait, nonobstant la parenté !... »

Dans cette perplexité, il prit un parti fort courageux, ce fut de s'avancer seul vers Mateo pour lui conter l'affaire, en l'abordant comme une vieille connaissance ; mais le court intervalle qui le séparait de Mateo lui parut terriblement long.

« Holà ! eh ! mon vieux camarade, criait-il, comment cela va-t-il, mon brave ? C'est moi, je suis Gamba, ton cousin. »

Mateo, sans répondre un mot, s'était arrêté, et, à mesure que l'autre parlait, il relevait doucement le canon de son fusil, de sorte qu'il était dirigé vers le ciel au moment où l'adjudant le joignit.

« Bonjour, frère[1], dit l'adjudant en lui tendant la main. Il y a bien longtemps que je ne t'ai vu.

— Bonjour, frère !

— J'étais venu pour te dire bonjour en passant, et à ma cousine Pepa. Nous avons fait une longue traite aujourd'hui ; mais il ne faut pas plaindre notre

1. *Buon giorno, fratello*, salut ordinaire des Corses.

fatigue, car nous avons fait une fameuse prise. Nous venons d'empoigner Gianetto Sanpiero.

— Dieu soit loué! s'écria Giuseppa. Il nous a volé une chèvre laitière la semaine passée. »

Ces mots réjouirent Gamba.

« Pauvre diable! dit Mateo, il avait faim.

— Le drôle s'est défendu comme un lion, poursuivit l'adjudant un peu mortifié; il m'a tué un de mes voltigeurs, et, non content de cela, il a cassé le bras au caporal Chardon; mais il n'y a pas grand mal, ce n'était qu'un Français... Ensuite, il s'était si bien caché, que le diable ne l'aurait pu découvrir. Sans mon petit cousin Fortunato, je ne l'aurais jamais pu trouver.

— Fortunato! s'écria Mateo.

— Fortunato! répéta Giuseppa.

— Oui, le Gianetto s'était caché sous ce tas de foin là-bas; mais mon petit cousin m'a montré la malice. Aussi je le dirai à son oncle le caporal, afin qu'il lui envoie un beau cadeau pour sa peine. Et son nom et le tien seront dans le rapport que j'enverrai à M. l'avocat général.

— Malédiction! » dit tout bas Mateo.

Ils avaient rejoint le détachement. Gianetto était déjà couché sur la litière et prêt à partir. Quand il vit Mateo en la compagnie de Gamba, il sourit d'un sourire étrange; puis, se tournant vers la porte de la maison, il cracha sur le seuil en disant :

« Maison d'un traître! »

Il n'y avait qu'un homme décidé à mourir qui eût osé prononcer le mot de traître en l'appliquant à Falcone. Un bon coup de stylet, qui n'aurait pas eu besoin d'être répété, aurait immédiatement payé l'insulte. Cependant Mateo ne fit pas d'autre geste que celui de porter sa main à son front comme un homme accablé.

Fortunato était entré dans la maison en voyant arriver son père. Il reparut bientôt avec une jatte de lait, qu'il présenta les yeux baissés à Gianetto.

« Loin de moi! » lui cria le proscrit d'une voix foudroyante.

Puis, se tournant vers un des voltigeurs :

« Camarade, donne-moi à boire », dit-il.

Le soldat remit sa gourde entre ses mains, et le bandit but l'eau que lui donnait un homme avec lequel il venait d'échanger des coups de fusil. Ensuite il demanda qu'on lui attachât les mains de manière qu'il les eût croisées sur sa poitrine, au lieu de les avoir liées derrière le dos.

« J'aime, disait-il, à être couché à mon aise. »

On s'empressa de le satisfaire ; puis l'adjudant donna le signal du départ, dit adieu à Mateo, qui ne lui répondit pas, et descendit au pas accéléré vers la plaine.

Il se passa près de dix minutes avant que Mateo ouvrît la bouche. L'enfant regardait d'un œil inquiet tantôt sa mère et tantôt son père, qui, s'appuyant sur son fusil, le considérait avec une expression de colère concentrée.

« Tu commences bien ! dit enfin Mateo d'une voix calme, mais effrayante pour qui connaissait l'homme.

— Mon père ! » s'écria l'enfant en s'avançant les larmes aux yeux comme pour se jeter à ses genoux.

Mais Mateo lui cria :

« Arrière de moi ! »

Et l'enfant s'arrêta et sanglota, immobile, à quelques pas de son père.

Giuseppa s'approcha. Elle venait d'apercevoir la chaîne de la montre, dont un bout sortait de la chemise de Fortunato.

« Qui t'a donné cette montre ? demanda-t-elle d'un ton sévère.

— Mon cousin l'adjudant. »

Falcone saisit la montre, et, la jetant avec force contre une pierre, il la mit en mille pièces.

« Femme, dit-il, cet enfant est-il de moi ? »

Les joues brunes de Giuseppa devinrent d'un rouge de brique.

« Que dis-tu, Mateo ? et sais-tu bien à qui tu parles ?

— Eh bien, cet enfant est le premier de sa race qui ait une trahison. »

Les sanglots et les hoquets de Fortunato redoublèrent, et Falcone tenait ses yeux de lynx toujours attachés sur lui. Enfin il frappa la terre de la crosse de son fusil, puis le jeta sur son épaule et reprit le chemin du maquis en criant à Fortunato de le suivre. L'enfant obéit.

Giuseppa courut après Mateo et lui saisit le bras.

« C'est ton fils, lui dit-elle d'une voix tremblante en attachant ses yeux noirs sur ceux de son mari, comme pour lire ce qui se passait dans son âme.

— Laisse-moi, répondit Mateo : je suis son père. »

Giuseppa embrassa son fils et entra en pleurant dans sa cabane. Elle se jeta à genoux devant une image de la Vierge et pria avec ferveur. Cependant Falcone marcha quelque deux cents pas dans le sentier et ne s'arrêta que dans un petit ravin où il descendit. Il sonda la terre avec la crosse de son fusil et la trouva molle et facile à creuser. L'endroit lui parut convenable pour son dessein.

« Fortunato, va auprès de cette grosse pierre. »

L'enfant fit ce qu'il lui commandait, puis il s'agenouilla.

« Dis tes prières.

— Mon père, mon père, ne me tuez pas.

— Dis tes prières ! » répéta Mateo d'une voix terrible.

L'enfant, tout en balbutiant et en sanglotant, récita le *Pater* et le *Credo*. Le père, d'une voix forte, répondait *Amen !* à la fin de chaque prière.

« Sont-ce là toutes les prières que tu sais ?

— Mon père, je sais encore l'*Ave Maria* et la litanie que ma tante m'a apprise.

— Elle est bien longue, n'importe. »

L'enfant acheva la litanie d'une voix éteinte.

« As-tu fini ?

— Oh ! mon père, grâce ! pardonnez-moi ! Je ne le ferai plus ! Je prierai tant mon cousin le caporal qu'on fera grâce au Gianetto ! »

Il parlait encore ; Mateo avait armé son fusil et le couchait en joue en lui disant :

« Que Dieu te pardonne ! »

L'enfant fit un effort désespéré pour se relever et embrasser les genoux de son père ; mais il n'en eut pas le temps. Mateo fit feu, et Fortunato tomba roide mort.

Sans jeter un coup d'œil sur le cadavre, Mateo reprit le chemin de sa maison pour aller chercher une bêche afin d'enterrer son fils. Il avait fait à peine quelques pas qu'il rencontra Giuseppa, qui accourait alarmée du coup de feu.

« Qu'as-tu fait ? s'écria-t-elle.

— Justice.

— Où est-il ?

— Dans le ravin. Je vais l'enterrer. Il est mort en chrétien ; je lui ferai chanter une messe. Qu'on dise à mon gendre Tiodoro Bianchi de venir demeurer avec nous. »

1829.

2

Guy de Maupassant

UN BANDIT CORSE

Le chemin montait doucement au milieu de la forêt d'Aïtône. Les sapins démesurés élargissaient sur nos têtes une voûte gémissante, poussaient une sorte de plainte continue et triste, tandis qu'à droite comme à gauche leurs troncs minces et droits faisaient une sorte d'armée de tuyaux d'orgue d'où semblait sortir cette musique monotone du vent dans les cimes.

Au bout de trois heures de marche, la foule de ces longs fûts emmêlés s'éclaircit; de place en place, un pin-parasol gigantesque, séparé des autres, ouvert comme une ombrelle énorme, étalait son dôme d'un vert sombre; puis soudain nous atteignîmes la limite de la forêt, quelque cent mètres au-dessous du défilé qui conduit dans la sauvage vallée du Niolo.

Sur les deux sommets élancés qui dominent ce passage, quelques vieux arbres difformes semblent avoir monté péniblement, comme des éclaireurs partis devant la multitude tassée derrière. Nous étant retournés nous aperçûmes toute la forêt, étendue sous nous, pareille à une immense cuvette de verdure dont les bords, qui semblaient toucher au ciel, étaient faits de rochers nus l'enfermant de toutes parts.

On se remit en route, et dix minutes plus tard nous atteignîmes le défilé.

Alors j'aperçus un surprenant pays. Au-delà d'une

autre forêt, une vallée, mais une vallée comme je n'en avais jamais vu, une solitude de pierre longue de dix lieues, creusée entre des montagnes hautes de deux mille mètres et sans un champ, sans un arbre visible. C'est le Niolo, la patrie de la liberté corse, la citadelle inaccessible d'où jamais les envahisseurs n'ont pu chasser les montagnards.

Mon compagnon me dit : « C'est aussi là que se sont réfugiés tous nos bandits. »

Bientôt nous fûmes au fond de ce trou sauvage et d'une inimaginable beauté.

Pas une herbe, pas une plante : du granit, rien que du granit. A perte de vue devant nous, un désert de granit étincelant, chauffé comme un four par un furieux soleil qui semble exprès suspendu au-dessus de cette gorge de pierre. Quand on lève les yeux vers les crêtes, on s'arrête ébloui et stupéfait. Elles paraissent rouges et dentelées comme des festons de corail, car tous les sommets sont en porphyre ; et le ciel au-dessus semble violet, lilas, décoloré par le voisinage de ces étranges montagnes. Plus bas le granit est gris scintillant, et sous nos pieds il semble râpé, broyé ; nous marchons sur de la poudre luisante. A notre droite, dans une longue et tortueuse ornière, un torrent tumultueux gronde et court. Et on chancelle sous cette chaleur, dans cette lumière, dans cette vallée brûlante, aride, sauvage, coupée par ce ravin d'eau turbulente qui semble se hâter de fuir, impuissante à féconder ces rocs, perdue en cette fournaise qui la boit avidement sans en être jamais pénétrée et rafraîchie.

Mais soudain apparut à notre droite une petite croix de bois enfoncée dans un petit tas de pierres. Un homme avait été tué là, et je dis à mon compagnon :

« Parlez-moi donc de vos bandits. »

Il reprit :

« J'ai connu le plus célèbre, le terrible Sainte-Lucie, je vais vous conter son histoire. »

★

Son père avait été tué dans une querelle, par un jeune homme du même pays, disait-on; et Sainte-Lucie était resté seul avec sa sœur. C'était un garçon faible et timide, petit, souvent malade, sans énergie aucune. Il ne déclara pas la vendetta à l'assassin de son père. Tous ses parents le vinrent trouver, le supplièrent de se venger; il restait sourd à leurs menaces et à leurs supplications.

Alors, suivant la vieille coutume corse, sa sœur, indignée, lui enleva ses vêtements noirs, afin qu'il ne portât pas le deuil d'un mort resté sans vengeance. Il resta même insensible à cet outrage, et, plutôt que de décrocher le fusil encore chargé du père, il s'enferma, ne sortit plus, n'osant pas braver les regards dédaigneux des garçons du pays.

Des mois se passèrent. Il semblait avoir oublié jusqu'au crime et il vivait avec sa sœur au fond de son logis.

Or, un jour, celui qu'on soupçonnait de l'assassinat se maria. Sainte-Lucie ne sembla pas ému par cette nouvelle; mais voici que, pour le braver sans doute, le fiancé, se rendant à l'église, passa devant la maison des deux orphelins.

Le frère et la sœur, à leur fenêtre, mangeaient des petits gâteaux frits quand le jeune homme aperçut la noce qui défilait devant son logis. Tout à coup il se mit à trembler, se leva sans dire un mot, se signa, prit le fusil pendu sur l'âtre, et il sortit.

Quand il parlait de cela plus tard, il disait : « Je ne sais pas ce que j'ai eu; ç'a été comme une chaleur dans mon sang; j'ai bien senti qu'il le fallait; que malgré tout je ne pourrais pas résister, et j'ai été cacher le fusil dans le maquis sur la route de Corte. »

Une heure plus tard, il rentrait les mains vides, avec son air habituel, triste et fatigué. Sa sœur crut qu'il ne pensait plus à rien.

Mais à la nuit tombante il disparut.

Son ennemi devait le soir même, avec ses deux garçons d'honneur, se rendre à pied à Corte.

Ils suivaient la route en chantant, quand Sainte-

Lucie se dressa devant eux, et, regardant en face le meurtrier, il cria : « C'est le moment ! » puis, à bout portant, il lui creva la poitrine.

Un des garçons d'honneur s'enfuit, l'autre regardait le jeune homme en répétant : « Qu'est-ce que tu as fait, Sainte-Lucie ? »

Puis il voulut courir à Corte pour chercher du secours. Mais Sainte-Lucie lui cria : « Si tu fais un pas de plus, je vais te casser la jambe. » L'autre, le sachant jusque-là si timide, lui dit : « Tu n'oserais pas ! » et il passa. Mais il tombait aussitôt la cuisse brisée par une balle.

Et Sainte-Lucie, s'approchant de lui, reprit : « Je vais regarder ta blessure ; si elle n'est pas grave, je te laisserai là ; si elle est mortelle, je t'achèverai. »

Il considéra la plaie, la jugea mortelle, rechargea lentement son fusil, invita le blessé à faire une prière, puis il lui brisa le crâne.

Le lendemain il était dans la montagne.

Et savez-vous ce qu'il a fait ensuite, ce Sainte-Lucie ?

Toute sa famille fut arrêtée par les gendarmes. Son oncle le curé, qu'on soupçonnait de l'avoir incité à la vengeance, fut lui-même mis en prison et accusé par les parents du mort. Mais il s'échappa, prit un fusil à son tour et rejoignit son neveu dans le maquis.

Alors Sainte-Lucie tua, l'un après l'autre, les accusateurs de son oncle, et leur arracha les yeux pour apprendre aux autres à ne jamais affirmer ce qu'ils n'avaient pas vu de leurs yeux.

Il tua tous les parents, tous les alliés de la famille ennemie. Il massacra en sa vie quatorze gendarmes, incendia les maisons de ses adversaires et fut jusqu'à sa mort le plus terrible des bandits dont on ait gardé le souvenir.

★

Le soleil disparaissait derrière le monte Cinto et la grande ombre du mont de granit se couchait sur le granit de la vallée. Nous hâtions le pas pour atteindre avant la nuit le petit village d'Albertacce, sorte de tas de pierres soudées aux flancs de pierre de la gorge sauvage. Et je dis, pensant au bandit : « Quelle terrible coutume que celle de votre vendetta ! »

Mon compagnon reprit avec résignation : « Que voulez-vous ? on fait son devoir ! »

Gil Blas du 25 mai 1882
Repris dans *Le Père Milou* (1899)

3

Guy de Maupassant

UNE VENDETTA

La veuve de Paolo Saverini habitait seule avec son fils une petite maison pauvre sur les remparts de Bonifacio. La ville, bâtie sur une avancée de la montagne, suspendue même par places au-dessus de la mer, regarde, par-dessus le détroit hérissé d'écueils, la côte plus basse de la Sardaigne. A ses pieds, de l'autre côté, la contournant presque entièrement, une coupure de la falaise, qui ressemble à un gigantesque corridor, lui sert de port, amène jusqu'aux premières maisons, après un long circuit entre deux murailles abruptes, les petits bateaux pêcheurs italiens ou sardes, et, chaque quinzaine, le vieux vapeur poussif qui fait le service d'Ajaccio.

Sur la montagne blanche, le tas de maisons pose une tache plus blanche encore. Elles ont l'air de nids d'oiseaux sauvages, accrochées ainsi sur ce roc, dominant ce passage terrible où ne s'aventurent guère les navires. Le vent, sans repos, fatigue la mer, fatigue la côte nue, rongée par lui, à peine vêtue d'herbe ; il s'engouffre dans le détroit, dont il ravage les deux bords. Les traînées d'écume pâle, accrochées aux pointes noires des innombrables rocs qui percent partout les vagues, ont l'air de lambeaux de toiles flottant et palpitant à la surface de l'eau.

La maison de la veuve Saverini, soudée au bord même de la falaise, ouvrait ses trois fenêtres sur cet horizon sauvage et désolé.

Elle vivait là, seule, avec son fils Antoine et leur chienne « Sémillante », grande bête maigre, aux poils longs et rudes, de la race des gardeurs de troupeaux. Elle servait au jeune homme pour chasser.

Un soir, après une dispute, Antoine Saverini fut tué traîtreusement, d'un coup de couteau, par Nicolas Ravolati, qui, la nuit même, gagna la Sardaigne.

Quand la vieille mère reçut le corps de son enfant, que des passants lui rapportèrent, elle ne pleura pas, mais elle demeura longtemps immobile à le regarder ; puis, étendant sa main ridée sur le cadavre, elle lui promit la vendetta. Elle ne voulut point qu'on restât avec elle, et elle s'enferma auprès du corps avec la chienne, qui hurlait. Elle hurlait, cette bête, d'une façon continue, debout au pied du lit, la tête tendue vers son maître, et la queue serrée entre les pattes. Elle ne bougeait pas plus que la mère, qui, penchée maintenant sur le corps, l'œil fixe, pleurait de grosses larmes muettes en le contemplant.

Le jeune homme, sur le dos, vêtu de sa veste de gros drap trouée et déchirée à la poitrine, semblait dormir ; mais il avait du sang partout : sur la chemise arrachée pour les premiers soins ; sur son gilet, sur sa culotte, sur la face, sur les mains. Des caillots de sang s'étaient figés dans la barbe et dans les cheveux.

La vieille mère se mit à lui parler. Au bruit de cette voix, la chienne se tut.

« Va, va, tu seras vengé, mon petit, mon garçon, mon pauvre enfant. Dors, dors, tu seras vengé, entends-tu ? C'est la mère qui le promet ! Et elle tient toujours sa parole, la mère, tu le sais bien. »

Et lentement elle se pencha vers lui, collant ses lèvres froides sur les lèvres mortes.

Alors, Sémillante se remit à gémir. Elle poussait une longue plainte monotone, déchirante, horrible.

Elles restèrent là, toutes les deux, la femme et la bête, jusqu'au matin.

Antoine Saverini fut enterré le lendemain, et bientôt on ne parla plus de lui dans Bonifacio.

Il n'avait laissé ni frère ni proches cousins. Aucun homme n'était là pour poursuivre la vendetta. Seule, la mère y pensait, la vieille.

De l'autre côté du détroit, elle voyait du matin au soir un point blanc sur la côte. C'est un petit village sarde, Langosardo, où se réfugient les bandits corses traqués de trop près. Ils peuplent presque seuls ce hameau, en face des côtes de leur patrie, et ils attendent là le moment de revenir, de retourner au maquis. C'est dans ce village, elle le savait, que s'était réfugié Nicolas Ravolati.

Toute seule, tout le long du jour, assise à sa fenêtre, elle regardait là-bas en songeant à la vengeance. Comment ferait-elle sans personne, infirme, si près de la mort? Mais elle avait promis, elle avait juré sur le cadavre. Elle ne pouvait oublier, elle ne pouvait attendre. Que ferait-elle? Elle ne dormait plus la nuit, elle n'avait plus ni repos ni apaisement, elle cherchait, obstinée. La chienne, à ses pieds, sommeillait, et, parfois, levant la tête, hurlait au loin. Depuis que son maître n'était plus là, elle hurlait souvent ainsi, comme si elle l'eût appelé, comme si son âme de bête, inconsolable, eût aussi gardé le souvenir que rien n'efface.

Or, une nuit, comme Sémillante se remettait à gémir, la mère, tout à coup, eut une idée, une idée de sauvage vindicatif et féroce. Elle la médita jusqu'au matin; puis, levée dès les approches du jour, elle se rendit à l'église. Elle pria, prosternée sur le pavé, abattue devant Dieu, le suppliant de l'aider, de la soutenir, de donner à son pauvre corps usé la force qu'il lui fallait pour venger le fils.

Puis elle rentra. Elle avait dans sa cour un ancien baril défoncé, qui recueillait l'eau des gouttières; elle le renversa, le vida, l'assujettit contre le sol avec des pieux et des pierres; puis elle enchaîna Sémillante à cette niche, et elle rentra.

Elle marchait maintenant, sans repos, dans sa chambre, l'œil fixé toujours sur la côte de Sardaigne. Il était là-bas, l'assassin.

La chienne, tout le jour et toute la nuit, hurla. La vieille, au matin, lui porta de l'eau dans une jatte; mais rien de plus : pas de soupe, pas de pain.

La journée encore s'écoula. Sémillante, exténuée, dormait. Le lendemain, elle avait les yeux luisants, le poil hérissé, et elle tirait éperdument sur sa chaîne.

La vieille ne lui donna encore rien à manger. La bête, devenue furieuse, aboyait d'une voix rauque. La nuit encore se passa.

Alors, au jour levé, la mère Saverini alla chez le voisin, prier qu'on lui donnât deux bottes de paille. Elle prit de vieilles hardes qu'avait portées autrefois son mari, et les bourra de fourrage, pour simuler un corps humain.

Ayant piqué un bâton dans le sol, devant la niche de Sémillante, elle noua dessus ce mannequin, qui semblait ainsi se tenir debout. Puis elle figura la tête au moyen d'un paquet de vieux linge.

La chienne, surprise, regardait cet homme de paille, et se taisait, bien que dévorée de faim.

Alors la vieille alla acheter chez le charcutier un long morceau de boudin noir. Rentrée chez elle, elle alluma un feu de bois dans sa cour, auprès de la niche, et fit griller son boudin. Sémillante, affolée, bondissait, écumait, les yeux fixés sur le gril, dont le fumet lui entrait au ventre.

Puis la mère fit de cette bouillie fumante une cravate à l'homme de paille. Elle la lui ficela longtemps autour du cou, comme pour la lui entrer dedans. Quand ce fut fini, elle déchaîna la chienne.

D'un saut formidable, la bête atteignit la gorge du mannequin, et, les pattes sur les épaules, se mit à la déchirer. Elle retombait, un morceau de sa proie à la gueule, puis s'élançait de nouveau, enfonçait ses crocs dans les cordes, arrachait quelques parcelles de nourriture, retombait encore, et rebondissait, acharnée. Elle enlevait le visage par grands coups de dents, mettait en lambeaux le col entier.

La vieille, immobile et muette, regardait, l'œil allumé. Puis elle renchaîna sa bête, la fit encore jeûner deux jours, et recommença cet étrange exercice.

Pendant trois mois, elle l'habitua à cette sorte de lutte, à ce repas conquis à coups de crocs. Elle ne l'enchaînait plus maintenant, mais elle la lançait d'un geste sur le mannequin.

Elle lui avait appris à le déchirer, à le dévorer, sans même qu'aucune nourriture fût cachée en sa gorge. Elle lui donnait ensuite, comme récompense, le boudin grillé pour elle.

Dès qu'elle apercevait l'homme, Sémillante frémissait, puis tournait les yeux vers sa maîtresse, qui lui criait : « Va ! » d'une voix sifflante, en levant le doigt.

Quand elle jugea le temps venu, la mère Saverini alla se confesser et communia un dimanche matin, avec une ferveur extatique ; puis, ayant revêtu des habits de mâle, semblable à un vieux pauvre déguenillé, elle fit marché avec un pêcheur sarde, qui la conduisit, accompagnée de sa chienne, de l'autre côté du détroit.

Elle avait, dans un sac de toile, un grand morceau de boudin. Sémillante jeûnait depuis deux jours. La vieille femme, à tout moment, lui faisait sentir la nourriture odorante, et l'excitait.

Elles entrèrent dans Longosardo. La Corse allait en boitillant. Elle se présenta chez un boulanger et demanda la demeure de Nicolas Ravolati. Il avait repris son ancien métier, celui de menuisier. Il travaillait seul au fond de sa boutique.

La vieille poussa la porte et l'appela :

« Hé ! Nicolas ! »

Il se tourna ; alors, lâchant sa chienne, elle cria :

« Va, va, dévore, dévore ! »

L'animal, affolé, s'élança, saisit la gorge. L'homme étendit les bras, l'étreignit, roula par terre. Pendant quelques secondes, il se tordit, battant le sol de ses pieds ; puis il demeura immobile, pendant que Sémillante lui fouillait le cou, qu'elle arrachait par lambeaux.

Deux voisins, assis sur leur porte, se rappelèrent parfaitement avoir vu sortir un vieux pauvre avec un chien noir efflanqué qui mangeait, tout en marchant, quelque chose de brun que lui donnait son maître.

La vieille, le soir, était rentrée chez elle. Elle dormit bien, cette nuit-là.

Le Gaulois du 14 octobre 1883
Repris dans les *Contes du Jour et de la Nuit* (1885)

Bibliographie

TRAHARD (P.) – Josserand (P.), *Bibliographie des œuvres de Prosper Mérimée*, Paris, Champion, 1929.

ŒUVRES DE MÉRIMÉE

Œuvres. Théâtre de Clara Gazul, Romans et Nouvelles, éd. J. Martin – P. Salomon, Paris, Gallimard, « La Pléiade », 1978.
Nouvelles, éd. M. Crouzet, Paris, Imprimerie Nationale, 2 volumes, 1987.
Colomba, éd. P. Jourda, Paris, Droz, 1947.
Notes de voyages, éd. P.M. Auzas, Paris, Hachette, 1971, rééd., Paris, A. Biro, 1989.
Correspondance générale, éd. M. Parturier, Paris, Le Divan, Toulouse, Privat, 1941-1964, 17 volumes.

ÉTUDES

AUTIN (J.), *Prosper Mérimée, écrivain, archéologue, homme politique*, Paris, Librairie académique Perrin, 1983.
BOWMAN (F.P.), *Mérimée. Heroism, Pessimism and Irony*, Berkeley, 1962.
CHABOT (J.), *L'autre moi. Fantasmes et fantastique dans les nouvelles de Mérimée*, Aix-en-Provence, Edisud, 1983.
DALE (R.C.), *The Poetics of Prosper Merimée*, La Haye-Paris, Mouton, 1966.

FERMIGIER (A.), « Mérimée et l'inspection des Monuments historiques », in *Les Lieux de mémoire*, dir. P. Nora, Paris, Gallimard, 1986, II, 2, p. 593-611.

FIORENTINO (Fr.), *I gendarmi e la macchia. L'esotisme nella narrativa di Mérimée*, Padoue, 1978.

FREUSTIÉ (J.), *Prosper Mérimée*, Paris, Hachette, 1982.

GEORGE (A.J.), *Short fiction in France, 1800-1850*, New York, 1964.

HOVENKAMP (J.W.), *Mérimée et la couleur locale*, Nimègue, 1928.

JEOFFROY-FAGGIANELLI (P.), *L'Image de la Corse dans la littérature romantique française*, Paris, P.U.F., 1978.

MOREL (E.), *Prosper Mérimée. L'Amour des pierres*, Paris, Hachette, 1988.

OZWALD (T.), « La nouvelle mériméenne, entre atticisme et mutisme », *La Licorne*, XXI, 1992, p. 91-102.

RAITT (A.W.), *Prosper Mérimée*, Londres, Eyre and Spottiswoode, 1970.

ROGER (G.), *Prosper Mérimée et la Corse*, Alger, 1945.

TRAHARD (P.), *Prosper Mérimée et l'art de la nouvelle*, Paris, 1941.

TRAHARD (P.), *Prosper Mérimée de 1834 à 1853*, Paris, Champion, 1928.

YU (H.J.), *Prosper Mérimée, romancier et nouvelliste*, Lyon, 1935.

Les illustrations

Malgré son grand succès, *Colomba*, qui devint rapidement un classique, ne suscita guère l'émulation des illustrateurs. Ces réticences confirmaient, s'il en était besoin, que la force du roman ne résidait ni dans la couleur locale ni dans le pittoresque des mœurs corses. Les éditions Charpentier ne publièrent qu'en 1876 dans la « Petite bibliothèque Charpentier » une édition populaire illustrée de deux dessins de M.J. Worms. Il fallut attendre la « belle époque » pour voir de véritables éditions illustrées, destinées aux bibliophiles. En 1904, parut chez L. Carteret une édition enrichie de 63 compositions de Daniel Vierge, gravées par Noël et Paillart; en 1913, chez F. Ferroud, une édition illustrée par Gaston Vuillier, dont une première version avait été publiée en 1897 chez Calmann Lévy. Ces deux séries gravées représentent certes une *Colomba* très fin de siècle, dont les personnages sont vieillis et ressemblent peu aux héros juvéniles du roman; mais, si l'ironie mériméenne leur fait défaut, elles rendent compte assez heureusement de la noirceur tragique du livre et d'une Corse sans sourire. Nous proposons un choix de gravures tirées de la seconde version.

Table

Achevé d'imprimer en octobre 2006 en France sur Presse Offset par

BRODARD & TAUPIN

GROUPE CPI

La Flèche (Sarthe).
N° d'imprimeur : 37284 – N° d'éditeur : 78478
Dépôt légal 1re publication : juin 1995
Édition 09 – octobre 2006
LIBRAIRIE GÉNÉRALE FRANÇAISE – 31, rue de Fleurus – 75278 Paris cedex 06.

30/4641/4